温暖的味道

——阳光校长的教育幸福

刘清文◎主编

燕山大学出版社

·秦皇岛·

图书在版编目（CIP）数据

温暖的味道：阳光校长的教育幸福 / 刘清文主编.—秦皇岛：燕山大学出版社，2022.7
ISBN 978-7-5761-0387-8

Ⅰ.①温… Ⅱ.①刘… Ⅲ.①小学教育－案例－秦皇岛 Ⅳ.①G622.0

中国版本图书馆 CIP 数据核字（2022）第 139766 号

温暖的味道
——阳光校长的教育幸福
刘清文　主编

出 版 人：陈　玉	
责任编辑：张　蕊	
责任印制：吴　波	封面设计：刘馨泽
出版发行：燕山大学出版社 YANSHAN UNIVERSITY PRESS	地　　址：河北省秦皇岛市河北大街西段 438 号
邮政编码：066004	电　　话：0335-8387555
印　　刷：英格拉姆印刷(固安)有限公司	经　　销：全国新华书店
开　　本：710mm×1000mm　1/16	印　　张：22.25
版　　次：2022 年 7 月第 1 版	印　　次：2022 年 7 月第 1 次印刷
书　　号：ISBN 978-7-5761-0387-8	字　　数：356 千字
定　　价：68.00 元	

版权所有　侵权必究
如发生印刷、装订质量问题，读者可与出版社联系调换
联系电话：0335-8387718

编委会名单

主　编：刘清文

副主编：刘岩峰　苏　芳

编　委：陈亚楠　张　立　李　茜　董智欣
　　　　孟　喆　曹　艳　李宣萱

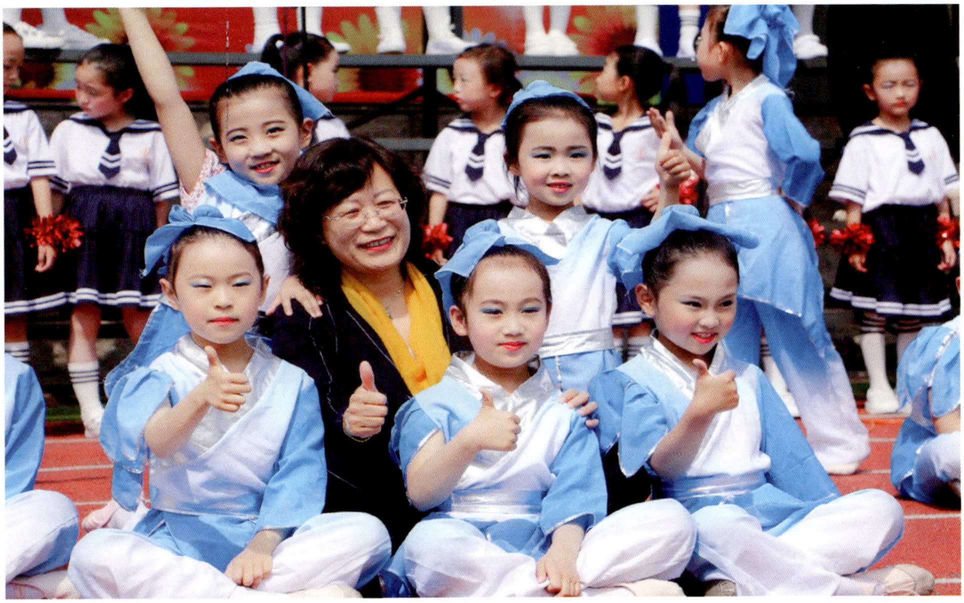

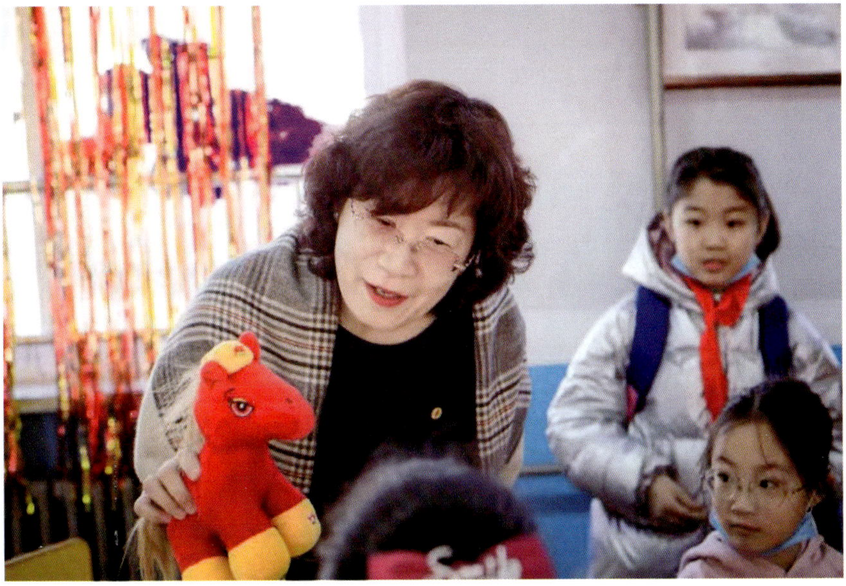

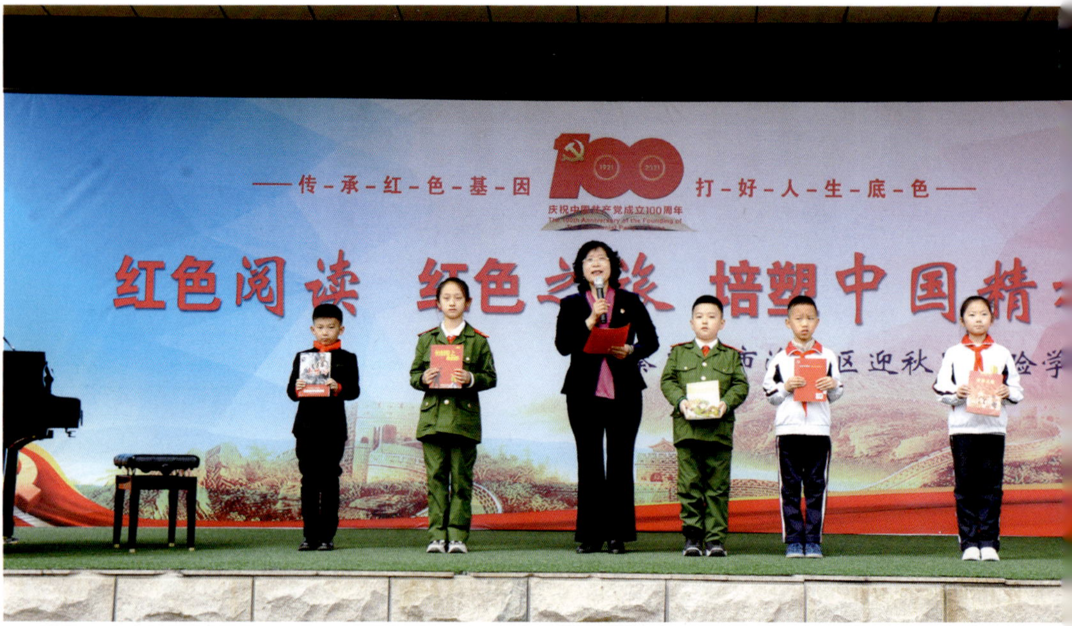
——传-承-红-色-基-因
打-好-人-生-底-色——
庆祝中国共产党成立100周年
红色阅读

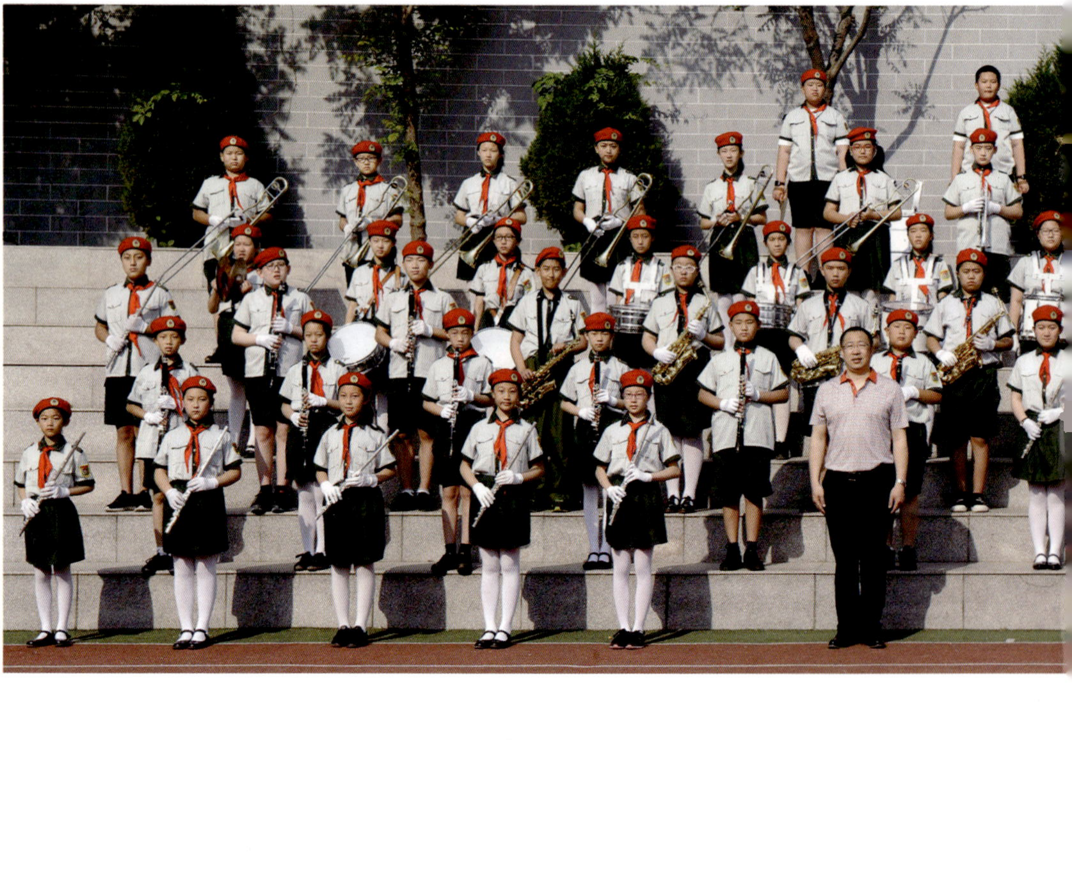

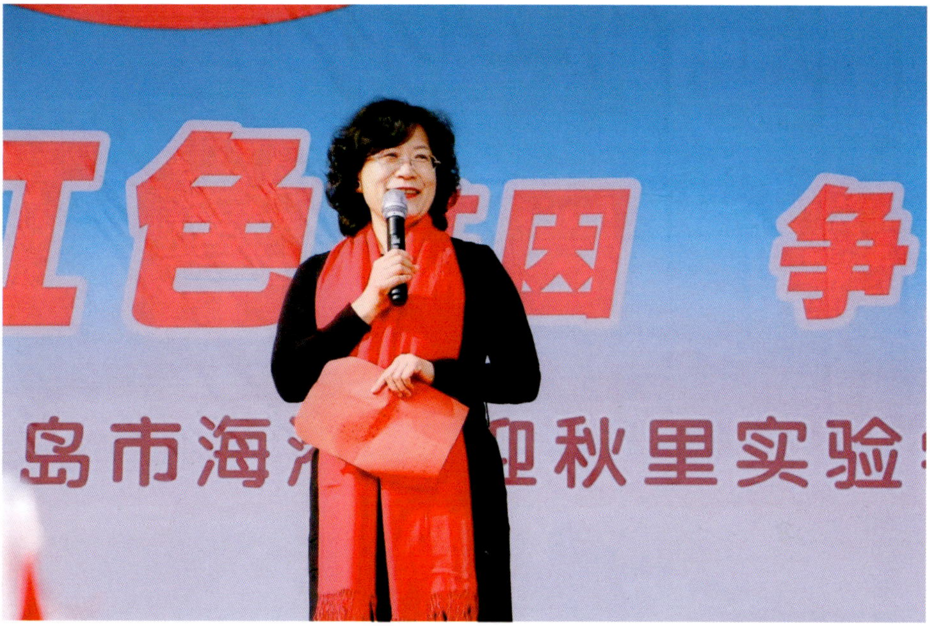
色 因 争
岛市海 迎秋里实验

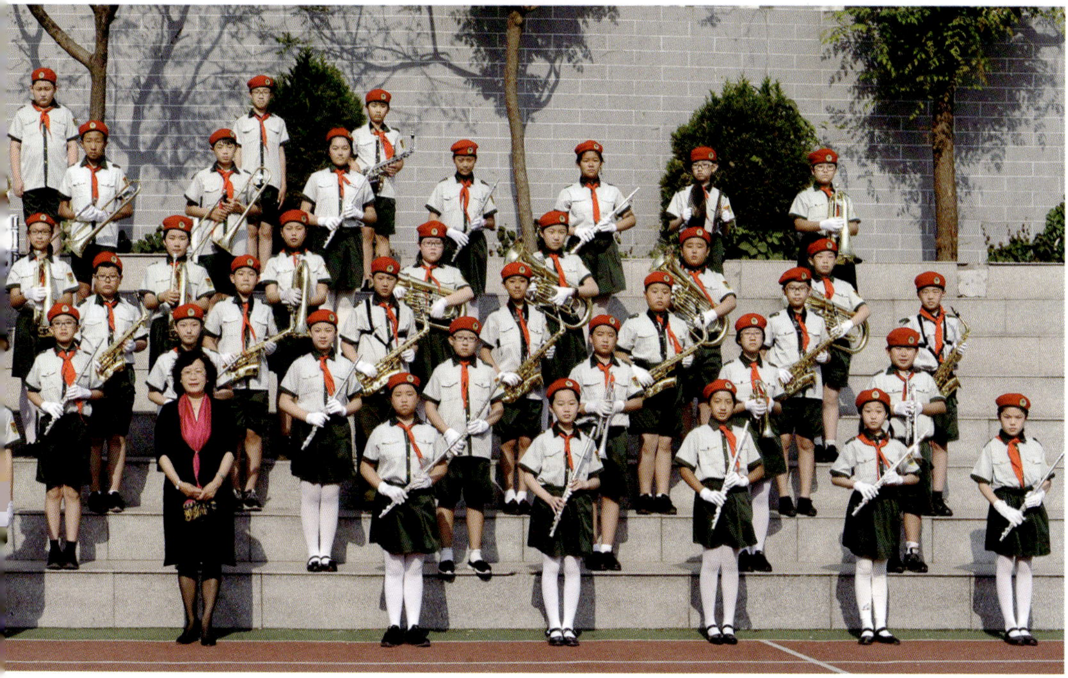

情系母校 逐梦远方---迎秋里实验学校2018届毕业典礼

星星·旗帜·梦想

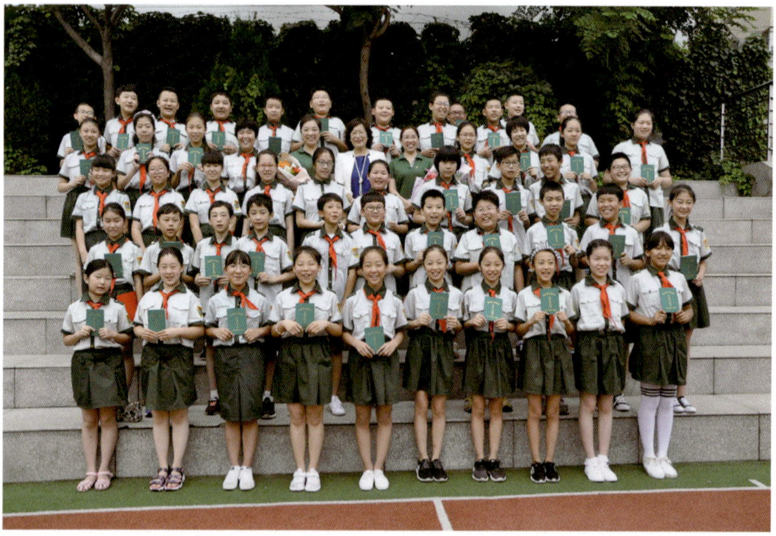

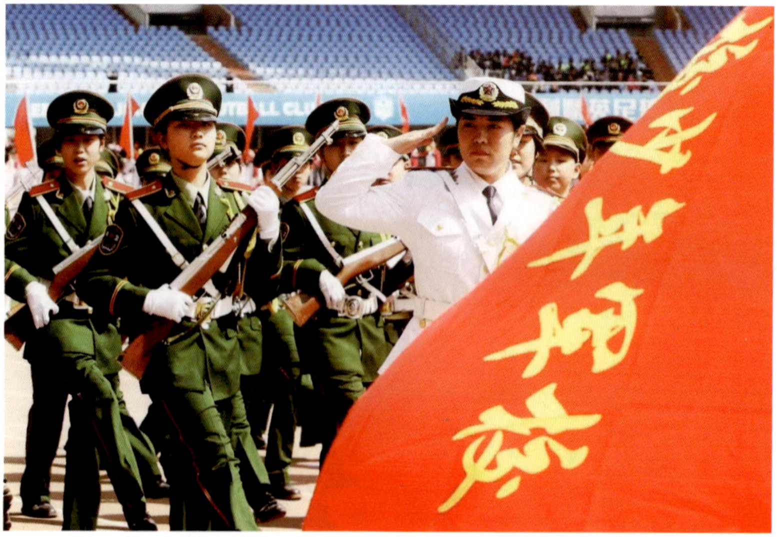
少年军校

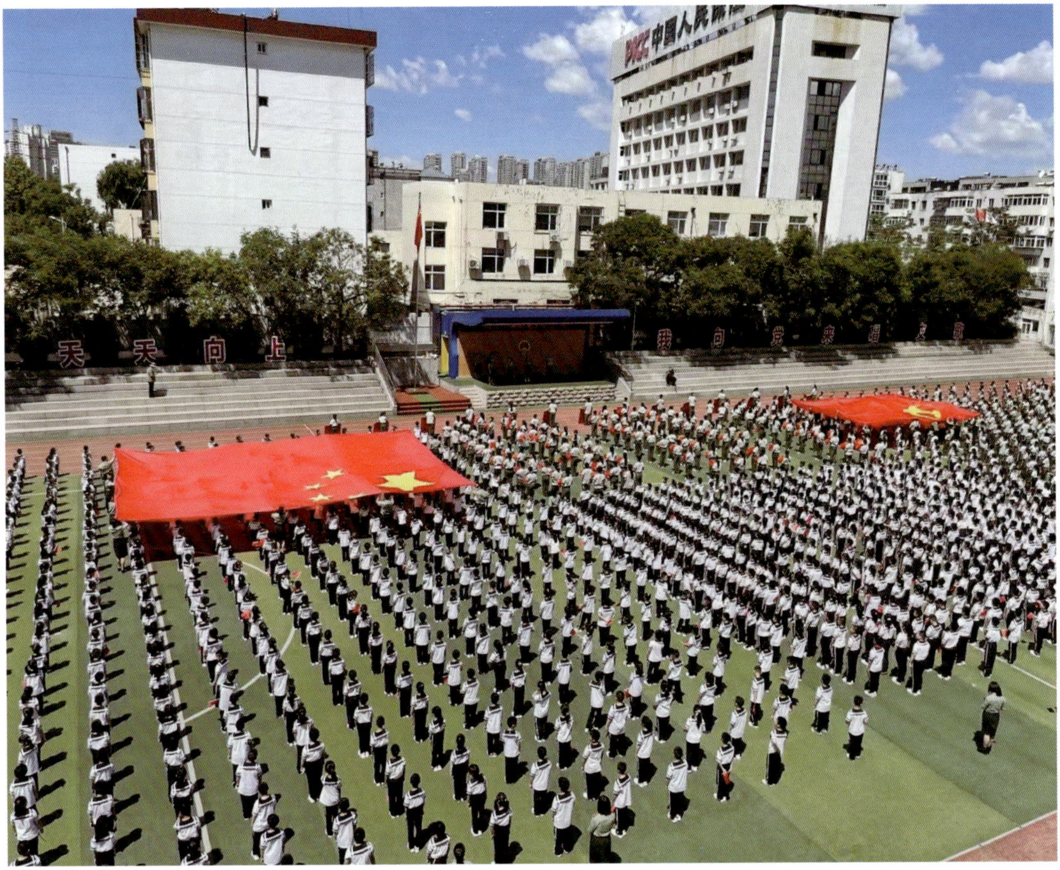
天 天 向 上

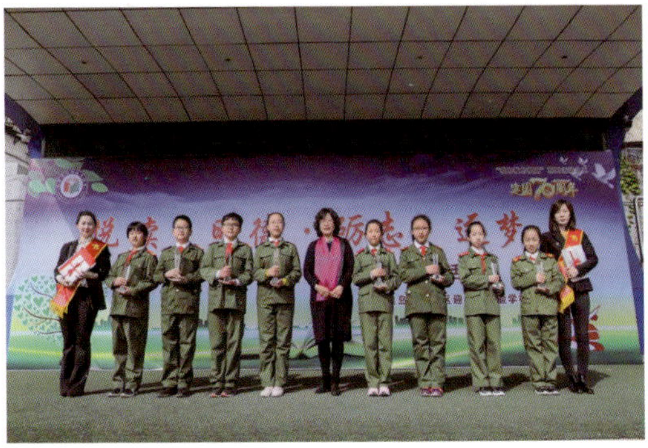

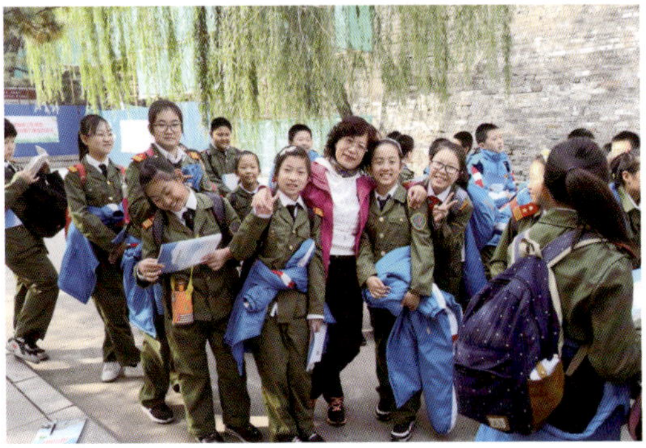

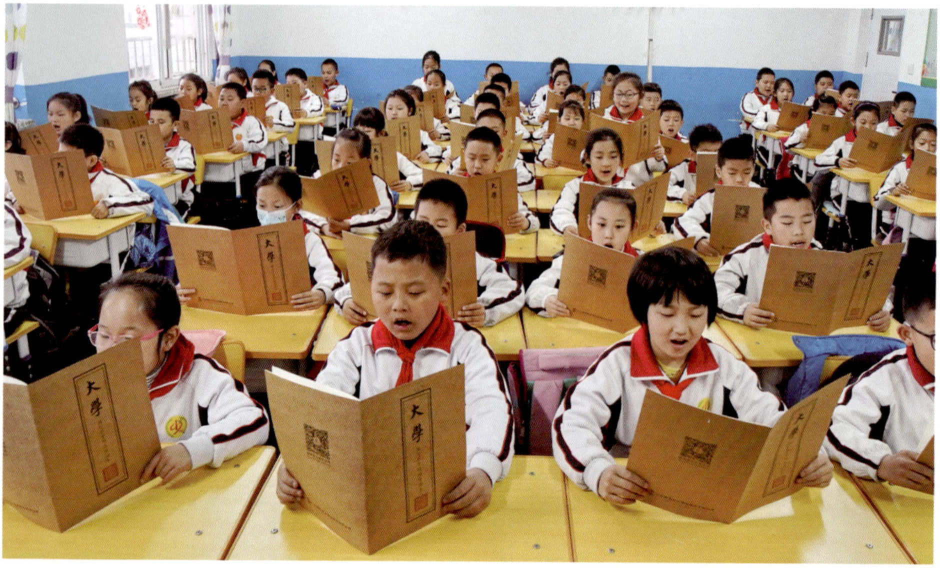
大學

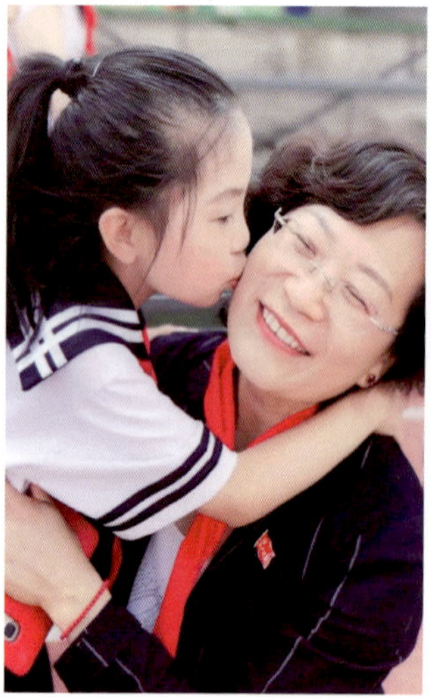

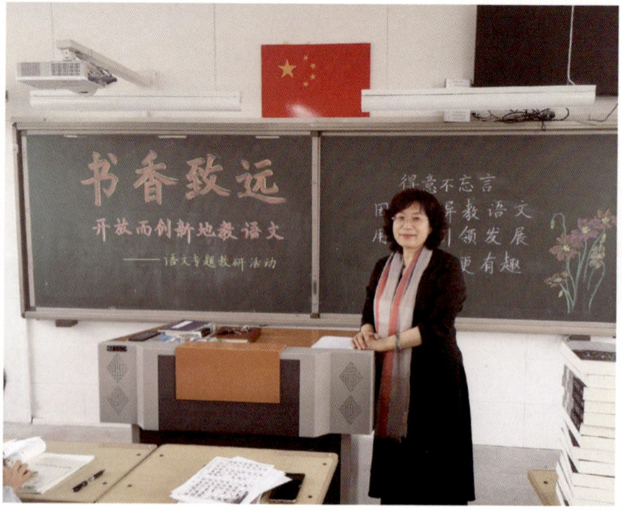
书香致远
开放而创新地教语文
——语文专题教研活动
得意不忘言

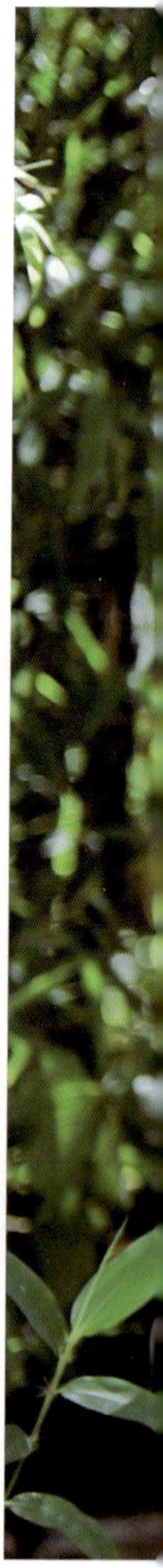

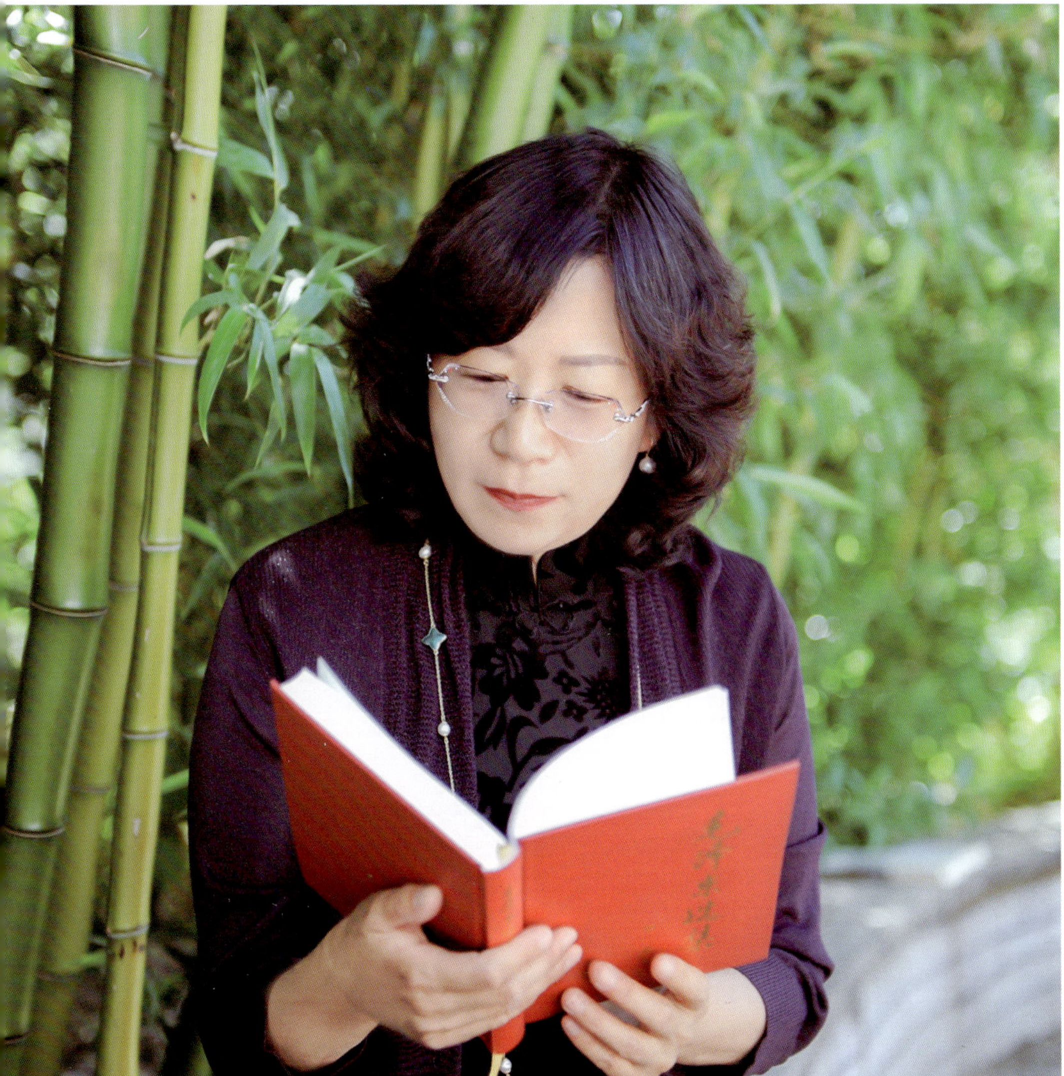

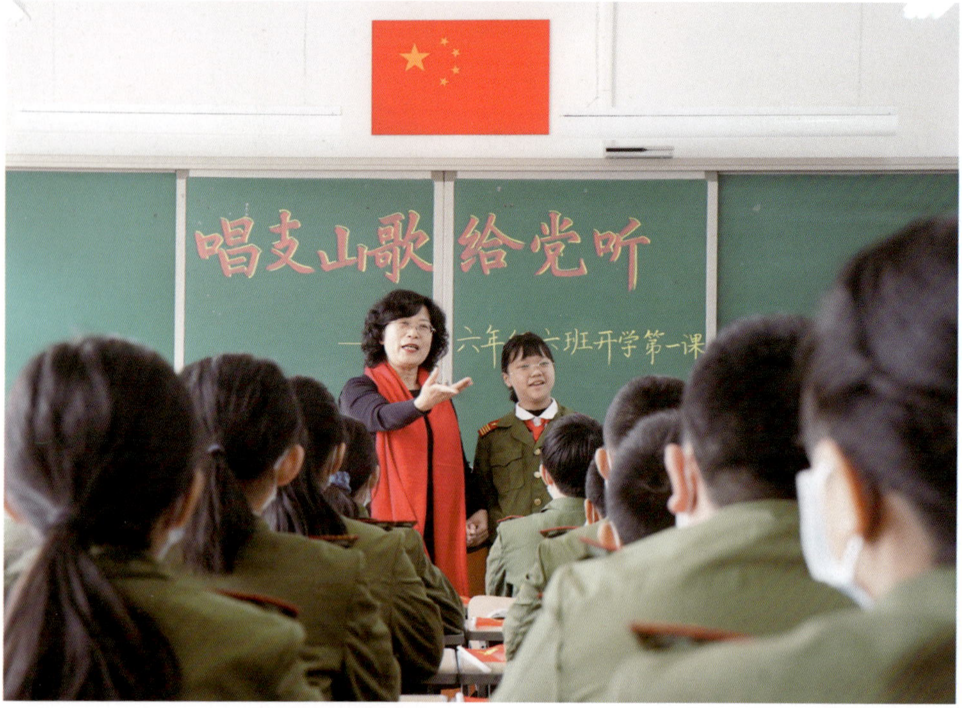
唱支山歌给党听
六年
六班开学第一课

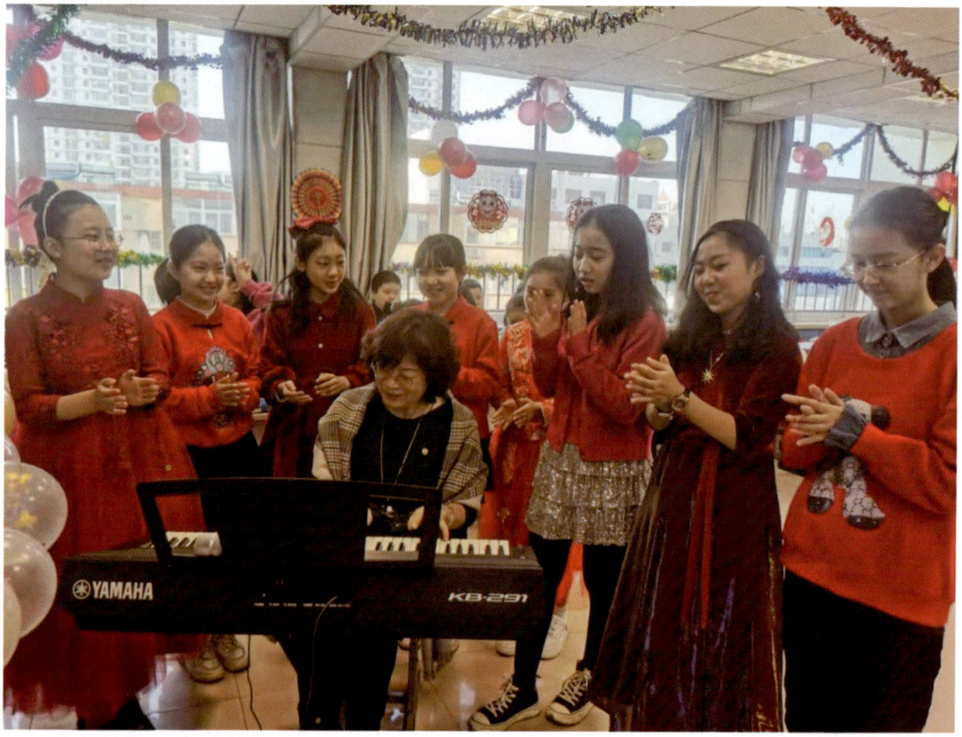
YAMAHA
KB-291

好习惯 好人生

2011年暑假，学生张佳怡（9岁）送刘校长的画——《希望》，该生2022年考入中央美院。

刘清文简介

  刘清文，中小学高级教师，北京师范大学硕士研究生毕业，历任河北省秦皇岛市海港区青云里小学副校长、迎宾路小学校长、迎秋里实验学校校长，从事小学语文教育教学 37 年，其中从事学校管理工作 25 年。

  多年的教育深耕和不断的积累让她在语文教学中形成了大语文观的教学理念，独创并推广了比较完善的教育教学模式，多次在秦皇岛市语文教育研究会上做公开课、示范课，被评为市级语文骨干教师、最佳教师。她主持策划了全国语言文字工作现场会，得到教育部原部长袁贵仁先生的充分肯定；她主持召开了全国知心家庭学校的现场会，受到好评。她坚持引导师生让读书成为习惯，曾代表秦皇岛市到人民大会堂参加全国爱国主义读书活动先进个人表彰大会，受到国家领导人的亲切接见。

  "做一个以思想引领学校发展的阳光校长，让每一位师生努力做最好的自己"一直是她的管理理想。担任校长以来，她以教师队伍建设为抓手，以素质教育综合评价为手段，以校园文化建设为主线，理性思考，智慧实践，通过多年管理推进，形成了阳光教育办学思想。在迎宾路小学十年的办学实践中，她带领全体教师坚守初心、大胆改革、不断创新，创办了一所老百姓心中的好学校，受到了各级领导的高度评价。她组织承办河北省经典诵读现场会、河北省校安工程现场会，提升了学校在省内的知名度，推动了特色办学发展进程。2011 年 8 月，她到海港区迎秋里实验学校担任校长后，教育思想日臻完善，确立了"绿色迎秋、幸福教育、智慧迎秋"的办学愿景，坚持以国防教育为办学特色，实现了学校的持续发展、高位发展。她在任期间，迎秋里实验学校荣获河北省素质教育示范校学校、全国国防教育示范学校、全国信息技术现代化学校、全国语言文字示范学校、河北省影子校长培训学校等称号。她连年参加省、市、区校长论坛，学校也多次接待了上海、新疆、山东等省市的校长参观团，并先后接待了日本友人的访问和我国台湾地区教育团体的师生交流，促进了学校的对外交流，对国内多地兄弟院校的改革和发展产生了一定的积极影响。

刘清文荣获河北省骨干校长、河北省绿色教师、全国百佳语文教师等多项荣誉称号。她所主持的课题荣获河北省基础教育教学成果奖。她是学生和家长心目中的阳光校长、书香校长，是教师心目中的知心校长、导师校长。

立教为师 做时代的"大先生"

——对刘清文校长的教育印象与思考

（代序一）

"师者如光，擎生向上。"这是我初识刘清文校长时的印象。回想也有十几年的时光了，是初相识的三个小细节让我突生了这样的观感。

走进校园，刘校长一路激情地向我介绍着学校文化，一个个学生跑过来和我们打招呼，刘校长亲切地回应，并能叫出每个人的名字，她时不时表扬一下学生的才艺，鼓励学生大胆地和我交流，也如数家珍地和我介绍这些学生。此时，我感觉她的眼里总有一束光，这束光充满了温暖。当刘校长告诉我全校有3000多名学生，她几乎都能叫出他们的名字的时候，我感慨这是何等的功课，又是何等的用心。从校门通向教学楼的短短不足百米的路，我们就这样足足走了20余分钟。

校长室不大，摆满了各种书籍，却不显得杂乱，在桌子前方有一块地方还整齐地摆放了一套水具和许多卡通式样的儿童文具，旁边专设了两个小椅子，充满了童趣。我不禁问刘校长："您的孩子也在这个学校？"我以为是她带孩子中午休息用的。刘校长看到我惊讶的表情，笑了，"不不，我的孩子早大了，这是给学生们准备的，校长应该和每个学生是朋友，他们喜欢到我这个校长朋友这里做客的，"然后一指桌子上的文具和案头的书籍，"这些是我给孩子们准备的小礼物。不吃亏呀！您看，还交换回这么多小玩意儿呢！"我定睛一看，窗台上摆放的是学生们制作的各种手工作品和小画作，我再次环视了一下这个不大的办公室，发现有很多学生的作品。刘校长自豪地说，每一个作品都有一段故事，也记录了一个学生的成长。无论怎样的孩子，身上总会有闪光的地方，教育就是努力地去发现。此时，我感觉她整个人都在发光，照亮了整个房间，使每一件小作品熠熠生辉，这束光点亮了每个学生的生命。刘校长告诉我，她的理念就是，学校是孩子的世界，就要用孩子的作品装扮。我感慨这是何等的境界，又是何等的仁爱。本来狭小而略显局促的办公室感觉一下宽敞起来了。就这样，我被清文校长的教育观深深地吸引了。

"报告！刘校长好！"一个清脆的声音打断了我的思绪，刘校长已在门口接待一名小学生，"刘校长好，这是我给您的信，"并看了我一眼，说道"您还有客人，我不打扰了，谢谢您给我的信，我懂了。"他有礼貌地和我点了点头，伴随着铃声，快速地跑走了。看我望着她手中的信，清文校长似乎明白了我的疑惑，笑着说："由于有时比较忙，没时间和孩子们交流，我就和孩子们书信交往，久而久之发现这个方法很有效。作为他们的大朋友，有时文字的沟通更能避免尴尬，还锻炼了孩子们的写作能力，节省了时间，同时也珍藏了一份记忆，许多学生离校二十多年了，还保存着我的信。"她走到办公桌前，拉开抽屉，"我也珍藏着他们的回信，这是消除学生问题和激励学生成长的好方法，也是我多年的习惯。"此时，我的眼前再次出现一束光，我似乎看到沿着光的方向奔跑着的孩子们。刘校长和我说，像这样的书信她已珍藏了几大箱，不仅有和孩子们的，也有和老师与家长们的，我感慨这是何等的功德，又是何等的认知。不长时间的接触，我感受到刘清文校长是一个有着浪漫的教育理想和深厚的教育情怀的人，她在自己的教育生涯中不断创造着一个又一个精彩而唯美的教育故事，充实着自己，丰富着教育。

作为徐长青工作室基地校的校长，和清文校长谋面的机会可谓不少，也总有一个话题是必谈的，我总希望刘校长将她的教育故事和与师生的书信编撰成书，这既可以对自己教育生涯进行一次理性梳理，也可以作为后来者的学习借鉴。优秀的故事，可以打动人，可以教育人，可以激励人，可以助推更多的青年教师、青年校长成就自己的教育生涯。因为这里有光，这是一束温暖生命的光，这是一束指引方向的光，这是一束点亮心灯的光。师者如光，擎生向上，循光而行，自有远方。

今天，夙愿实现，我看到定名为《温暖的味道》这本书的样张已定，甚是欣慰。尤其是"情系童心""云中锦书""教育故事"几个篇章，让我深深地回忆起和清文校长交往中的点点滴滴，也更清晰和理性地再次认识了这位激情而知性的女校长。

遵嘱命题，为本书作序，实不敢当，权且将自己对刘清文校长的教育印象和由此引发的教育思考与大家分享。

教育应秉承立德树人的根本任务，完成教书育人的觉他过程。而我们做的这一切都应该指向人（学生）的发展，这是教育的根本目标。教师专业成长的过程就是从"经师"走向"人师"的过程，就是从"小先生"成长为"大先生"的过程。

基础教育领域的教师应该是永远的儿童，拥有一颗无价童心，身怀说、学、逗、唱、演的十八般才艺，还需聚足天文、地理、生物、科技、古典、现代的基本通识。小学教师应该是儿童的"大百度"，儿童的人生词典，儿童的手指，儿童生命中的重要他人！儿童心目中最敬畏的"男神""女神"！从一门精到百科全书，千般武艺，万事通达，是学生认识大千世界的十万个为什么。从事基础教育就注定了今生的一切都是从爱出发，载着爱的使命，循环爱，成为爱，为爱而教，为爱而育。在播撒爱的教育生活里，无论时光多么久远，春夏秋冬多么漫长，无论遇见怎样的风霜雨雪，叫醒自己的不是闹钟，永远都是可爱的校园！只要遇见儿童，教师的血液就会加快流速，爱心满满，每一天每一节课都会有无法预见的精彩，无法重来的温暖！

小学校大学问，小朋友大先生！清文校长爱孩子，爱每一个孩子；爱活泼的孩子，也爱安静的孩子；爱漂亮的孩子，也爱长得不健全的孩子；爱得博大，爱得细腻，爱得精准，爱得温暖！她的光努力地照亮每一个孩子，试图发现和折射出他们独有的生命光彩；她的热温暖每一个孩子，试图唤醒和浸润出他们沉睡的博爱基因；她努力在每个孩子心灵上滴上一滴松脂油，因为她相信这滴松脂油一定会因为爱的滋养而变成孩子们人生的琥珀。

让每一个学生被爱唤醒，逐光而行，为学生的未来成长奠基，成就每一个学生，为他们留下童年和少年时光的精彩故事、美好回忆，这就是一个大先生应有的使命和风范。先生之风，山高水长。刘清文校长就是这样一位学生生命中的"大先生"。

写于津门若木斋
2022年6月1日

徐长青 正高级教师、特级教师、教育部国培专家、享受国务院政府特殊津贴专家，全国名师工作室联盟常务副理事长，当代简约教育创立者和践行者。

师 者 如 光

(代序二)

确切地知道女儿考上中央美术学院的消息后,我第一时间联系了女儿的小学校长、我的闺蜜——刘清文校长,迫不及待告诉她这个好消息。因为我相信,她听到这个好消息后的幸福感绝对不亚于我:师者以弟子为傲。佳怡荣幸地让启蒙校长体会到了桃李芬芳的幸福。

19 年的相识相知相惜,让我见证了一位师者的伟大灵魂——师者如光,擎生向上。

初识刘校长是因为侄女在迎宾路小学上学。我单位离迎宾路小学近,有时去接侄女,几乎每次都在门口看到刘校长热情地跟孩子们打招呼、互动,还时常亲亲抱抱。几乎所有的孩子,她都能叫出名字来。孩子们看到她,没有见到校长的拘谨,而是像花儿看见阳光一样,追随着她、环绕着她。我感到好奇:校长不累吗?慢慢地,我们开始熟悉了。

12 年前,我的第二个孩子,女儿张佳怡要上小学了。我很担心:佳怡从小哮喘,中药西药轮番"轰炸",身体很弱。而且她常常需要去外地就医,所以请假是家常便饭。幼儿园加上学前班,本应四年的学习时间,佳怡错过了近三分之二,而且根本没学过拼音。这不是在起跑线上就输了吗?

我和刘校长一起吃饭时,请她出主意。佳怡吃一点就饱了,便在座位上待不住了。我随手从包里拿出纸和笔,让她画着玩儿。我出门都带着纸笔,这可是我的哄娃神器,可以让她不打扰我,安静一会儿。吃饭的餐桌、火车上的小餐板,都是女儿的画板。刘校长看到女儿的画,眼睛亮了:我有办法了,我一定会唤醒佳怡的潜能,使她成为最好的自己。

于是,有了女儿的艺术启蒙老师——刘英老师。有了刘校长的慧眼识珠和热情推荐,刘英老师也像是挖到宝一样,在佳怡身上倾注了很多心血。

那是怎样的陪伴啊!几乎每天放学的时候,我都不用接孩子。佳怡去刘英老师的办公室,做各种她们俩所认为的艺术创作:有百字福的书法、麻绳做的花瓶、五彩斑斓的石头画、琳琅满目的泥人作品……女儿三年级的时候，有一次放学，拿回一把小椅子，上面有她自己用小手蘸着各种颜料拍上去的装饰。女儿兴冲冲地说："妈妈，这把椅子将来要给我当嫁妆……"女儿五年级的作品《希望》，被她的伯乐校长挂在自己的办公室里半年。那时，刘校长已经到了迎秋里实验学校当校长了。后来，《希望》在"秦皇岛致良知公益服务中心首届慈善拍卖会"上，首开爆红，以5500元的价格成交。

佳怡小学毕业后，一直没再学画画。我一直担心刘英老师开发出来的佳怡的艺术天赋，被中规中矩的教育抹杀了。在佳怡高二快结束的时候，面临大学专业方向的抉择，佳怡选择了美术专业。经过近一年的魔鬼训练，佳怡最终考上了中央美术学院艺术设计专业。

作为佳怡的妈妈，我万分庆幸佳怡遇到了懂她的校长，遇到了懂艺术的美术老师。刘校长在佳怡三年级的时候，调离了迎宾路小学。可是，我们的友谊却在她走后持续升温，直到现在，她成为我生命中举足轻重的闺密。

我们的感情加深，源于一件小事：刘校长刚到迎秋里实验学校的时候，看到少年军校的老师们在冬季集体活动中，身着单薄的军装瑟瑟发抖。她刚去，不了解学校的情况。跟我感慨道：如果能在这寒冬中给老师们送去一份温暖该多好。何乐不为呢，我听到后，为刘校长时时想着老师，刻刻念着学生的博爱与温情而感动。我决定为辛勤的老师们做点事，于是主动要求为老师们送去棉服，为刘校长解忧。

十几年了，每次见面，我和刘校长就像是热恋中的情侣一样有说不完的话，一般是她说，我听。我这个向往校园生活的人，分享着她在校园中的感动、喜悦和幸福：生病了仍跪着上课的老师；为了接送坐轮椅的孙女天天守护在校园里的奶奶；哪个孩子给她写信了；已经毕业的学生在疫情严重时给她送菜；她的老父亲（也是一位老校长）买了她最爱吃的东西，坐公共汽车给她送到学校；孩子们学她组织升旗仪式……有一次，我们姐俩在我的车里促膝而谈，不知不觉夜已至，竟五个小时过去了。

太多太多的故事……我被她的幸福，幸福着。

喜闻刘清文校长要出本有关孩子们的书，我可以说是欢呼雀跃，我期盼更多家长看到这本书，从而尊重孩子的个性，开发出孩子的潜能。我期盼更多的老师看到这本书：师者如光，擎生向上。我期盼更多的校长看到这本书。

徐 惊

2022 年 8 月 16 日

徐惊 迎秋里实验学校、迎宾路小学学生的家长，秦皇岛市致良知公益服务中心发起人。

目　　录

幸福迎秋　幸福教育

从农民之家到书香门第到教育世家 …………………………………… 003
教育世家　三代六人育桃李 …………………………………………… 005
我要一辈子站在三尺讲台上 …………………………………………… 008
以书墨馨香滋养生命成长 ……………………………………………… 011
写好中国字　篆刻中国情 ……………………………………………… 015
传承红色基因　培塑中国精神 ………………………………………… 020
我和我的初中老师们 …………………………………………………… 027
让学校成为师生收获幸福的地方 ……………………………………… 030
2012年新学期开学典礼校长致辞 ……………………………………… 037
心向大海　梦想成真 …………………………………………………… 039
静水流深　让学生成为一棵树 ………………………………………… 041
心向阳光　尊师孝亲　感恩前行 ……………………………………… 044
心存感恩　追梦远航 …………………………………………………… 046
未来已来　向着美好出发 ……………………………………………… 049
风雨兼程　逐梦远航 …………………………………………………… 052
心中有爱　展梦飞翔 …………………………………………………… 055
传承红色基因　争做新时代的好少年 ………………………………… 057
一个早晨满园的爱 ……………………………………………………… 058
小王老师上"道"了 …………………………………………………… 060
改革课堂　才是真正的办教育 ………………………………………… 064
又见玉兰花开 …………………………………………………………… 067
调研课，调出高效课堂，研出师生幸福 ……………………………… 068
执旗引航　逐梦海港 …………………………………………………… 070
写给迎秋校园的你 ……………………………………………………… 072

温暖的回眸……………………………………………………076
打造阳光课程体系，彰显学校特色文化………………………081
不忘初心，享受幸福的教育生活………………………………085
构建"三思"课堂 促进师生幸福成长…………………………090
解读语文教学，树立大语文观…………………………………094
校长应由经验型向创新型转化…………………………………101

阳光校长　情系童心

用时间换得成功…………………………………………………105
写给毕业学子的一封信…………………………………………107
与学习结缘　幸福永相伴………………………………………108
致中考迎秋学子的一封信………………………………………110
师者心语…………………………………………………………111
校长和陶昕彤的故事……………………………………………113
校长写给沛航小朋友的一封信…………………………………115
郭沛航给校长的回信……………………………………………117
校长写给玥悦的一封信…………………………………………118
玥悦给校长的回信………………………………………………120
努力做一名专业的语文老师……………………………………121
以爱育爱　反思成长……………………………………………123
静心吸纳　拔节成长……………………………………………125
精彩课堂背后的精彩人生………………………………………128
听刘校长谈话之我感……………………………………………129
绿色戎装神飞扬，乐激长空奏铿锵……………………………131
与刘校长的第二次谈话…………………………………………133
用我的爱写下诗行………………………………………………135
"腹有诗书气自华"的老刘………………………………………137
不一样的老刘同志………………………………………………138
豪华大别针………………………………………………………139
迷之崇拜…………………………………………………………140

我的双重校长	141
幸福校园	142
阳光校长	144
"感恩号"出师表	146
母校情	147
难忘的校会	149
师恩	150
我们的校长像妈妈	152
校长来到我们班	153
演播室的故事	154
一次难忘的成长	156
争做新时代好少年	157
我自豪——我是军乐团的一员	159
感恩母校 扬帆起航	161
心向阳光	163
做一个有根的人	165
您的笑，如盛夏的徐风	166
桃李不言 下自成蹊	168
第一次登上主席台	169
我和我的校长	170
爱的传递	172
爱的回流	173
王姿燕小学毕业写给刘校长的一封信	175
写给最爱的启蒙校长	176

云中锦书　家校共育

沟通	179
传承	181
感谢	183
信任	185

陪伴……187
幸福……188
文化……189
细节……190
留恋……192
责任……194

教育故事　教育智慧

我和儿子的开学第一课……199
一路书香……201
爱的拥抱……203
激发活力的"强心针"＋促人成长的"镜子"……205
执旗引航　担当使命……207
点石成金，春风化雨，搭建舞台，助力成长……209
做一名幸福的教师……212
爱是沟通的桥梁，理解是信任的开始……214
爸爸妈妈进课堂……217
淘气包大变身……219
接班"三连炮"……221
让教育充满爱……223
"捣蛋大王"的纸条……225
一棵树的幸福……227
三尺讲台育桃李芬芳　默默耕耘献大爱无疆……229
化作春泥更护花……234
一片冰心在玉壶……237
三次握手的神奇……241
神奇的"班牌"……243
巧克力——爱的味道……245
读书润心灵　书香伴成长……247
如何与家长有效沟通……248

爱，在平凡的岗位涌动	251
一花一世界，一树一菩提	254
爱是教育最温暖的底色	256
手捧师爱　憧憬明天	258
匠心以恒　笃学致远	260
"小豆包"的变化	264
温　暖　相　伴	266
如兰香溢《你·我·他》	268
你若"盛开"，"清风"自来	272
花开满径尘染香　倾听花语伴馨香	275
提高德育课堂实效　促进儿童道德发展	279
传承红色基因　争做有志少年	284
做点亮孩子心灯的那个人	289

特色育人　铸就品牌

校长的智慧实践与思考	295
给孩子一片属于自己的天空	302
坚持有效引领　促进教师幸福成长	306
科学实施养成教育　促进学生全面发展	309
守初心坚毅进取　甘奉献幸福迎秋	313

幸福迎秋／幸福教育

从农民之家到书香门第到教育世家

刘清文

今年是我国改革开放40年，是教育改革40年。这40年中，我的原生家庭由农民之家到书香门第到教育世家，实现了两次跨越与质的提升。

1978年，父亲任抚宁县（今抚宁区）远近闻名的农村小学——计新庄小学（现开发区第四小学）的校长。这所学校曾获得国家级全国体育运动先进单位的殊荣。在这所学校里，除了父亲是师范学校毕业生，其他教师都是村里高中或初中毕业的年轻人，他们没有经过任何培训就直接站在了讲台上，当起了民办教师或民办代课教师。教师队伍的整体文化素质、专业水平很低，教学中经常出现明显的知识性错误，因此父亲常组织教师们晚上备课，有时会到深夜……从1981年开始，国家重视师范教育，优秀的初中毕业生优先报考中师。我在父亲的支持下借读到海港区归提寨中学上初三，在那里我遇见了三位优秀的老师，使我的学习成绩一路攀升。1982年，我以优异的成绩成为深河乡的中考状元，是抚宁东片区因考上学而"农转非"的第一人。1985年7月，我从师范毕业，到海港区迎宾路小学做了一名语文教师，兼班主任。从1986年开始，父亲经常带学校的教师们参加市里的教学观摩活动，其中一些优秀的教师通过参加相关考试转正。到20世纪80年代末，父亲所在的学校已有三位中师毕业的青年教师。1994年，父亲退休，二哥做了他的接班人，成为计新庄小学的校长。1996年，我开始走向管理岗位，2002年8月，我成为迎宾路小学的校长，学校教师队伍中11人有大专学历，67人有中师学历，1人有硕士研究生学历。小学教师队伍的专业化程度与80年代父亲做校长时相比，有了质的不同。计新庄小学在二哥管理期间，教师队伍的学历结构也在不断调整提升，城乡差距越来越小。2009年，计新庄村拆迁。2016年9月，计新庄小学新建校落成，更名为开发区第四小学，学校有宽敞的教学楼，人造草皮操场，一所农村小学经过40年的发展拥有了和城市小学一样的师资与设备，父亲被评为这所学校的终身名誉校长。2011年，我调入海港区最大的一所小学——

迎秋里实验学校，这所学校的国防教育、信息教育在国内闻名，我被评为全国百佳语文教师，河北省绿色教师。

近40年来，国家对基础教育工作者越来越重视，小学也有了评审高级职称的资格，我和二嫂评上了高级职称，父亲非常羡慕：你们赶上了好时代，教育越办越好，教师的地位、待遇越来越高，小学教师可以做到教授，幸福！

40年春华秋实，40年教育改革，作为一名教育工作者，我从原生家庭的变化，从父亲、二哥和我两代人做校长的经历，感受到国家对教育的重视、对教育的投入、对教育的尊重。如今我的父亲85岁，他仍十分关注我和二哥所在学校的建设，大嫂二嫂都是中小学教师，侄女硕士研究生毕业后在秦皇岛市一中任语文教师。我们因教育改革而提升了生命的质量，我们因教育改革而实现了教育世家的美好理想。"潮平两岸阔，风正一帆悬。"作为教育人，我们将承载教育使命与担当，不忘初心，一路向前，共同谱写最美的教育篇章。

（2018年12月河北省秦皇岛市教育系统庆祝改革开放40周年，刘清文代表全市中小学校长讲教育故事，此文是宣讲稿。）

教育世家 三代六人育桃李

《视听之友》报社 单丹

在秦皇岛,有这样一户人家,祖孙三代,6人投身教育事业。"踏实、严谨、敬业,教好每一节课,做好每一件事。"秉承着这一家风传承,这个家庭里的人民教师们,数十年如一日地坚守在教育战线,用责任与信念,演绎着一代又一代人民教师的故事。

85岁老教师,提起教学来倍儿精神

刘国民今年85岁,虽然岁数大了,但精气神儿十足,当谈起当年教书的事情时,更是兴致勃勃。1958年,刘国民从河北抚宁太和寨师范学校毕业,先后在天津市宝坻县(现宝坻区)大钟庄中学、秦皇岛市永宁寨小学及秦皇岛市计新庄小学(现开发区第四小学)任教,他创造了一个又一个教学奇迹,因他受益的学生更是数不胜数,他无怨无悔地把自己的全部精力和心思都用在了教书育人上。

从1967年到1992年,刘国民在计新庄小学当了20多年的校长,可以说计新庄小学是他一手建立起来的。在那里,只要提起刘国民的名字,大家没有不竖大拇指的,都夸他教课、管孩子有一套。再怎么调皮、不爱学习的孩子到了他手里都变得老实了,没有不服的。他也因此受到了大家的尊敬。在他当校长期间,计新庄小学从一个不起眼的农村小学变成了秦皇岛市首批花园式学校,远近闻名,省教育体育示范会也选在这里召开,很多省、市的教育界领导和教师都来这里参观学习。

从教35载,刘国民说自己最快乐的一件事就是桃李满天下。看到一届届学生顺利毕业,各奔前程,他的心里就有说不出的高兴。"现在国家的教育教学环境越来越好了,不论是硬件设施,还是教学水平都有了明显的提升,和我刚执教那会儿相比真是天壤之别。我的孩子们都当了老师,还有我的很多学生也当了老师,这让我感到非常欣慰。"

子承父业，女承父业，名副其实的教育世家

毋庸置疑，"世家"是积淀和传承的代名词。可以说，教育世家一词，既是对教育行业的认可与尊敬，也是对新一代教育人的鞭策与鼓励。

"我是和父亲的众多学生一起长大的，其中很多人都成了我的好朋友、好同事。在我小时候，经常有毕了业的哥哥姐姐来家里看望爸爸，这对我触动非常大！"刘国民的女儿刘清文笑着说。学生对老师的情谊是世界上最纯洁的，即使毕业数十年，师生情也不会消逝，这也是她为教育事业奋斗一辈子的动力。1982年，刘清文以优异的成绩成为深河乡的中考状元，成为抚宁市东片区因考上学而"农转非"的第一人；1985年7月，她毕业后到海港区迎宾路小学做了一名语文教师，兼班主任；1996年，她开始走向管理岗位；2002年8月，她成为迎宾路小学的校长；2011年，她调入海港区最大的一所小学——迎秋里实验学校当校长。该校在素质教育、国防教育等方面有口皆碑。

受刘国民的感染，他的大儿媳、二儿子、二儿媳、大女儿、孙女都做了教师，子承父业，女承父业，一家三代有6人是人民教师，被评为"秦皇岛市首批教育世家"。

让儿女们印象最深的是，在刘国民当校长时，每天坚持组织师生到学校集合晨练一小时。学校的几百名师生每天围着校园跑步，即使是寒假也一直坚持。刘国民还设计组织开展了全校师生一起参加的群众性体育活动，如集中做广播操，还自编了体操、少年拳……他的做法很快在全省、全国推广，来自全国各地的教师、校长、教育界人士云集计新庄小学参观，大巴车时常排满村里的街道……刘国民也因此先后荣获市级和县级奖励。1990年，刘国民荣获"全国优秀教育工作者"的称号。

刘国民在1992年退休后，仍是一如既往地关心学校，坚持每天早晨清扫校园，学校的绿化、美化工作都由他打理。2010年，计新庄小学拆迁，学生和教师被分流到不同的学校，刘国民望着学校的每间教室、每棵树，潸然泪下……

家庭聚会，聊的全是教育话题

不忘初心，方得始终。刘国民的大女儿刘清文告诉记者："平时大家都很忙，一有时间到父亲家聚会，基本上都是聊教育。大家会互相交流教学工作中

的心得体会，总结成功、失败的教学经验和工作中的乐趣。"

"别人家聚会都是拉家常，我们家聚会说得最多的是教育。我时常提醒他们，做校长、做教师应该有担当，要对每一个学生负责。"刘国民时刻关注着子女们的教学工作和为人处世，还时常给出自己的建议，与子女们交流。

提到自己的教育心得，刘国民说，不打、不骂，但一定要有校长的权威、教师的权威、家长的权威，孩子犯了错误，一定要惩罚，让孩子学会自尊、自爱，做一个人格健全的人，这样才能谈学习成绩的好坏。"教育孩子要以身作则。"刘国民发现，现在的许多家长自己抱着手机不放，还不让孩子玩手机，这简直就是无稽之谈，孩子怎么能听呢。

刘国民的眼里没有差生，人人都是最棒的！在他的精心培育下，学生们全面发展，一路向前，实现了人生理想！

一个人能遇到好老师是他人生的幸运，一个学校能拥有好老师是学校的光荣，一个民族能源源不断地涌现出一批又一批好老师则是民族的希望。35载的教坛生涯，20多年的办学实践，让刘国民的生命充满无限的幸福与荣光！

随着时间的流逝，已经迈入耄耋之年的刘国民虽然已经退休26年，却不曾远离教师岗位。他在退休后还经常去学校听课，给大家提建议，传授教育经验，邻居家孩子有不会的题，他还义务辅导……即使没有在三尺讲台上继续讲课，他也一直没有停歇"育人"的脚步。他总是在微信中向儿子、女儿提一些学校管理的建议，也会给予其他晚辈爱国、爱家等正能量的教育。

如果有人问，一名教师执教的岁月有多长？也许有人说是20年，也许有人说是30年，而对刘国民来说却是一辈子。"我一辈子没有后悔走上讲台，可以说，教师是我们全家最值得骄傲的传承！"刘国民感慨地说。

（2016年9月10日教师节，河北省秦皇岛市《视听之友》记者单丹通过刘清文校长对刘国民老校长进行专访。）

我要一辈子站在三尺讲台上

秦皇岛市海港区融媒体中心　李德军

教师是阳光下最光辉、最神圣的职业，从事这一职业需要德才兼备、默默辛勤耕耘的敬业者。有这样一个女人，从30年前考入中师的那天起，就深深地爱上了这一神圣职业。从教27年来，她将自己满腔赤诚和坦荡胸怀化作教书育人的不竭动力，为她的学生们扬起理想的风帆。

她叫刘清文，迎秋里实验学校校长。记者在氤氲着一缕淡淡茶香的校长办公室与她见面，她得体的着装，大方的举止，给人一种优雅而从容、稳重又睿智的感觉。在与她的交谈中，记者深切感受到她灵魂深处的芬芳和教师这个职业带给她的幸福与感动。

教育工作者是心灵最美丽的

刘清文的父亲是乡村小学校长，幼时的她深受父亲的影响，对教师这个职业有特殊的情结。"我比妹妹高一个年级，每次放学后我会拿起书本，把明天她要上的课给她讲一遍。爸爸说我讲得很好，有做一名好老师的潜质。从那时候我就喜欢上了老师这个职业，觉得传授给别人知识自己会感到无比的幸福。"在中师毕业后，刘清文走上了三尺讲台，一干就是27年。"有很多机会我都可以到更好的岗位去工作，但每次我都不为所动，因为我实在割舍不下浓厚的教师情怀啊，我觉得自己流的每一滴热血和骨髓里每一个细胞都是和教育相关的。"刘清文这样告诉记者。

每天早晨，刘清文都会到学校门前，面带微笑地去迎接她的每一名学生。课间操，刘清文会和孩子们一起锻炼身体。每一次听课，刘清文都会为积极回答问题的孩子发听课卡，上面写着未来北大女孩、未来清华男孩，以示鼓励……"刘校长不像老师而像我们的朋友，有她在我们身边，每天在学校都觉得特别快乐、特别充实。"五年级一班的彭飞向记者说出了心中的感受。

知识传播者是收获最多的

先进的办学理念是学校发展的灵魂，刘清文从 1995 年任语文课老师时，就开始尝试"快乐教学"，她的教学思想得到市教育局的肯定，推动了我市语文教学改革，先后取得了"市优秀教师""最佳教师""新长征突击手"等荣誉称号，1995 年还被破格提拔为小学高级教师。担任校长以后，她和教师团队经过探索、实践、讨论，提炼出"书韵、绿色、幸福"的办学理念。书韵，即让孩子们以传统文化为纬，以智慧教育为根，天天徜徉在书的世界里，坚持诵读国学经典。刘清文向记者诠释诵读的独特魅力："诵读国学经典，不仅可以让学生了解中华文化之根，把握中华文化命脉，还可以继承优良传统，提高人文素养。"绿色，即将学校打造成少年军校特色，让孩子们在军旗下成长，培养他们果敢坚毅的品质和忠诚卓越的团队意识；幸福，即在教育、教学过程中以仁爱育仁爱，培养学生自信、宽容的性格，让孩子们在阳光下健康快乐地成长。先进的办学理念让学生们在校园学习生活中受益匪浅，文学底蕴日益丰厚，心性得以修炼，学校还成功举办了经典诵读现场会，促进了全省中小学德育工作的开展。

刘清文告诉记者："科学的教育理念、精锐的教师队伍、高质量的课程实施、高效能的管理、鲜明的办学特色是学校发展的核心动力。教育是一个不完美的人引领一群不完美的人共同走向完美。"她每天坚持阅读——丰富自己的心灵；每周坚持与教师谈心——了解教学的最新动态；每月坚持与教师一起活动——牢记"没有完美的个人，只有完美的团队"；坚持每学期外出考察学习——让自己尽可能熟知教育前沿信息，免做井底之蛙。刘清文是个有胆识的人，敢于敞开办公室的门，接纳来自教师的建议；敢于敞开学校的大门，聆听来自家长的建议；敢于走出校门，收集社区的建议，寻求他校的真经。每一天清晨，她都会对自己重复这样一句话：用平平常常的心态、高高兴兴的情绪，快节奏、高效能地多做教育工作者该做的事情，把这些事情做得有声有色、有滋有味、如诗如画、如舞如歌。

灵魂工程师是最幸福的

"亲爱的老师，小学已离我很远，但我一辈子都不会忘记您手心的温暖，是您培养了我乐观坚韧的品格,让我受益终身,衷心地祝您节日快乐。"这是今年教师节时刘清文的学生吴尚从上海给她发来的短信。刘清文回忆道:"吴尚是我教的第一批学生,当年就是一个'调皮大王',不仅成绩差,穿的还特别脏。那时候每天我到学校后都用自己的手绢给他擦手,当得知他家离学校很远后就经常送他回家,并鼓励他好好学习,将来会有精彩的人生。慢慢地,吴尚的成绩有了很大的起色。他大学毕业后,在上海找到了理想的工作。2008年,他得知我在上海进修学习,做了一桌丰盛的午餐,接我去他家做客,让我十分感动。"

每逢节假日,刘清文都会收到全国各地的学生发来的祝福短信。"有好多学生早已毕业多年,甚至成家立业,可心中依然记得我这个小学老师。他们的一声祝福,一句问候,都是我最珍贵的礼物,让我内心感到无比温暖。这是从事别的职业体会不到的幸福。"说起这些,刘清文流下了激动的眼泪。

谈到未来,刘清文热情似火,心中装着对学校规划的美好蓝图,她说:"我要做一个家长满意、学生爱戴、领导放心的校长,带领教师为孩子们撑起一片教育的蓝天,扬起理想的风帆。"

(2012年9月10日教师节,刘清文校长被评为秦皇岛市优秀教育工作者,时任秦皇岛市人民政府市长朱浩文亲自到刘清文校长家中慰问,海港区融媒体中心李德军对刘清文校长进行了专访,此文登在《秦皇岛日报》上。)

以书墨馨香滋养生命成长

刘清文

疫情让人们有了更多的时间宅在家中，有了更充沛的阅读机会。张维为教授的中国崛起三部曲《中国震撼》《中国触动》《中国超越》让我一睹为快。它引领着读者感悟中国跌宕起伏的成长与崛起给世界带来的触动和震撼，增强了人们的民族自信，同时也激发人们去思考和研究，为中华民族的伟大复兴作出自己的贡献。《读书是一辈子的事》涵盖了樊登对认识自我以及如何成长的思考，以发掘内在天赋、不断精进、进阶突围贯穿个人的成长路径。从家国情怀到个人成长，这几本书让我更加坚信，作为一名教育工作者，在学校教育中要创设书香"场"、激发书香"趣"、培养慧雅书童，要为孩子们的"精神打底，人生奠基"。

阅读与校园文化建设相结合，让阅读有文化场

校园文化是书香浸染后的协奏曲，我们对校园进行了精心设计、整体布局，让显性文化重品味、隐性文化重实效，把校园变成一本大书，让校园的每一立方空气都有书香的味道。

校门口一片葱郁的竹林，彰显着竹的文化，正直、虚心、向上，象征我校师生的责任与担当。一白一紫的玉兰诠释着厚积薄发，秀美与坚强。学校北面的古典文化墙上，书写着《千字文》《弟子规》《论语》《中庸》《老子》《孟子》等经典名句，像一位老人诉说着经典的魅力。中楼（汉字教育文化长廊）——汉字的演变、文房四宝、书法家的故事，南楼——海、路、空军校文化，北楼——安全教育、养成教育、雷锋精神、主题教育……主席台上画着星光耀眼的国徽，"胸怀祖国、放眼世界"八个大字在阳光下熠熠生辉。

雅风古趣的文化墙、郁郁葱葱的竹林、清新淡雅的玉兰……益人心智，怡人性情，雅人气质，使学生们陶醉于其中，博学于其中，成长于其中，在移

步换景间感受中华优秀传统文化的魅力。

阅读与教师专业发展相结合，让阅读促进成长

水域开阔，船才畅行；技法娴熟，才能游刃有余。如果把一个人的智慧比作河流，那么阅读与思考才能让河流开阔。读书是教师绕不过的"坎儿"，教书先读书，立业先立说。因此，学校引导教师静心读书、安心读书、专心读书。

我们要求教师做到"五个一"：每天自修一学时；每学期研读一本书，全校教师开展"同读一本书"活动；每月撰写一篇自学反思笔记，联系教育教学实际，以教育随笔的形式呈现，并张贴在"教师读书长廊"上让大家共享；结合实际，指导转化一名学困生或特殊生，或者深层次研究、探讨一个问题，以促进教师进行个案研究；每学期撰写一篇有价值的心得体会或教学论文。

学校定期开展读书论坛和读书沙龙，并将征集的教师论文、反思、随笔、教育故事编撰成《春华秋实》，在校内传阅。

为每个办公室征订了一报两刊，读书、读报已成为教师每天的必修课。每周三下午的教研日，教师们集体阅读交流，分享阅读心得。

青年教师坚持"读写结合"，撰写阅读笔记，通过邮箱、微信、论坛、博客分享交流，享受阅读的乐趣。

阅读与课程建设相结合，让阅读更得法

"青山看不厌，流水趣何长"，语文课堂的阅读学习是春风化雨、润物无声的浸染。

我们目前的单元整体阅读式教学围绕一个主题的课堂学习模式进行，以其多元整合、均衡协调的特点，在传统和现代之间找到了一条学科教学与活动教学兼顾的道路，做到了对教材的整体建构和延伸超越，很好地弥合了学习与实践的矛盾。单元整体阅读以无限广阔的生活为依托，靠扎实的课堂和丰富多彩的实践活动，培养了学生浓厚的阅读兴趣和高雅的阅读品味，造就了学生深厚扎实的文化基础，为学生终身阅读打下了坚实的基础。

我们的校本课程——"军旗下的少年"历经十余年，四次修改，课程内容

涵盖国防知识、实践军事训练、自主管理、活动评价四个方面。把军校的主阵地回归于日常的课程管理中，渗透于学生的日常生活中，让一批批少年在军事化教学中历练成长，让"流血流汗不流泪，掉皮掉肉不掉队"的红色基因融入血液，浸入骨髓，化为迎秋儿女的爱国志、报国行。

绘本教学。我校尝试的绘本课由三部分构成：教师引读—激发想象—绘本习文。课堂上，教师与学生一起用心渐"悟"绘本语言的内涵，学生情动而辞发，经常妙语连珠，语惊四座，真情实感溢于言表。小小的绘本课成为孩子们享受阅读之美的幸福旅程。

课前一分钟演讲。流动式演讲，每个学期每个学生都能有几次演讲机会，有机会就有展示，有展示就有体验，有体验就有收获，有收获就有积累。阅读的收获在这一刻得到传播，阅读的乐趣在这一刻得到分享。

学校从2006年至今坚持开展经典诵读工程，做到每日晨诵暮读，定时间、定教材、定篇目。浅吟轻唱诵经典，春风化雨润童心。多年来，与圣贤为友、与经典为伴的经典诵读，让孩子们从小就站在了历史巨人的肩膀上。

阅读与图书建设相结合，让阅读有保证

图书馆是阅读的阵地，学校利用大量资金装修改建使之成为儿童的阅读天地。每学年学校定量采购图书，并争取到教育局、地税局、戴卡公司的支持，两年来收到捐赠的图书近千册。学校开设了阅览课，每周各班按课表上好阅读指导课。学校还设置了一系列的课外阅读专题：一年级——儿歌欣赏；二年级——绘本阅读；三年级——走进童话；四年级——科普阅读；五年级——走近名人；六年级——阅读经典。"幼儿养性，童蒙养正，少年养志，成年养德"，在丰富的阅读课程中，学生们增长了知识，开阔了视野，优雅的书卷气慢慢地写在师生的脸上，体现在师生的举手投足间。

为使图书的利用率最大化，学校化整为零，在假期将藏书发放到每个学生手中，实现了图书漂流、移动图书馆。学生在阅读的同时，制作图文并茂的"个性化读书推介卡"，在班级中交流、展评，这不仅锻炼了学生的创造和表达能力，而且培养了他们的自信心，更重要的是激发了他们读书的欲望。

阅读与多彩的活动相结合，让读书更广泛

学校整合学科、社会资源，开展立体多维的"书香迎秋"活动，提升读书的应用性。具体包括："课前一分钟演讲"，朗读比赛，讲故事大赛，主题读书征文活动，评选优秀读书卡、编撰读书集活动，读书推介会、读书沙龙交流活动，主题手抄小报评选活动，诗改文、诗配图征集活动，"读书节"五个一活动……以少年军校为依托，组建了"军旗下的少年"小记者团，成立了"小军号"电视台，创编了《迎秋校报》，并聘请报社、电视台的专业人士给予学生指导。

这种多内容、多形式、多渠道的读书实践活动，将学生的读书体验与学习技能相结合，使其知识得以延伸、拓宽、强化、巩固，让一批批"小荷"崭露头角。与此同时，引导学生将在课外实践活动中积累的感性认识和实践经验予以归纳、总结，再运用于各科学习中去。这样亦扶亦放，使学科课程和读书实践活动不断地有机结合，相得益彰。

阅读与家校建设相结合，让阅读更持久

孩子的童年只有一次，父母是孩子任期最长的老师。我校通过一年级开笔礼、家长学校、知心家信，倡导家长与孩子进行亲子阅读。学校根据不同年级学生的阅读能力，每学期为他们推荐相应的阅读书目。每逢双休日，学校都开展"温暖星期六"的亲子阅读活动，旨在以书为媒，以阅读为纽带，让孩子和家长共同分享阅读过程，创建书香家庭，使每一位家长和教师一同走入儿童的心灵，一同照亮学生的成长之路。

有一种力量叫坚持。我校师生一起在弥漫着书香的道路上留下了一个个坚实的足印，写满了一串串动人的音符。腹有诗书气自华，最是书香能致远。我们会把认准的事坚持下去，为孩子的未来打下亮丽的人生底色。

（让读书成为一种习惯，让书香浸润师生的教育生活，刘清文校长曾被评为全国爱国主义读书教育活动先进个人，曾带领三名师生到人民大会堂参加隆重的颁奖仪式，受到国家领导人的亲切接见。她是师生心中的书香校长。）

写好中国字　篆刻中国情

刘清文

汉字和汉字文化作为传承中华民族文明的载体，以其独特的形态，深刻的内涵，享誉世界语林，是我们祖先智慧的结晶，是我们中华传统文化的瑰宝，是我们民族的骄傲。教育学生继承汉字文化和汉字书写文化是学校教育的基本任务之一。多年来，我校坚持"一切为了学生发展"的办学宗旨，以"双主体育人、阳光教育"的理念，打造文雅、阳光的师生团队，培养有根的现代人。

2002年，我校开始创建"书香校园"；2006年，我校开始创建写字教育特色学校，以课堂为载体，把写字教育与校园文化建设、教师团队建设、课题研究、知心家庭建设、德育主题教育等有机融合，使学校更有根。

一、写字教育与校园文化建设相结合，提升校园文化品位

教育贵在熏习。现代心理学研究表明，环境氛围对人的心理乃至成长起着非常重要的作用。我们在校园文化建设中精心构思，整体打造，显性文化重品位，隐性文化重实效，把校园做成一本大书，让校园中每一立方米的空气都发挥其教育作用。

学校北面是古典文化墙，上面是我市著名书法家书写的《千字文》《弟子规》《论语》《中庸》《老子》《孟子》等国学经典中的名句，让学生品味经典文化盛宴，感受中华文明魅力。操场东侧是历史教育文化墙，上面是由我市著名书法家书写的毛主席诗词。文明列车、礼仪列车、教室、楼道、楼梯的布置都彰显着传统文化与现代教育的有机融合。为使一年级学生从入学就接受正规的写字教育，我们在一楼设立了汉字教育文化长廊，内容涵盖：结绳记事、仓颉造字、甲骨文、汉字的演变、笔墨纸砚、著名书法家的故事、师生书法作品展示台。校园甬路旁设立了毛笔字石刻，师生可以随时蘸水临摹。另外还利用黑

板报、手抄报、红领巾广播站等多种宣传途径，营造浓郁的书香氛围。在校园文化建设中，我们注重追求细节的完美，使学生能在移步换景间感受传统文化魅力，从而益其心智，怡其性情，雅其气质，润其人生。

二、写字教育与教师成长相结合，提升教师团队素质

写字教育的扎实开展，教师是关键，教师是课程教学实施的不竭能源。学校领导不惜资金，加大对教师的培训力度。一是组织学校教科研人员、部分书法骨干外出学习，开阔视野，提高书法技能，创新课程理念。二是由本校骨干教师和校外书法名人对全体教师进行专题培训。三是加强教师基本功训练，狠抓教师"三笔字"过关，提高教师书写技能。我们专门为教师印刷制作"教师天天练""教师笔墨集"，要求教师每天练字20分钟，两周一检查、一反馈。我们要求每位教师平时上课、备课、批改作业等，只要动笔写字，必须认真书写，字迹美观。教师节、妇女节，学校把名家字帖作为温馨的节日礼物；在学期总结会上把书法字帖作为一种奖励，以鼓励教师的练字热情。学校每个月组织一次教师写字经验交流会，每学期开展一次"教师天天练""教师笔墨集"评比活动。四是练习书法，领导现行，全体领导每周撰写读书笔记，以书法形式呈现，使读书与习字有机结合。五是订阅写字教育报刊，促进理论、业务水平的提高。

三、写字教育与课程建设相结合，丰富课程内涵

课堂是落实课程目标，实现课程价值的主要空间。我们从不同的层面，多角度多视野开设课堂，以使更多学生的品行得到滋润，素养得到提升。

（1）常态语文课，情境中品字。在语文课中结合语言情境，抓住特殊字眼探寻汉字字源，明晰造字情理，掌握汉字结构。

（2）开设书法课程。我们根据学生特点，选用《小学生规范汉字书写》教材，在一至六年级开设书法课程，要求低年级写好铅笔字，中高年级写好钢笔字和毛笔字，由17位教师执教，课程结构逐步明朗。

（3）保证时间。将写字教育纳入课程计划，制订书法课教学计划，每周一课时。为保证练习的持续性和有效性，学校规定每天中午设定20分钟练字

时间，雷打不动，长期坚持。每到练字时间，每班两位教师，一位教师示范指导，另一位教师纠正坐姿，辅导书写。一天天，一月月，一年年，20分钟内，汉字情、师生情在不知不觉中静静流淌，师生的写字水平节节拔高。此外，每天给学生布置10分钟的亲子书写作业。通过家校通信平台，了解学生在家书写情况，确保书写质量。

（4）教育就是习惯的养成。我们坚持"提笔就是练字时"。我们要求所有教师，心中要装着写字，在课堂中为学生做好示范；午间练字，全校教师共同参与。学校领导分别承包一个年级的相关检查、指导工作。规范"双姿"，常抓不懈，逐班检查纠正。针对教师和学生书写中存在的不足，学校教导处制订了教案、作业检查细则，每学期两次对教师教案及学生作业书写进行常规量化考核。

四、写字教育与课题研究相结合，促进教师专业成长

为了使我校写字教学实验能科学、高效运行，取得实效，我们努力完善写字教学常规制度，加强教科研指导，探索规律，提高写字教学实验的科研价值。我校2006年申报了省教育科研规划的"十一五"课题"新课改背景下创建书香校园的探索与实践"，"识字写字教学研究"是其中的一个子课题。在全校师生的共同努力下，课题顺利结题。今年又与学校的文化建设相结合，确立校级课题"深化写字特色，推进学校品牌建设的研究"。在课题的研究过程中，教师探索出适合不同年龄段的写字教学策略，教师的基本功也不同程度地得到提升；学生长期学书练字，促进了身心的健康发展，在潜移默化中磨炼了意志，陶冶了情操，提升了审美修养和鉴赏能力。同时，师生越来越深刻地认识到，汉字是我们最具有民族特色的文化符号，有民族性，才有世界性。引导学生"从小写好中国字，长大做好中国人"，是我们肩负的神圣使命和崇高责任。我校已经形成师生同练、写好汉字的浓郁氛围。

五、写字教育与德育教育主题相结合，提高学生人文素养

班级是学校的基层组织，我校把书香班级的创建作为切实推动写字教育的一个抓手。班主任集学生、家长的智慧精心布置教室、设计班徽、确定班级

目标，提升班级文化底蕴。利用班级教室内外墙壁的展板、"我型我秀"专栏以及班级黑板报，为学生提供展示平台，且所展示的学生作品常换常新。

学校的"小军号"电视台由小主持人为学生们讲述汉字历史、汉字故事、中国历代著名书法家故事、世界人民学习汉语的故事等，激发广大学生对祖国文字的热爱，进一步推动学生练字的积极性。

每年9月份的"推普周"对学生进行推广普通话和规范汉字书写的宣传和教育，组织学生开展"啄木鸟小队在校园、在家庭、进社区"活动。让学生对使用不规范的汉字进行纠错，使学生在实践活动中进一步体会规范汉字的重要性。

教育在活动中发展，活动让教育更精彩。我们写字教育的最终目的就是传承和弘扬我国优秀传统文化，让学生在翰墨飘香中逐步养成良好习惯，让汉字文化滋润学生的生命。丰富多彩的体验活动是学生实践的重要载体，我们坚持开展读书节、艺术节、体育节、科技节、英语节、书法节活动，以重大节日为切入点开展丰富多彩的主题教育活动，为学生奠定坚实的精神生命根基。学生书画展、学生规范汉字书写比赛、校本课程展示、教师基本功大赛、教师"三笔字"过关等活动给全校师生搭建了一个个相互交流、学习、展示的平台。

六、写字教育与家庭文化建设相结合，增强家校合力

学校和家庭是学生成长的双翼，相对于学校来说，家庭教育对学生个性成长、习惯养成的作用要更大、更直接。结合我校"经典诵读"工程，知心家庭学校向家长们发出亲子诵读、亲子书法的倡议，通过开展"书香家庭评比"等活动，将家长引入经典阅读、习文练字中来，家长们每天坚持和自己的孩子诵经典、写经典、画经典、做经典，不仅增进了亲子感情，还提升了家庭文化品位，提升了家长育儿理念，促进了社区精神文明建设。捧书卷，闻墨香，教师、学生、家长在书香中共同成长。

七、收获教育幸福

"宝剑锋从磨砺出，梅花香自苦寒来。"通过长期坚持练字，我校教师和学生的书写水平从整体上得到提高。课堂上，教师规范优美的板书让人赏心悦

目，学生的"双姿"规范了；翻开学生的作业，干净整洁的书写让人眼前一亮。写一手好字已经成为我校全体师生的自觉追求。

"端端正正写字，堂堂正正做人"，"人写字，字写人"，写字教育的全面育人功效逐步彰显。几年来，在持之以恒的练字过程中，学生的意志品质逐渐增强，学习、做事处处体现出大气、典雅、智慧。

教育就是习惯的养成，我们以写字教育为依托，以点带面，深化素质教育的内涵，提升了校园的文化品质，促进了教师的专业发展、学生的全面发展、学校的优质发展。回首走过的路，我们有探索，有实践，有收获，更多的则是思考。如何把写字教育做得更好，是我们每位教师持之以恒的探索和追求。"走小步，不停步，每天都有新进步"，我们认准了这件事，就坚持一直做下去，路会越走越宽、越走越实。

（一笔一画写好字，踏踏实实做好人。30多年来，刘清文校长坚持以写字教育为突破口，扎扎实实做好学生的学习习惯、生活习惯、行为习惯的培养，静水流深，让每个学生成长为一棵参天大树。此文登在《语言文字报》上。）

传承红色基因　培塑中国精神

刘清文

秦皇岛市海港区迎秋里少年军校于1995年成立，发展至今，得到了社会各级军政领导的关爱和支持。一批批的军校少年在军校生活中历练成长，成为有理想、有品德、有文化、有责任、有担当、不怕苦、不怕累、不畏挫折、勇于挑战的新时代好少年。24年弹指一挥间，曾经的军校少年正担负着保卫祖国、建设美丽中国的重任。曾经"流血流汗不流泪，掉皮掉肉不掉队"的洪亮口号早已融入血液，浸入骨髓，化为爱国志、报国行。"胸怀祖国，放眼世界"的金色校训印刻在迎秋人的心中，体内红色的基因警醒迎秋人居安思危、鞭策迎秋人天天向上。

一、研发校本教材进课堂，开启课程育人路

2001年，学校被少年军校总校命名为"全国少年军校示范校"，在长期的训练与培养中，学生养成了勇敢、坚强、果断、刚毅的性格。所以我们深入挖掘"少年军校示范校"的各种资源，探索通过新课程的引领使学校走上课程特色化、校本化的道路。《国防教育法》明确提出，学校的国防教育是全民国防教育的基础，是素质教育的重要内容。我校尝试从少年军校入手，挖掘相关的显性资源和隐性资源，进行合理地开发和构建，从而形成我校特色化的课程体系。2005年，校本课程"军旗下的少年"在此基础上应运而生。此课程是学校教师们集体智慧的结晶，经过10多年的不断完善，已形成了完整的课程体系，并获得河北省教育科研成果一等奖。现已将其纳入学校常态化课程教学，并设立了专职教师任教。

"军旗下的少年"课程目标设置

学生发展目标：校本课程建设要为学生的终身学习和可持续发展打好基础。积极发展学生个性，全面落实素质教育，培养具有创造精神，适应21世

纪的全面发展的人。

教师发展目标：推进国防教育校本课程研发，增强少年军校工作研究的系统性、科学性，培养一批科研型教师队伍，在校本课程建设过程中培养和提高管理者与教师的课程意识，形成本校的办学特色。

学校发展目标：全面贯彻国家课程的基本要求，建设学校课程资源，体现校本课程与国家课程、地方课程在培养目标上的一致性，提高课程的适应性，实现课程的多样化，探索课程发展的机制。形成具有本校特色的学校课程体系，推出校本课程开发、研究系列成果。

"军旗下的少年"课程结构设置

国防知识课程、实践军事训练课程、自主管理课程、活动评价课程

"军旗下的少年"教材内容设置

"军旗下的少年"校本课程，面向三至六年级学生。三年级学习中国人民解放军概述（诞生、性质、历史、体制编制、军旗、军歌、军衔、军徽、仪容仪表、纪律等）；四年级学习海军和空军概述；五年级学习陆军概述；六年级学习世界军事（世界军事史及当今世界各国军事状态）。

例如三年级的教材中包括以下内容：

第一节　中国人民解放军诞生

第二节　中国人民解放军军歌

第三节　中国人民解放军军种

第四节　中国人民解放军军旗

第五节　中国人民解放军编制

第六节　中国人民解放军军衔

第二节又包括：军歌的概述、歌词、创作历程、作词作曲简介；第六节包括：军衔、我国军官军衔等级设置、军官的军衔称谓、军衔授予、编制军衔、中国人民解放军军官军衔肩章。这些内容不仅让学生在军事知识方面有所收获，还对其在品质形成以及人生观、世界观的形成方面有引导作用。

校本课程每周一节，授课方法有以下 5 种：

第一，调查访问法，即通过调查访问搜集与所开发的校本课程相关的信息。"百闻不如一见"，没有调查就没有发言权。为了了解陆军历史，我们请经历过战争的离休军人来校上课。让学生们提前准备好要提问的问题，在课堂上与军人积极互动，大胆提问，请军人解答学生的疑问。这种教学方式的效果很

好，不仅使学生获得了相应的知识，而且对学生的心灵也是一次洗礼。

第二，网络信息技术应用法。教学时，可以利用网络、报刊、多媒体等，让学生通过屏幕和图片直接感知，激发学生浓厚的兴趣，加深对所开发课程的理解。

第三，角色扮演剧表演法。让学生组成剧组，选组织能力、表演能力强的学生当"导演"，擅长音乐的学生负责配乐、伴奏，擅长表演的学生扮演角色，对课程的相关内容进行表演，使学生获得如临其境的深刻体验。通过表演法大大激发学生对校本课程的兴趣，可以锻炼他们多方面的才干，培养他们团结协作的精神和大胆创新的能力。

第四，讲故事、演讲法。教学的重点并不完全在于将一大堆的知识灌输给学生。要让学生积极、热切地参与教与学的过程，有运用手和脑的机会。通过故事教学，可以开阔学生眼界，激发其对校本课程的兴趣，有利于训练其听、说、读、写能力，发展其想象力、观察力和概括力。

第五，研究性学习法。如在教授陆军历史这节课时，可以选择与学生比较接近的、与少年军校相关的主题让学生进行研究和学习。比如带领学生研究小英雄，让他们分清是抗日战争时期的还是解放战争时期的，知道小英雄的名字、照片和英勇事迹。开展办军报、军事知识竞赛、英雄故事演讲比赛、主题讨论、写感受等多种活动。通过研究性学习激发学生爱祖国、爱军队的情感，使他们掌握一定的国防知识，更多地了解中国军队，提高学习、表达、创新等能力，培养他们良好的行为习惯，塑造他们健康的人格。

"军旗下的少年"这一校本课程的开设，在我校实现了国防教育常态化，为学生的全面发展奠定了坚实的基础。

二、军事训练课程化，开启实践课程育人路

1. 常规军事训练，锻炼学生意志

为使学生更加强健、勇敢、智慧，使他们真正成为肩负希望的一代，学校将军事训练纳入课程体系，每年利用暑假对学生进行军事训练。各年级按不同的内容，制订出不同的训练计划和具体要求。军训为期15天，三期，主要进行站军姿、蹲下起立、跨立、脱帽、戴帽、齐步走、停止间转法、军体拳等科目的训练，中间穿插拉歌等军体游戏。学生们一身戎装，头顶炎炎烈日，脚

踏滚烫大地，以顽强的意志迎接酷暑的考验，他们一招一式苦练基本功，用汗水荡涤了脆弱，以坚韧展示了自我。军训结束后会评选尖兵班、军训优秀学员，还会组织学生与教官们一起联欢，拉近了师生与教官的距离，陶冶了学生的爱军情操。军训给予学生们全新的体验，使他们的精神面貌焕然一新：走起路来很帅气，谈起话来讲和气，读起书来有朝气，做起人来显志气。

2. 校外军营体验，培养学生良好习惯

如今的孩子绝大多数是独生子女，长期的娇生惯养使他们常常经受不住困难和挫折的考验。针对学生实际，学校安排了为期两周的封闭式校外军营体验。内容有：内务整理、队形队列、认识枪械、现代军事科技知识、国防及兵器常识、军体拳、野外拉练等。进入训练基地后，学员的衣服要自己洗，被子要自己叠，所有的事情都要靠自己的努力。学员们在训练中脚磨出了水泡不吭一声，腿磕破了皮不喊一句，就是眼含泪花，咬紧牙关也不甘落后。他们积极参加各项比赛，争先恐后地为集体增光。在训练营中，孩子们的潜能被挖掘了出来，积极性被调动了起来。虽然训练时间很短，但他们学会了关心别人，意志变得更加坚定了。家长们见到虽然晒黑，但变得勤快、懂事的孩子，激动地对我们说："这样的活动，我们支持，孩子交给你们，我们放心。"

有计划、有步骤地将校内军事训练课程与校外军营体验课程相结合，丰富了学生的情感体验，锻炼了学生的意志品质，强化了学生的身体和心理素质，提高了学生的国防意识。

三、自主管理课程常态化，开启制度育人路

学校将学生自主管理纳入常态化课程，制定并完善了《少年军校学员守则》《少年军校值勤办法》《少年军校国旗升降办法》《少年军校优秀学员评选办法》《军校学员自主管理制度》等十多项管理制度，把军校学员班确定为自主管理班级，并按照自主管理章程实施管理。

学校的学生自主管理课程模式是通过生活自主、学习自主、活动自主三个方面推进的，采取了如下具体措施：

（1）建立并完善由军校学生组成的校园值周班、课间值周班工作制度（班级轮值制），提高值周班工作能力和水平，实现校园内的学生自主管理。

（2）开展有效的值周活动。挑选军校优秀学员，通过对他们的培训，使

其充分发挥模范带头作用，影响和带动全校学生，维护好校园纪律和卫生。尤其是校园值周生，他们着装统一整洁，动作整齐划一，语言规范，待人文明，既展示了学员们积极向上、热情开朗的精神风貌，又树立了学校教书育人、管理育人的良好形象，成为我校国防教育的亮点之一。

（3）实行"班长轮值"制度。把班级管理权交给每一位学生，激发群体的自律精神和责任心。每天的"值勤班长"要完成"班长日记"即"班级自主管理日志"的填写，记录一天中班级的基本情况和自己所做的工作，协助班主任管理班级，对班内出现的好人好事进行表扬，对发现的问题及时解决。

（4）学校纪律、卫生等各项检查工作由大队委员会统一调派少先队干部根据学校制定的检查要求进行检查管理，并由大队干部在全校中队干部会议上公布检查结果，提出改进措施，真正掌握学校的管理权。

（5）国旗护卫队由军校中的精英组成，效仿部队管理模式，设有队长、副队长，定期进行队列训练，组织《国旗法》学习。承担学校升国旗仪式，负责国旗的日常保养维护。在团队中，每个人都有责任，负责不同的事项，每个人都是团队的主人。自主管理模式的具体落实，不仅给学员提供了发挥管理潜能的平台，而且大大增强了集体凝聚力，为开展国防教育工作奠定了坚实的基础。

（6）办好"小军号"电视台，使之成为师生展示才华的舞台、国防教育的阵地。"小军号"电视台创建10多年来，先后开辟了10余个栏目。其中"校园新闻"栏目向学生传达教育教学改革动态信息和学校近期发生的好人好事；"七彩校园"栏目展示学生文学、艺术、体育等方面的成果；"当代军事"栏目播放国防教育系列节目；"安全教育"栏目为学生普及安全常识和自护自救方法；"英语天地"栏目，教授常用英语对话，培养语感，在2008年奥运会期间推出特别专栏"奥运英语"。"小军号"电视台每一期节目的采编、播放都由学生参与完成，作为学生展示自我、锻炼提高的一个平台，深受学生喜爱。

实践证明，学生自主管理不仅推进了学生常规养成教育，让德育塑造人格的实质得以实现；而且促进了学校教育使命的最终实现。

四、校本课程与德育活动有机融合，开启研学活动育人路

少年军校是国防教育工作的有效载体，也是学校开展德育教育工作的一大特色。学校推出了"国旗下成长、军旗下锻炼、党旗下前进"的国防教育系

列活动，对学生进行以爱国主义为主旋律的国防教育，增强学生的国防观念，磨炼学员吃苦耐劳的意志，增强学生主人翁的责任感。

（1）坚持开展"八个一"活动。即要求每名学员：读一本国防科技书，看一部以国防教育为主题的电影或电视剧，听一堂国防知识讲座课，参与一次国防教育宣传，做一期以国防科技知识为主要内容的手抄报，参加一个国防教育活动小组，参加一次军营体验活动，交一位军人朋友。

（2）结合重大节日开展国防教育。学校结合"七一""八一""国庆节""国防教育日"等纪念日，举行歌咏、演讲、文艺会演、知识竞赛、书法、绘画、征文等多项活动。

2010年11月25日，学校在秦皇岛市文化广场举行了少年军校成立十五周年庆祝活动。聘请秦皇岛市委常委、军分区政委傅永国同志为我校名誉校长。一系列的活动强化了学生的国防意识。

（3）加强安全教育，提高安全意识。每年9月开学第一天，我校都要组织以"关爱儿童，安全成长"为主题的紧急疏散安全教育活动。我们利用升旗仪式和疏散演练活动组织全校师生有序、快速地疏散到安全地点。全校3000多名师生疏散演练的平均用时在3分7秒左右。

（4）我校把每年11月的第一个星期定为"消防安全教育周"，以"关注安全、关爱生命、从我做起"为主题，开展一系列的国防教育活动。如：以板报、宣传标语、"小军号"电视台、迎秋校报、主题班会等形式，进行消防安全宣传；邀请消防支队的干警进行消防安全知识讲座，邀请消防灭火官兵讲解消防车的构造及原理，指导教师正确使用灭火器并实地灭火演练，组织全校师生消防疏散演习；学生通过学习、参观、实地演练，结合自身感悟撰写消防安全学习心得。这些活动使学生加深了对消防知识的了解，能够做到"四会""三不"，即会报警、会宣传消防常识、会逃生自救、会纠正一般不安全消防行为、不随意玩火、不燃放烟花爆竹、不乱拨"119"电话，从而达到"教育一个孩子、带动一个家庭、影响整个社会"的目的。

五、国防教育课题引领，开启科学育人路

学校积极参与全国少年军校总校、中国少先队工作学会"十一五"立项课题"少年军校的创新与发展研究"的研究工作，并确定"少年军校构建和谐

教育的创新发展研究"为我校具体研究子课题。本课题以创新少年军校活动，深化国防教育为突破口，实施和谐教育，把国防教育与德育活动紧密结合起来，开创了我校国防教育发展的新方向。

2017年，学校完成实验论文28篇，学生心得210篇，参与人员包括课题组领导、课题组教师、共建单位官兵、学生家长、学生，做到了参与面广、阶梯性强、可参考度高，为总课题研究实施提供了素材，起到了服务总课题、促进子课题研究的作用。录制的军校建设光盘作为成果已完成并上报区教育工委，光盘内容体现出我校实施国防教育的全过程。

六、成绩与思考

学校以少年军校为载体的特色校本课程的实施正有序进行，学校的国防教育特色活动被河北省电视台、秦皇岛市电视台、秦皇岛日报、秦皇岛晚报、燕赵都市报等多家媒体报道，受到社会各界的广泛好评。学校曾经被中宣部、教育部、国家国防教育办公室授予"全国国防教育先进单位"称号、两次获"全国少年军校示范校"的称号，一次被评为全国消防安全工作先进单位，多次被评为"河北省全民国防教育先进单位""省先进少年军校""秦皇岛市德育先进集体""秦皇岛市文明学校"等荣誉称号。2008年，被市教育局正式命名为"秦皇岛市特色学校"。同年10月，我校在省少年军校经验交流会上作汇报。2009年，受邀少年军校总校完成了《论进一步加强与改进少年军校活动对未成年人的"三热爱"教育为核心的思想道德建设》的论坛资料。2011年，被评为"区特色教育先进单位""市先进少年军校"。2017年，荣获教育部授予的"中小学国防教育示范校"称号。

迎秋里实验学校以少年军校为载体，深化国防教育，努力把军校建设的主阵地回归于日常的课程管理中，将国防教育渗透于学生的日常生活中。在实施过程中，如何将国防教育的细节落实到学生行为习惯的养成教育，还需要我们在长期不断的实践中摸索新思路，找到新方法，积累新经验。实现军校特色更特，国防教育更浓厚是我们今后的努力方向与奋斗目标。

（2021年迎秋里实验学校被评为秦皇岛历史名校。）

我和我的初中老师们

刘清文

特别的爱给特别的我们！当年在归提寨中学，心无杂念，勤奋好学，一丝不苟。老师喜欢刻苦的娃，喜欢专心致志的眼神，更喜欢提问的学生……

我的第一任英语老师是在河北抚宁师范培训了一个月就来教我们的民办老师，他很努力地教我们，有时会用中文标在音标上注音，让我们死记硬背。我初三转入秦皇岛市海港区归提寨中学后，最让我头疼的就是英语学科了。记得当时上英语课时，我就像在听天书，根本跟不上老师的教学进度。第一次英语测试，蒙着答，猜着写，勉强考了 46 分。郭中华老师很快发现我英语基础差，和同学们差了两册书的进度。第一次考试后，郭老师向班主任全面了解我的学习情况，发现我的语文、数学、物理、化学、政治成绩都名列前茅，英语成绩决定了我是否能够升入理想的学校……郭老师决定利用中午休息时间给我补课。他告诉我，英语成绩能够决定我的命运，让我必须下苦功夫，强化单词记忆。在归提寨中学学习的日子里，每天中午一点，郭老师都让我到他办公室补课，他一句一句教，然后我们师生录音，第二天在课上给全班同学播放。郭老师在让我入门的同时，还增强了我的自信。兴趣是最好的老师，自信心比黄金还贵！这一年，我无论在上学路上，还是放学路上，甚至晚上做梦都在背诵英语单词。1982 年我参加中考，英语满分是 70 分，我考了 67 分，相当于百分制的 95 分。父亲曾多次和别人说，大女儿遇见了专业的好老师。40 年过去了，年轻、高大、帅气的郭老师一直是我崇拜的偶像。郭老师穿着咖色衬衫，潇洒地在黑板上书写英文字母的瞬间定格在我的记忆中！郭老师那特别具有能量的洪钟般的英语诵读声一直萦绕在我耳畔！郭老师是我人生中遇见的最伟大的先生！

教数学的王荣森老师是我学习中遇见的最善良、最爱讲台的好老师！我父亲要求我们每天到学校见到老师时，必须恭敬鞠躬，并向老师问好，校园里的学生见我给老师鞠躬问好，总是在后面指指点点，个别的老师会应付回应。亲爱的王老师虽然衣着有点邋遢，但对我的彬彬有礼，总是给予我最温暖的回应，他用不太规范的乐亭普通话向我问早上好。数学课上，王老师经常笑眯眯地多看我一眼，他总是在感觉到我学的通透时才继续他的精彩课堂。我们师生同频，信息对等。每次考试，我的数学都会得到大大的百分，一直在年级前一两名。老师故意出难题训练我的思维，我经常迎接挑战百战百胜。老师认为我应该上高中将来上大学，有更大的作为。那年暑假，为了我的报考志愿，王老师顶着烈日骑着车一路打听到我们计新庄村，找到我老家，见到我父亲。两位教育人为了我的未来激动地干了"一仗"。我的父亲让我自己选择，我没有犹豫直接报考了师范。1982年9月我走进昌师的大门，光荣地戴上校徽成为一名中师生。我写信给王老师，感激王老师的培养和关心，一日为师终身为父，我认王老师做了干爹。王老师托起了我的尊严，给了我希望！40年过去了，我一直坚守教育岗位，不忘初心，想当一位如父如母的好老师，为孩子们点亮心灯，照亮前程！

于建华老师是我遇见的最敬业、最规范、最专业的物理老师，于老师每天夹着教案，几大步就迈到讲台上，眼神里带着公平正义，规范系统的板书彰显着老师的严肃与认真。上课听讲时，我不敢有一丝懈怠，生怕那束严肃的目光落在我身上。他同时教授高中物理，我和二哥心里对于老师都很敬畏。后来和于老师在市里多次遇见，于老师总是自豪地向别人介绍，我是他的得意门生。于老师一直在鼓励着我勇敢向前！近几年，于老师到了退休年龄，老骥伏枥，志在千里，他在学校践行银龄计划，打理学校的实验室，做最好的教育人，我从心里尊敬佩服他。

我的初中班主任，刘品英老师，心直口快，严中有爱。记得我入学不久的一个课间，全班女同学在一起游戏，刘老师发现我的单裤接了一块，还有补丁，笑着说："这裤子别穿了，回家让你妈做棉裤里子！"我无地自容，回家大哭一场，两天没上学。父亲母亲着急劝我别因为小事影响未来。第三天早上，我直接走到刘老师办公室门口，高声喊："刘老师，您出来！"办公室里的几位老师特别惊讶，我还是高声说着："刘老师，您今天必须当全班女生的面给我道歉，我的裤子虽然旧，但是很干净很文明！"刘老师被我的这番话弄得很尴尬，王老师拉着我说，孩子咱先上课，裤子的事儿慢慢说……后来，王老师和刘老师两位班主任找我谈心，我哭着告诉老师们，我们家只有父亲挣工资，母亲身体不好不能种地，兄弟四人中只有大哥在镇里挣工分，其他三个孩子都在上学。我的家庭条件不好，父母更加重视饮食健康，没有条件给我们买其他同学穿的那种的确良衣服，只能自己做衣服，缝缝补补是正常的……刘老师听了我的一番话，眼中竟然闪出了泪花。我一下子释然了，低头向老师承认了我的不礼貌，请求老师的原谅！从此以后，刘老师总是面对微笑，给我争取各种机会，搭建各种平台，例如推荐我在校运会上做播音员，鼓励我参加学校的朗诵比赛。我朗诵的《周总理，你在哪里》在比赛中赢得了全校师生雷鸣般的掌声，我因此成为学校的名人。入学两个月后的期中考试，我以特别高的分数成为1982级学生群体的第一名，比第二名高出50分。同学们再也不因为我的拼接裤子和黍米干饭而带有异样的眼光。

天道酬勤，师道酬善。长大后的我，内心充满着感激，师恩如海，无法回报。我想我的老师们，也会因为弟子们的成长而拥有无限幸福和喜悦！感谢40年前秋日的遇见！祝福我们的恩师，感谢我们的师长！

> 同学少年情最真，恩师厚德育栋梁。
> 重温课堂话方程，年轻学子鬓上霜。
> 谆谆教诲记心上，浩荡师恩怎能忘。
> 清歌一曲高声唱，爱我中华当自强。
> 昂首阔步守初心，淡定从容同成长。
> 难忘今宵师生情，继往开来续华章！

一早回味，幸福满满！四位恩师的名字和状态流淌在文字当中！

@ 于建华　于老师：严谨规范，知行合一，德行天下，向您致敬！

@ 重阳　郭老师：多才多艺，厚德载物，满腹诗书，与时俱进，引领方向，向您学习！

@ 王荣森　王老师：爱生如子，不忘初心，潜心治学，坚守讲台，学为人师，行为示范，向您敬礼！

@ 刘品英　刘老师：性格耿直、严中有爱、良师益友，向您致敬！

师者如光，擎生向上！我特别幸运，在人生成长拔节的最好时光里遇见了四位良师益友，他们改变了我的命运，提升了我生命的智慧与能量！一日为师，终身为父，终身为师。长大后我真的成了您，做了最好的自己，像您一样成为万千学子最喜欢的老师，最爱的校长！感恩！爱你们！

让学校成为师生收获幸福的地方

刘清文

2013年3月,我有幸与局领导和兄弟学校的校长们一起到南方的6所知名中小学考察学习。8天的所见所闻,让我充分感受到了南方教育者的睿智以及南方校园文化的魅力。对于我们的校园,我在不停地进行深度思考,由衷地在心里渴望:"让我们的校园成为师生收获幸福的地方,让我们过一种幸福而完整的教育生活。"

一、办学就是办氛围

氛围是阳光、是土壤、是空气。一种正向的氛围能产生强大的向心力、凝聚力、战斗力。人们处于其中,耳濡目染,即使消极倦怠的人,也会积极主动起来,为潮流所挟裹,受氛围所推动,求进向前。在这种氛围所产生的推动力下,任何艰难险阻都会被克服,任何崇高的事业都会无往不胜。

走进金沙小学,第一感觉是大气、现代、创意新颖。走进宽大的校门,一条梦想大道直通教学楼,融汇古典、现代元素的文化墙,既展示了学校的文化底蕴,又是学生游戏的空间,还起着隔离道路与操场的作用。操场一角的金沙梦工场,是围绕金沙文化遗址深刻挖掘金沙文化内涵与校园文化建设而成,是孩子们挥洒激情与才智的舞台。楼内整体色调为蓝色,设计精美,特别富有创意,给人以震撼。其校园文化建设诠释了学校的办学目标:解放每一个孩子,追逐美好的梦想;深深植根中华文化的沃土;凸显科技教育,建设创意乐园;开放国际视野,注重交流分享。一楼大厅的墙壁上设有机械转动模型,二楼设有天空奥秘探索,进入其中,宛若进入科技馆。三楼设有国学馆。学校的每一面墙壁都在轻轻诉说着温馨的话语,这不能不让我们惊叹。

重庆莲光小学办学氛围也很明显。她姓"莲",70年风雨兼程,她始终在学校文化建设中彰显"莲"的品质。这是一所在抗战最艰难时刻诞生的学校,一所与祖国母亲同命运的学校。历史记载着她走过的风云岁月，承载着她的成功与希望，铸就着她的秀美与坚强。一进入莲光小学大门，便是一派"映日荷花别样红"的美景。学校将莲花绽放的过程形象地与散发心灵芳香的微笑相结合，提出了"微笑教育"。"微笑教育"就是从"映日荷花别样红"这片"肥沃"的土壤中培育出来的一株璀璨的莲花，是莲光小学独具特色和内涵的教育品牌。校园中的点点滴滴都凸显着莲光精神，如门牌、文化墙、评比栏、陈列室、友情提示。校园中还有对莲光精神的准确提炼和诠释："爱国、奋斗、团结、创新。"用"映日荷花别样红"这句诗来集中体现学校的办学特色既贴切又深刻，意义深远。作为莲光表情的"微笑"与其办学理念相吻合，凸显了莲光小学与其他学校的不同之处。莲光小学积极开展"微笑德育"，注重弘扬和培育学生的民族精神，培养学生微笑待人的行为习惯，努力实现让每位莲光人都有一颗深爱自己祖国的中国心，都有一个独特的品质——微笑待人，都成为有理想、重规范、纯洁、高雅、通达、正直、秀美而坚强的莲光小君子。

感受着莲光小学的"秀美与坚强"，不禁让我想到25岁的迎秋，几代迎秋校长书写和传承着"以人育人，享受七彩阳光"的教育理念。迎秋人有着"海纳百川"的胸怀，有着"胸怀祖国，放眼世界"的理想，有着"竹"的正直与虚心、挺拔与坚强；迎秋人用竹一样节节攀升的勇气，诠释迎秋的文化和教育，在孩子们心中不断地描画着"七彩阳光"的梦境；不断挖掘教育的精髓，努力打造学生向往、教师喜欢的工作场……这些就是我在迎秋的梦想。

氛围，能产生一种力量。我要把迎秋这种"坚毅果敢、正直虚心、海纳百川"的氛围，变成一种积极的力量，推动我校教育事业的发展和前行。

二、不一样的教育，一样的幸福

每一所学校都有它独特的文化特色和办学理念，每一所学校都有它教育的侧重点和独特"味道"，但它们却能让人感受到相同的幸福。

"有一个快乐的地方叫学校。"上海市第六师范附属小学便是这样的学校。上海市第六师范附属小学（以下简称六师附小）创建于1906年，深厚的文化底蕴和高质量的办学品质使它在社会上具有相当高的知名度。在走向现代小学的探索中，六师附小关注每一个学生的成长需求，努力挖掘其潜能，重视每一个生命个体的价值，着眼于学生现在和将来的发展，用明天社会的需求来规划今天的教育，树立起为学生快乐成长提供服务的现代教育管理思想。学校开设的"成长体验课程"，就是实现"让每一个学生在全面发展中快乐成长"的大平台，也是"学校计划安排下的一切有意义活动全部构成课程"这一理念的载体化。

在六师附小，"成长体验"是以课程化的形式出现的，是以体验育人为导向、德育为核心、活动为载体的学校自主开发的活动课程，分三个层面四个类别，即学校层面的校园文化节和学生社团活动、年级层面的主题教育活动以及班级层面的温馨教室建设活动。校园文化节活动课程，包括"艺术节""体育节""科技节""读书节""文化节"等社团活动课程。以年级为单位，开设"人文""科学""艺术""运动"四大类课程，每个年级根据学生年龄特点再具体设置"学说上海话""新能源""模型""足球"等近20个项目。以培养兴趣、人人参与为原则，每学年初，学生通过网络报名，自由组团，每周开展一次走班学习。年级主题教育活动课程，5个年级的5个主题分别为"我是小学生了""我戴上红领巾了""我十岁了""我是小当家了""我是毕业生了"。每个主题又设计了丰富多彩的活动课程，例如多姿多彩的社会实践活动：一年级的"自然之旅"，学生走进张江农业园；二年级的"科技之旅"，学生参观上海科技馆；三年级的"人文之旅"，学生考察上海城市发展历史陈列馆；四年级的"艺术之旅"，学生走进上海大剧院和上海音乐厅；五年级的"畅想之旅"，学生走进复旦大学。再如"两纲"教育系列活动：一年级的行为规范教育活动、二年级的入队活动，三年级的十岁集体生日活动，四年级的志愿者服务活动和五年级的毕业典礼活动。每一项活动都由年级课程领导小组拟定细致的活动方案，学生在这些丰富多彩的主题教育活动中，获得了积极的情感体验，受到良好的道德熏陶，扩大了知识视野，增加了文化积淀，激发了热爱祖国、热爱家乡的情感。

苏州市实验小学有着106年的办学历史，百余年来，它在教育价值观、治校、育人方法和学校精神领域有着自身的解读，这是它厚重的文化传承，具有鲜明的特色。苏州市实验小学在百余年的办学过程中，自至始终坚守"以学生发展为本"的核心教育价值观，将学生成长放在首位。从19世纪20年代开始实施的儿童本位教育，19世纪50年代围绕学生成长开展的教育实验研究，到19世纪90年代开始实施的"以学生发展为本"理念指导下的素质教育，都将学生作为关注中心，将育人放在了最重要的位置。这是苏州实验小学自始至终的价值追求，是其办学的核心特色，也是其发展的灵魂。

"以学生发展为本""对学生是否有用""尊重个性与共性""创造课程不封顶""坚持双基不动摇",从这些语句中,我们不难看出苏州实验小学把育人的核心定位在"学生发展"。该校促进每一位学生全面和谐发展、生动活泼发展、个性化发展,为学生发展服务。这是该校的价值追求,是激励该校教师不断进取、努力做好每一件事的原动力。该校在实践中形成了一系列颇具校本风格的"小学校大教育"治校方略,有六方面的内涵:一是"小学校拥有大视野",二是"小学校整合大资源",三是"小学校构建大课程",四是"小学校培养大教师",五是"小学校实施大管理",六是"小学校建设大载体"。

上海市嘉定区中光高级中学,其校名"中光",寄寓了"中国光复""中兴之光"的爱国深意。现在的中光高级中学传承了原中光"淳朴、踏实、敬业、奉献"的优良传统,确立以文立身、以文益智、以文孕美的"文化立校"的办学理念,关注学生的成长与发展,施以个性化、人文化的教育管理模式,逐步形成了"自主发展,人文见长"的办学特色。该校是一所高起点、有特色、现代化、充满活力的公办寄宿制学校。学校的心理健康教育做到了极致,真正践行着以人为本的教育理念。

成都市金沙小学以挖掘金沙文化服务教育为思想源泉,旨在建设一所"没有观念围墙、没有心灵围墙、没有精神围墙"的现代化、国际化学校,形成了开放教育、探究学习、均衡发展、和谐校园的办学策略,在"追逐梦想,从心绽放"的办学理念引领下,实现高起点、跨越式发展。教育是面向心灵成长的活动,是师生精神生活的过程。金沙小学将陶行知的"解放"教育思想贯穿于管理与教学的方方面面,以最合乎人性、最有利于人的发展的动机,解放每一个孩子、解放每一名教师,甚至希望能为每一位家长松绑。真正办好激荡心智、完善人格、彰显个性的教育,充分发挥每一个金沙人的主体精神和创造潜能。把学习的基本自由还给学生:解放他的头脑,使他能想;解放他的双手,使他能干;解放他的眼睛,使他能看;解放他的嘴,使他能谈;解放他的空间,使他能到大自然、大社会里去取得更丰富的学问;解放他的时间,不把他的功课表填满,不逼迫他赶考,不和家长联合起来在功课上夹攻,要给他一些空闲时间消化所学,并且学一点他自己渴望要学的学问,干一点他自己高兴干的事情。

对于现代小学来说,培养现代人是最根本的任务。学校教育的最大功能,不仅在于知识的传递,而且在于做人的引导。把学生培养成符合社会需求,能够自主成长的新人,这是教育赋予教师的使命,社会赋予教师的责任,家长赋予教师的任务。教育不能说空话。学生的成长是第一位的,学生的幸福是最关键的。

三、为学生积淀幸福的生活底色

教育的目的是培养人,培养人的能力,提高人的素质。因而,学生在校期间除了学习文化基础知识之外,德智体美劳等各个方面都应该得到全面的发展。培养学生的心智,发展学生的技能,开拓学生的视野,让学生变得越来越理性、越来越守礼、越来越豁达,这才是教育的终点,才是我们努力的方向。

一所学校之所以被认为是教育的成功典范,并不是因为学校在各方面都非常强大或综合实力超越一般的学校,而在于它独树一帜,标新立异,在某一方面取得了重要的成功。不管采取什么方式,目的只有一个:彰显学校的办学特色,为学生的终生发展奠基,为学生积淀幸福的生活底色。

在苏州实验小学,我们看到了别样的画展,所有的同行者都为之震撼。不是名家之作,而是学生的个人画展,有4名学生的作品在学校的长廊中展出。看到那一幕,你会真正觉得这才是有味道的画展,那味道是给孩子的机会、给孩子的平台、给孩子的经历,那是以人为本的光环。

在莲光小学,有竖笛学习课程,孩子们在领略音乐魅力的同时掌握了一种乐器,在他们成长的足迹中,真正的留下了值得回忆和夸赞的记忆。

特别的爱给特别的你,这是一个很美的镜头:在莲光,付校长在一个学生的本子上书写的评语引起了我们的注意。那是一个特别的孩子,本子上记录着自己一天的学习情况,班主任老师和科任老师的评语写在孩子自我记录的下面。付校长说,他们的老师每天都这样做着,特别的孩子就要给特别的爱!他们,把教育做到了极致,他们,把心思真正用在了孩子的身上!

中光高级中学的孩子们要学习舞龙技术,传承中国文化的同时,使孩子们身心健康,收获更多快乐;上海市第六师范附属小学,侧重于专项竞技比赛和生活技能的培养,孩子们要学会自己做菜……我们看到各个学校都有符合自己学校实际的特色,有的抓阳光体育运动,为孩子的身体健康打好底色;有的抓养成教育课程,为孩子的心灵健康打好底色;有的抓课外阅读课程,为孩子的终身学习打好底色;有的抓研究性学习课程,为孩子的实践能力打好底色……无论是心灵的底色、生存的底色、健康的底色、技能的底色,都同样丰富着孩子的认知世界,使她们成长的世界更加丰富多彩。教育不分地域和国界,给孩子适切的教育,一切的活动着眼点都在孩子。

我校提出的"端端正正写好中国字,规规矩矩做好中国人","与好书为伴,让阅读成为习惯","干干净净上学来,快快乐乐回家去"等养成教育和习惯培养,以及开展的一系列的社团活动等,也同样是着眼于"教孩子一天负责孩子一辈子"的承诺。为了给孩子的生活积淀幸福的底色,我们一直在努力,但还是不够,还要继续努力探索更广泛的领域,多向兄弟学校学习,力争开拓更加广阔的舞台,让每个孩子都在迎秋的沃土中多出彩、出大彩。

四、家校互动形成幸福同盟者

家校互动做桥梁,齐心协力育栋梁。如何开发家庭教育的潜能一直是学校研究的课题,各个学校千方百计地提高家校沟通效率,搭建家校沟通平台,形成家校共育合力,有的创建博客、有的把家长请进校园,有的充分发挥家长委员会的作用等。

在中光高级中学,每天都有一位家长志愿者到校园参与学校的管理,家长和学校的"手"紧握在一起,为了共同的梦想——"为孩子一生发展奠基",而不断地实践探索。

我校的家长开放周已经成为一架真正的桥梁,多年的实践证明,这是一条很好的途径。每学期每年级的开放周会请班内 50% 以上的家长来班级和孩子们共同上一节课,学校安排校级领导向家长传播学校的教育理念,校长会作重要讲话,家长也会毫无保留地畅所欲言,留下珍贵的意见和建议。学校公开每一个部门的联系方式,可以说,开启了沟通无阻的局面,打造了没有围墙的学校。

五、做更专业的小学校长

中小学校长专业化一直是我国教育事业的议题之一。2013 年,教育部颁布实施了《义务教育学校校长专业标准》,这部专业标准将"教育家办学"这一倡导引向落实的阶段。

那么，什么样的校长才是专业化的校长？我认为，校长应该是思想领导、专业领导和组织领导者，要能够把握国内外学校改革和发展的基本趋势，学习借鉴优秀校长办学的成功经验，要保持开放的心态；还要营造优良的校风、教风、学风，设计体现学校特点和教育理念的校训、校歌、校徽、校标并且要明确学校办学定位。校长应当尽到规划学校发展、营造育人文化、领导课程教学、引领教师成长、优化内部管理和调适外部环境等6项专业职责，用敬业的态度投身教育事业，"把心放在教育上，把孩子放在心上"；"开门办学"，用开放的心态办好学校，组织社区、家长、教师、学生多方参与制订学校发展规划，发挥家长委员会支持学校工作的积极作用，引导社区和有关专业人士参与学校管理和监督，接受改进学校工作的合理建议；用专业的标准办人民满意的教育。一个好校长可以成就一所好学校，一个专业的校长同时也可以让学校变得更专业。

作为校长，我一直在思索：

学校特色的本质是什么？是文化。文化是学校的育人之本，是特色学校建设的核心。一所学校有了深厚的历史文化底蕴就有了坚实的根基，就会散发出惊人的美丽与芬芳。要想让一种特色文化长久地传承下去，就必须让这种文化看得见、摸得着，让它具象化、固定化。这样才能更加强化大家对一种文化的认同感。

作为校长，我也一直在探索：

一所学校如何发展和传承，积淀深厚的文化特质？如何立足现实，构建适合自身发展的文化个性？如何紧跟时代前进的步伐，面向未来，不断丰富、创新自己的文化？又如何用学校感染、培育未来人才？学校文化不能"横空出世"，需要一个培育的过程。形成特色文化离不开传承、选择、创新，三者既可以有所侧重，又要相互关联，相互统一。

在海港区，我们可以举办区内校长联动活动，创建集团式教育发展模式。好的资源我们共享、好的模式我们共建、好的方法我们共创。

一个人可以走得快，一个团队可以走得远。在教育发展的道路上，大家携手共进，为了孩子的一切，为了一切的孩子，将开拓适切的教育进行到底，努力实现"让学校成为师生收获幸福的地方"。希望在这块幸福的土地上，每一个人每一天都在心里盛开出一朵美丽的莲花，让生命中幸福的底色更美、更艳，让教育的足迹更圆、更远。

2012年新学期开学典礼校长致辞

敬爱的老师们、亲爱的同学们：

大家早上好！

新春伊始，万象更新！寂静了40多天的校园，因为新学期的到来又变得生机勃勃，充满朝气。首先，请允许我代表学校向全体教师、同学们致以新学期的问候与祝福：祝愿大家在新学期身体健康，工作学习天天进步！

回顾过去的2011年，是我校提升办学品质、彰显特色，并收获颇丰的一年。我们播种了希望，也收获了累累硕果：同学们在各项活动中取得了喜人的成绩，小升初考试，我校语文、数学、英语三学科成绩在全区名列前茅；学校先后被评为"综合实践活动研究与实验"重点研究项目全国先进实验单位、河北省先进少年军校、河北省常规管理示范校、秦皇岛市德育先进学校、秦皇岛市文明单位等。学校各项工作受到了各级领导的充分肯定和高度赞扬。值此机会，我向辛勤工作的全体教职员工表示崇高的敬意和衷心的感谢！向努力学习并取得进步的同学们表示真诚的祝贺！

在新的一年里，全体教师要立足本职岗位，树立终身学习的思想，以教书育人为己任，把整个身心奉献给可亲可爱的学生们，奉献给迎秋里实验学校，奉献给祖国的教育事业。三尺讲台，传播文明薪火；迎秋学校，铸就辉煌人生。用人格引领人格，用爱心唤起爱心，用智慧启迪智慧，用意志砥砺意志，让学生享受幸福的教育，让教师享受教育的幸福，这将是我们的不懈追求。

新的一年开启新的希望，新的空白承载新的梦想。在新学期里，送给同学们四句诗，与同学们共勉。

"少壮不努力，老大徒伤悲。"亲爱的同学们，请珍惜每一个晴朗的早晨，全身心地投入学习，让那灿烂的朝阳点缀我们精彩的人生。

"欲穷千里目，更上一层楼。"希望同学们在新学期里积极向上，大显身手，发展个性特长，做一个体魄健壮、情趣高尚的人，做一个抱负远大、意志坚强的人。

"业精于勤，荒于嬉；行成于思，毁于随。"希望同学们能严格遵守校规校纪，严格遵守教育教学秩序，养成讲文明、懂礼貌、守纪律、讲卫生的良好习惯。共同营造整洁、舒适、美丽的校园。

"问渠那得清如许，为有源头活水来。"一泓清池，因为有了清泉的注入而充满活力。读书也是一样，读书贵在持之以恒，要用心去感悟每一本书每一段文字。

老师们、同学们！回首过去，我们激情澎湃；展望未来，我们豪情满怀！新的起点，新的希望。号角催人奋进，机遇蕴含精彩。"潮平两岸阔，风正一帆悬。"在新的学期里，让我们携起手来，齐心协力，共同创造迎秋里实验学校更加辉煌的明天！

最后恭祝全体教师身体健康，万事如意！祝同学们生活愉快、学习进步。谢谢大家！

刘清文

2012 年 3 月

心向大海　梦想成真

亲爱的同学们：

6月是一个特别的月份，6月的歌声飘荡在美丽的校园，印刻在我们童年的回忆里……

小朋友们，童年时代是人生最美的时代。我也和你们一样拥有过灿灿的童年，也曾和你们拥有一样的幸福，一样的感动！

前些日子，一些六年级的学生悄悄告诉我，他们长大后，有的想当一名教师，像我和他们的老师一样引领儿童健康成长；有的想当一名军人，用自己的智慧与汗水保卫祖国；有的想当一名医生，为患者解除痛苦；有的想当一名企业家，为社会创造价值……可是，他们又忐忑地告诉我，觉得梦想离他们实在太远了，远得似乎不真实。

小朋友们，如果你是一只小燕子，秋天来临，你要飞往极远极远的南方去过冬，想着万水千山之外的目的地，你会不会沮丧地耷拉着翅膀嫌南方太远？不，小燕子绝不会因为过冬的家太远而不去，它们会巧妙地把漫长的飞行路线分解到每天。早晨睁开眼睛一瞧，今天的宿营地就在几百米以外，一点儿也不难！每天的路程都能完成，最后就自然能飞到目的地。这就是让梦想实现的一个小秘密——把巨大的梦想分解成一个个小目标，今天、明天、后天，近期、中期、远期……这样一来，模糊的目标变得清晰而具体。心中的梦想不再遥不可及，它就在我们伸手可以把握的地方。

我29年前教过一个班级，全班共有56名学生。他们在我和其他老师、父母的引领下，在小学二、三年级时就拥有了梦想。29年过去了，这56名学生大多成人成才成家了。他们中有从清华大学毕业到美国工作的未来科学家鲍爱楠，从同济大学毕业在上海港务局工作的吴尚，从中央财大毕业在中国烟草局工作的张为，从北京外国语大学毕业在外交部工作的韩旭，从北京服装学院毕业的青年女作家王海玉，在德国留学现任家惠超市总经理的李超……56名学生成长、成功的秘诀，就是把梦想分成阶段性目标。因为他们知道，追求梦想是一条漫长的路，梦想的实现要经历长大、成熟，若干年后才能有所收获。亲爱的小朋友们，让我们以大哥哥大姐姐为榜样，把大目标划分成小段，落实到每一天，请给自己列一个规划：

（1）6年内做到什么

（2）3年内做到什么

（3）1年内做到什么

（4）半年内甚至一两个月内做到什么

（5）今天、明天、近一周要做到什么

只有把大的梦想分解到每一天，才能真正激励我们每一个人。这个规划让我们必须集中精力、心无旁骛地为每个小目标付出更多的努力。如果没有规划，你觉得今天做也行，明天做也无碍，拖来拖去，永远就只有想法没有行动，梦想就无法实现了。

小朋友们，我也告诉你们我的梦想。我在小学四年级的时候，在父母的引导下，立志当一名小学教师；18岁时，我梦想着要当一名优秀教师；30岁后，我梦想着当一名像斯霞那样的特级教师；36岁以后，我梦想当一名港城教育家……每天叫醒我的不是闹钟，而是拥有着天真儿童的美丽的校园。我把每一天的工作当成幸福的生活，然后惊喜地发现，我每一天的努力都是在为梦想的大厦添砖加瓦。一花一世界，一叶一菩提。我感觉自己每一天的努力都坚实而有力量，巨大的潜力与智慧不断被挖掘出来。做老师真好，当你们的校长真好，真幸福……

小朋友们，你们现在拥有幸福的家庭、美丽的校园、可敬的老师、优良的学习环境和美好的时代，请带着你们伟大的梦想、感恩的心灵认真度过每一天，踏实地一步步走向成功。

小朋友们，上天会把所有的时间一股脑儿塞给你吗？不，它把时间分成一个个清新的早晨给你。我想每天叫醒你的一定是美丽的校园、馨香的图书、美妙的音乐。亲爱的同学们，在每个清新的早晨，让我们细细想想，今天要为未来的梦想做些什么吧！

你们的大朋友：清文校长

2014年6月5日

静水流深　让学生成为一棵树

尊敬的老师们、亲爱的同学们：

大家上午好！

金秋九月，秋色宜人，硕果飘香，在这享受丰收喜悦的季节里，我们又迎来了一个崭新的学期！首先，我代表学校向新老师和新同学们表示热烈的欢迎，向升入高一年级的同学们表示衷心的祝贺，向所有为新学期的顺利开始积极努力做好准备工作的老师和同学们表示诚挚的感谢！

在过去的一个学年里，全校师生齐心协力、负重奋进、辛勤工作、努力拼搏，教育教学工作秩序井然，取得了可喜的成绩，管理机构运转正常，文明的校风、勤奋的学风已逐步形成。新的学期，新的开始，带来了新的挑战，也孕育新的希望与憧憬。面对这一更为紧张和富有挑战性的学习与工作，我们每一位教师、每一位学生都应站在新的起跑线上认真审视自己，以满腔的热情投入到新学期的学习与工作中去，为实现自身的目标而奋斗、拼搏！在此，我祝愿并相信我们所有师生都能以自己的勤奋与智慧书写新学年学习与工作的满意答卷。

在新学期，我想以下几个方面是我们应当发扬和继续努力的目标：

一、尊师

教师是阳光和甘泉，哺育着未来的巨人。我们文明的言行、优秀的成绩、良好的素质都跟学校教师的辛勤教导有关。我们应该尊重我们的老师，尊重他们的劳动成果，理解他们的心情。要知道，老师给我们上的每一节课都要花费课堂几倍的时间来准备。也就是说，尊重老师就要认真听讲；尊重老师就要努力完成老师布置的各项任务；尊重老师就要认真对待老师批改后的作业；尊重老师就是见到老师能主动问好；尊重老师就是文明地和老师交流，不顶撞老师，等等。这些都是尊重老师的具体体现，相信大家能在新学期做得更好。

二、爱校

我们的学校是一所有着优秀传统的学校,我们有一支业务过硬、值得尊敬的教师队伍,有 3000 多名向上好学的学生。我们应该为能在这样的学校里学习感到骄傲和自豪。当然,荣誉的取得和保持依靠全体师生的共同努力。我们在这里学习,在这里生活、成长,学校的一草一木都是我们成长的见证者。热爱学校,要从爱护学校的公物开始,要从爱护学校的一草一木开始,要从节约学校的水电开始;热爱学校要从热爱班级集体开始;热爱学校要从珍惜学校的荣誉开始;热爱学校要从提高自己言行的文明程度开始,因为你是一个文明学校的学生;热爱学校要从努力学习本领、为校争光开始。

三、勤学

学生的主要任务是学习,学会学习,学会做人,学会劳动,学会生活。这些都是学习的内容。我们要做一个全面发展而又具有个性特长的人。作为学生,勤奋学习是我们的责任。我们要认真预习,认真上课,积极活动,主动参与,认真作业,主动订正,自觉复习……这也都是勤学的内容。学习是辛苦的,又是快乐的。学习的快乐只有通过勤奋努力才能获得。愿我们每一位同学都能获得勤奋学习带来的愉悦和乐趣!

四、守纪

我们每一位同学都生活在集体当中,我们的学校是一个大集体,我们各自所在的班级是一个小集体。在集体中,我们谁也离不开谁,班里有人干了坏事,整个班级都会受到影响;班里有同学得了荣誉,全班同学都会感到自豪。因此,不管是大集体还是小集体,不管是在学校里还是在班级里,同学之间都要讲究团结,互相学习,互相帮忙,彼此关心。只有这样,我们才会不断受益,才会不断提高。当然,一个集体就要有一个集体的规范,比如小学生守则、小学生日常行为规范、小学生一日常规等都是我们应该遵守的纪律和规则。这些规范对同学们上课发言、课间活动等都作出了明确的规定,对同学们的一言一行都有明确的要求。比如,上课要认真倾听同学发言,发言时声音要响亮，和人交往要诚实守信等。同学们在家里向父母长辈问好，主动给他们倒上一杯热茶，添上一碗饭，这是孝敬长辈的表现；同学们每天清早到校时见到老师和客人主动问好，这是尊重别人的表现；见到同学说一声"你好"，这是与同学的友好；在公共汽车上举止文明，不争不抢，见到老弱病残及怀抱婴儿的人士主动让个座位，这是对他人的尊重和关爱；诚实守信，助人为乐，主动帮助别人解决困难，这是文明的体现。我相信从今天起同学们都会自觉遵守纪律，文明有礼，从身边的小事做起，争做一个文明守纪的小公民。

老师们、同学们，新的学期又开始了，新的希望也在我们的面前悄然而至，你们准备好了吗？新的学期，传承着昨天的辛勤与努力，品味着今天的成功与喜悦，孕育着明天的光荣与梦想。希望全体师生行动起来，用我们的勤奋和汗水、智慧和热情，抓住宝贵的每一天，团结一心，扎实工作、勤奋学习，比学赶帮，书写我校更大的辉煌。让我们静水流深，用心滋养，用心感悟，努力成为栋梁之材。

最后，祝老师们工作顺利，身体健康！祝同学们学习进步，健康快乐！

刘清文

2016 年 6 月 28 日

心向阳光　尊师孝亲　感恩前行

亲爱的同学们：

今天，我们在座的485位毕业生在你们亲爱的老师的精心培育下，终于从母校迎秋里实验学校毕业啦！

作为你们的校长、你们的朋友、你们的心灵导师，此时此刻，我代表全校168位教师向同学们表示祝贺的同时，心中充满了无限的感谢与不舍！就在同学们成长的这6年时光里，我们学校的办学水平不断攀升，我们被评为河北省素质教育示范学校！我们学校享誉秦皇岛市、河北省乃至全中国。

我经常在想，是教育让我们在场的和不在场的教师享受到教育的幸福。其实，很多时候，同学们带着纯真的笑脸感激我们的时候，我们也同样想感谢在场的你们，正是因为你们的纯洁、优秀和成长，才成就了我们老师的幸福的教育人生。借此机会，我代表我校的168位教师和曾经在这里工作的教师衷心地谢谢你们，祝福你们，亲爱的485位毕业生们！

你们的心和迎秋里实验学校紧紧相连，因为你们的身体里有迎秋里实验学校教育的基因。这，一辈子无法改变。在你们人生的履历表上，你们永远不能改变的，就是你们的学习经历。在基础教育阶段，你们的启蒙学校是迎秋里。因此，我提议，孩子们，请心存着感恩之情，向6年来培育你们、伴随你们的老师和美丽的学校，表达最由衷的感谢。

有人曾说，一个人他要多么幸运，才能够在这所学校里成长，因为在这所学校里，他可以遇到厚德载物的老师；在这所学校里，他可以积攒人生的第一桶金——"流血流汗不流泪，掉皮掉肉不掉队"。因此，在这个特殊的时刻，作为你们母校的校长，我要代表全体教师送你们三句话。

第一句话，人生的道路上，不可能一帆风顺，当你特别顺利的时候，要谦卑地感恩万物；当你遇见困难和挫折的时候，你要坚信，今天的挫折和困难，都是明天的美妙回忆。因为只有勤奋的手，才能弹奏出动听的乐曲。因为我们知道，所有的困难，都是我们人生最好的导师。所以，从迎秋里实验学校毕业的孩子们，无论在什么时候，你们都要心向阳光，朝着明亮的方向进发。心中有阳光，生活才能充满力量。

第二句话，在这个世界上，你永远无法报答心爱的爸爸妈妈，历代宗亲是我们生命的源泉。无论何时何地，都要保护好自己，照顾好自己，孝敬我们的父母。古人说过，"百善孝为先""孝者，顺也"。高考状元回母校，中考状元报师恩。无论你将来成为怎样的你，只要你尽心竭力，成为你最好的样子，母校的老师就会为你鼓掌、点赞。

第三句话，485位同学，就是485颗种子。有人在小学阶段就开出了花，孕育出小小的果实；有人在小学阶段还没有来得及开花；有人甚至一辈子都不能开花，因为他可能是一棵参天大树。孩子们，我们需要的只是时间，今天的成功与失败，都会成为过去，面向未来，成为自己最好的那个样子，才是我们一辈子的追求。

如何成为最好的自己？人格的魅力，是人生一辈子的护照，是人生一辈子的通行证。"大学之道，在明明德，在亲民，在止于至善。知止而后有定，定而后能静，静而后能安，安而后能虑，虑而后能得。"只有你坚定得像一棵树，在平凡的大地上，朝着阳光的方向，接受阳光和雨露滋润，静心吸纳来自家庭和社会的养分，早早晚晚你会参天，早早晚晚你会玉树临风，成为国家的栋梁。请大家坚守一份信念，坚持一个习惯，一定要安排好课余时间，在成长的路上，一起感恩前行。

最后，我想说的是，在这离别之时，我和大家一样，也有很多的不舍，眼中也时常衔满了离别的泪花。但请大家记住，今天的分别，就是为了多年以后的美好的相聚。我要代表所有老师对你们说：孩子们，当你们取得优异成绩的时候，请你们朝着母校的方向深深地感恩。当你们遇到困难的时候，请坚信有许多老师会为你们默默加油。老师是船，你们是帆，迎秋里实验学校永远是你成长的港湾。

亲爱的同学们，迎秋硕果里，风好正扬帆。希望你们在未来的道路上，心向阳光，孝亲尊师，感恩前行。

刘清文
2016年7月2日

心存感恩　追梦远航

亲爱的同学们：

伴随中国共产党成立96周年的喜悦，香港回归祖国20周年的自豪，我们的学校也迎来了载入校史的隆重庆典——2011届迎秋里实验学校毕业典礼！

首先，让我们一起用热烈的掌声向前来参加典礼的200多位学生家长表示热烈的欢迎，向顺利毕业的607位毕业生表示最衷心的祝贺！

此刻，我作为和607位毕业生一同走进迎秋的校长，作为同学们的心灵导师、家长们的知心朋友、教师团队的带头人，心中充满了无比的感动与不舍！在与同学们生活的美好校园时光里，我形成了自己的办学思想，被激发出更多作为一名教育者的爱、激情与智慧。我们学校全面贯彻党的教育方针，以"绿色教育，幸福迎秋"为目标，坚持"以人育人，享受七彩阳光"的办学理念，以"国防教育"为特色，在全体教师的共同努力下，办学规模、办学质量达到崭新的高度，学校率先成为河北省素质教育示范校、河北省全民国防教育先进单位、河北省语言文字示范校。

亲爱的同学们，最让我们欣喜的是，6年来你们用纯真、向上、阳光、感恩、勤奋、责任扮靓了美丽的校园，从明德楼、乐学楼到励志楼，从温馨的教室到充满活力的操场，大家享受着幸福教育，人人努力做到身体健康、心态阳光、习惯良好、气质优雅。更让老师们欣慰的是，607位毕业生在少年军校里的拔节成长。炎炎夏日里，你们流血流汗不流泪，在军训中历练成长；寒冬里你们身穿军装自主管理护校园，担当校园的小主人。最让老师们难忘的是大型阅兵、校园足球、体育大课间、校园集体艺术展演、接待外宾、走近军营、主题升旗等活动展示，这些都是你们用努力坚守的成果。同学们热爱学校、尊敬老师的纯美的心灵，让大美迎秋有了蓬勃发展的力量、七彩阳光的温暖！

借此庄严的时刻，我代表全体教师向你们大声说出：孩子们，我爱你们！谢谢你们！因为你们的茁壮，让老师们感到幸福温暖；因为你们的成长，让老师们增强了教育自信与尊严；因为你们的善良，让老师们成为最好的自己！

亲爱的同学们，作为校长，让我深情地告诉你们：自从你们踏进迎秋里实验学校的那一刻，迎秋就注定永远是你们教育学意义上的母亲，军人的气质注定永远成为你们人生的"胎记"，老师们注定永远是你们人生的启蒙老师。同学们，请庄严地注视我们的校训，向生活6年的迎秋校园、向你们的启蒙老师敬上一个由心而发的军礼！感恩迎秋，感谢老师，感谢校园！

亲爱的同学们，毕业代表分别，分别又预示着明天的重逢。小学、中学、大学都会毕业，但师生情永远不会消失。在这特别的仪式里，校长送607位毕业生3句话，愿这3句话能成为从迎秋走出去的所有人的共同的成长密码与基因。

第一句话，做一个有梦想的人。记得我年轻的时候，常听到这样一句话："有梦想，谁都了不起。"亲爱的同学们，告别母校，你们将拥有火一样的青春，迎来人生又一个最美的时代。敢于做梦，坚持梦想，你的人生就不会迷失方向。有了梦想，你就必须基于琐碎平常的现实生活，坚信静静地做，让世界寻路向你们走来，相信你们勤勤恳恳，一定会在平凡中发出灿烂的人性光芒！

第二句话，做孝亲尊师、心存感恩的人。百善孝为先，孝是最大的德行，孝是最丰富的资本。古往今来，凡成大事的精英、伟人一定是孝敬父母的典范。珍爱生命、勤奋上进、体谅父母是迎秋学子的美德。

同学们，在这个世界上，除了你们的父母，还有这么一群人，会给予你们无私的爱，你们的成功是他们人生最大的喜悦。他们就是你们的老师。"一日为师，终身为父，终身为母。"尊敬老师，就是尊重知识，就是敬畏人生。希望同学们无论何时何地都要牢记母校老师手心里的温暖，在挫折面前、在喜悦面前，心存感恩，不忘初心，勇敢向前！

第三句话，唯有读书和跑步不能辜负。一个民族的发展史就是它的文化史，一个人的精神发育史就是他的阅读史。我们迎秋里实验学校就是一个书香四溢的学校。今天，从同学们身上，我已经能见到书香的气质。阅读伴随我们的一生，坚持良好的阅读习惯，让阅读帮助我们建立更大的智力背景，让阅读帮助我们舒展和满足生命，让阅读帮助我们感受生命的丰盈与灵动。

"健康不是第一，是唯一。"不同人的生命就像是一幅长度不同的画卷。生命的长度我们无法控制，但我们可以主宰生命的活力和质量。体育育德，体育育智，体育是顶尖的教育。跑步，会让每个人都会拥有更加平安喜悦的人生！

亲爱的同学们，老师是船，你们是帆，迎秋里实验学校是你们成长的港湾。今天，大家带不走小竹林，带不走足球场，带不走乐学楼；但我相信，你一定会带走对母校的记忆，老师的教诲，校园的精神。衷心地祝愿607位毕业生载着母校的恩情乘风破浪，扬帆远航！衷心地期待同学们常回家看看！祝愿家长朋友们身体健康、幸福吉祥！

刘清文

2017 年 7 月 1 日

未来已来　　向着美好出发

尊敬的各位家长，亲爱的老师们、同学们：

大家好！

岁月不居，时节如流。我们以少年军校的风采迎来了 2019 年崭新的学期。首先，让我们以热烈的掌声对各位家长的到来表示衷心的感谢，向在场的所有步入己亥年，又长了一岁的同学，表示热烈祝贺！

回顾 2018 年，我校的办学水平持续提高，教师队伍整体水平不断提升，三千学子健康快乐、茁壮成长。我们用"掉皮掉肉不掉队"的军人精神，团结奋进的脚步，把我们的学校推向了新的发展高度。

2019 年是中华人民共和国成立 70 周年，也是国家第一个一百年奋斗目标实现的关键一年。学校继续坚持"以人育人，享受七彩阳光"的办学理念，认真贯彻全国教育工作会议精神，努力提升办学质量，让每一个儿童幸福成长。

亲爱的同学们，新的学期，新的起点，新的希望。在如此庄严盛大的开学典礼上，作为你们的启蒙校长，要向你们提出五点希望。

一、心中有梦想，心中有远方

我们都是追梦人。每个同学都是家庭的希望、国家的未来。有梦想就有希望，有希望就会有力量！希望每个同学都能心中有梦想，胸中有理想、有抱负。让我们一起寻梦、逐梦、筑梦！

二、热爱祖国，孝亲尊师，做有根的中国人

热爱祖国，践行社会主义核心价值观，让红色基因成为我们每一个人生命中最伟大的能量。希望所有的同学努力坚持，日行一善，让国旗更红，红领巾更艳。孝亲尊师是我们中华民族的传统美德，也是我们学校一直坚守的教育目标。要求同学们在平日的生活中、学习中心存感恩之心，在家孝顺父母，在

学校尊敬师长，努力成为有根的中国人。

三、勤奋学习 成为学习的主人

人生的不同阶段有不同的使命。在学生阶段找到自己的兴趣和目标，为成就未来的人生而努力的学习知识、训练思维、培养能力是每个学生的重要使命。开学了，同学们拿到了新的课本，相信每个同学都愿意在新学期取得优异的成绩。但是校长要严肃地告诉你们，学习肯定是辛苦的事情，全世界都一样。根据校长和老师们的经历告诉大家，学习从来就不是一件轻松愉悦的事。幸福一定是奋斗出来的，优异的学习成绩一定是勤奋刻苦、努力拼搏的结果。没有经过无聊和辛苦的学习过程，就不可能有优异的学习成绩。同学们，努力学习是我们作为学生的天职；勤奋学习，应该是每一个迎秋学子践行的诺言。

四、劳动最光荣

同学们，劳动促进人类社会的发展和进步，劳动创造着我们崭新的生活。今年，教育部提出了弘扬劳动精神，强化动手能力、合作能力、创新能力培养的要求。学校要求老师们认真地研究、精心地组织同学们参加适合你们年龄特点的各项劳动教育活动。我要求每位同学：自己的事情自己做，家里的事情帮着做，班里的事情抢着做，社区的事情尽力做。在劳动中提升自己、丰富自己、锻炼自己、成长自己。

五、唯有跑步和读书不能辜负

健康第一，生命唯一。学校要求同学们积极参加体育锻炼，认真上好每一堂体育课，上好两操，做好眼保健操。每名学生都要选择一项适合自己的运动，管理好自己的课余时间，远离电子产品，注意用眼卫生，预防近视，保持阳光心态，达到身心健康。努力实现"为祖国健康工作五十年，幸福生活一辈子"的人生目标。

最是书香能致远。新时代是个质变的时代，得语文者得天下。饭可以一日不吃，觉可以一夜不睡，书不可以一日不读。新学期，学校要求同学们继续坚持开展小军号读书工程，努力实现迎秋学子六年读书不少于一百万字的目标。相信每个同学都会因读书而喜悦、而聪慧，为自己的幸福人生打下坚实的基础。

老师们，教育是我们最伟大的事业。我相信老师们一定会贯彻国家教育精神，争做"四有"教师，做儿童健康成长的引路人。

家长朋友们，陪伴是最好的教育。希望每一位家长从此刻起尊重孩子、相信孩子、点燃孩子，让每个孩子天天有进步，周周有发展，年年有成长。

老师们、家长们、同学们，迎秋硕果里，风好正扬帆。众人划桨开大船。让我们迎秋里实验学校的每一位家长、每一位老师、每一位同学紧紧地团结在一起，形成学校、家庭、社会三位一体的教育力量，一起成就三千学子的教育梦想，谱写教育发展的最美华章。

祝老师们工作顺意！家长们生活幸福！祝愿每一位迎秋学子争做新时代的好少年，成为最棒的自己！

刘清文
2019 年 6 月 29 日

风雨兼程　逐梦远航

亲爱的同学们：

　　毕业的钟声已缓缓敲响，你们初入学时的情景犹在眼前。有人说，童年不是一段时光，而是那充满阳光的希望；有人说，童年并不迷惘，因为有始终闪闪发光的梦想。突如其来的疫情改变了我们的学习方式和生活方式，让我们没能如期举行一场庄严神圣的毕业典礼，留下了无法弥补的遗憾。作为启蒙校长，我一直都特别想为大家的毕业季做点什么，也想尝试一下云端的典礼，可是这种形式无法表达我们6年的美好情感……早上，大家错时回到母校，我能做的就是早早地站立在竹林旁，深情凝望着校门，希望和即将毕业的你们在门口来一次幸福的约会。孩子们，让我再好好看看你们，你们也再好好望望校园！我知道今天的问候和微笑将成为永远不能复制的唯一！

　　同学们，我们虽然不幸遭遇了疫情，但幸运的是我们生活在这样一个伟大的国家。在疫情中，我们一起见证了白衣天使的逆行而上，军人的奋力担当，每一位中国人的责任与坚守。我们不用怀疑，这场疫情一定会被战胜，我们的民族将会更加团结，我们的国家将会更加强大。亲爱的孩子们，在疫情面前，没有局外人，疫情本身就是我们的教科书，我们的课程。一个学期以来，大家通过线上老师的精心教学、线下家长的帮助陪伴，自主学习、自主管理，做到了科学防控、健康第一、刻苦学习。6月1日复学复课的第一天，当我看到更加坚定、懂事的你们重返校园的那一刻，我和老师们所有的担忧都变成欣慰；当毕业测试突然提前，通知到你们时，我看到的是沉着冷静应对的眼神，你们就像备战部队的士兵，随时准备出征应考。考试那天，我在36个考场中，看到你们从容严肃、认真作答的神情；阅卷时，我翻阅着干净整洁的答卷，阅读着多篇抗疫美文，激动不已，迫不及待地想知道是谁的佳作……亲爱的孩子们，你们的优秀让校长的眼眶情不自禁地湿润，让我拥有了教育者的尊严与自豪，我从心底里感谢你们，感恩你们！疫情的特殊不允许我亲自颁发毕业证书和奖状给每个人，不能与你们相互拥着彼此说再见……来吧！孩子们！让我们用无限的爱与感恩，最后一次诵读校训：胸怀祖国，放眼世界！

亲爱的孩子们，你们知道吗？当毕业季与端午节相遇时，引发了我的灵感，"寄情于结，绳皆有灵"，索性来一个"绳有恩师祝福，线寄迎秋回忆"吧！我亲自选购了五彩线，它们象征我们校园大篆章的五个字：仁义礼智信。祝愿你们身心安康，生活里充满阳光，希望大家能够珍惜……

孩子们，6年前，当你们走进校园的那一刻，就意味着迎秋里实验学校已成为你们人生中教育学意义上的母亲，无论时空如何变换，你们的身体里永远流淌着少年军校的强大基因。大家真的很幸运，你们这位教育学意义上的母亲，给你们每个人的生命都涂上了充满希望的绿色，在她的孕育下，你们变得勇敢担当、孝亲尊师、心向阳光，拥有平民本色、精英气质！毕业是一种经历，一种成长，今天的分别意味着太多的期盼。我和老师们一样有太多的不舍，唯有为你们送上几句希望和祝福！

我希望大家能够学会感恩。感恩父母，感恩老师，感恩社会。相信每个同学都能实现"今天的红领巾，明天一定是国家脊梁"的教育理想。

我希望大家能够学会敬畏。严格遵守国家的各项要求，疫情期间做好个人防护，少外出，不聚餐，戴口罩，勤洗手，敬畏生命，敬畏自然，敬畏规则，敬畏人心。不因年少而自恃，不因勇敢而无畏。

我希望大家能够学会担当。要牢记保护过我们祖国的那一个个前赴后继的身影。未来一旦灾难来临，我们要有能力去承担起应该承担的责任。

我希望大家能够学会自律。规划好自己的学习，疫情不仅能够延长假期，也能够拉开人与人之间的差距。我们不仅要学到知识，做到守纪，更要得到成长。

我希望大家一辈子坚持阅读和思考。如果把一个人的智慧比作一条河流，那么阅读就是源源不断的泉水。大家要多读书、读好书，多阅读些时政新闻，还要学会思考，思考事件的真相，不被谣言蒙蔽。

我希望大家能够学会静心吸纳。少年时代是人生的黄金时期，相信所有同学都会心向阳光，静水流深，不断提升自我，像大树一样郁郁葱葱、茁壮成长！

我希望大家能够学会乐观。人生是一个漫长的过程，要保持平常心，笑对困难。无论在什么条件下，都要尽力把生活过得生动、有趣、有意义。

亲爱的同学们，你们是船，我们是帆，迎秋里实验学校是你们温馨的港湾。在未来的道路上，有很多不确定性，但请你永远记着，校园里有那么一群人,当你取得成绩时,他们会为你默默地鼓掌祝福;当你遇到困难时,你可以回到他们的身边,他们会给你力量、给你温暖!我相信:今天,你以母校为荣,明天,母校因你而傲!

衷心祝愿每一位迎秋学子茁壮成长,前程似锦!

启蒙校长:刘清文

2020年6月24日凌晨2点

心中有爱　展梦飞翔

亲爱的同学们：

伴随着中国共产党建党 100 周年的喜悦，神舟十二号飞船发射升空的自豪，我们的学校也迎来了载入校史的隆重庆典——2015 届迎秋里实验学校毕业典礼！

首先，让我们一起用热烈的掌声向顺利毕业的 474 位同学表示最衷心的祝贺！

同学们，6 年前，从你们走进校园的第一天开始，迎秋里实验学校就注定是你们人生中教育学意义上的母亲，军人的气质注定将永远成为你们生命的印记，学校的老师们注定将永远是你们人生的启蒙老师。同学们，请庄严地注视我们的校训，向生活 6 年的迎秋校园、向你们的启蒙老师敬上一个由心而发的军礼！感恩迎秋，感谢老师，感谢校园！

亲爱的同学们，最让我们欣喜的是，6 年来，你们用纯真、向上、阳光、感恩、勤奋、责任扮靓了美丽的校园，从明德楼、乐学楼到励志楼，从温馨的教室到充满活力的操场，大家享受着幸福教育，人人努力做到身体健康、心态阳光、习惯良好、气质优雅。更让老师们欣慰的是，474 位同学在少年军校里的拔节成长。炎炎夏日里，你们流血流汗不流泪，在军训中历练成长；寒冬里你们身穿军装自主管理护校园，担当校园的小主人。最让老师们难忘的是大型阅兵、校园足球、体育大课间、校园集体艺术展演、接待外宾、走近军营、主题升旗等活动展示，这些都是你们努力坚守的成果。同学们热爱学校、尊敬老师的纯美的心灵，让大美迎秋有了蓬勃发展的力量、七彩阳光的温暖！

亲爱的同学们，毕业是一种经历，一种成长，今天的分别意味着太多的期盼。我和其他老师们一样有太多的不舍，唯有为你们送上几句希望和祝福！

我希望大家心怀梦想，坚定理想信念。未来你无论在哪里，无论做什么，都不要忘记为什么出发，不要迷失了奋斗的方向，永远保持积极乐观进取的生活态度，拥有一种执着追求的精神。母校和老师会一直关注你们的成长和发展，一直在这个校园里守望你们一生的快乐和幸福！

我希望大家能够学会感恩。感恩父母，感恩老师，感恩社会。"饮其流者怀其源，学其成时念吾师。"尊敬老师，就是尊重知识，就是敬畏人生。希望同学们无论何时何地都要牢记母校教师手心里的温暖，在挫折面前，在喜悦面前，心存感恩，不忘初心，勇敢向前！相信每位同学都能实现"今天的红领巾，明天一定是国家脊梁"的教育理想。

我希望大家能够学会敬畏。严格遵守国家的各项法规，疫情期间做好个人防护，少外出，不聚餐，戴口罩，勤洗手，敬畏生命，敬畏自然，敬畏规则，敬畏人心。不因年少而自恃，不因勇敢而无畏。

我希望大家一辈子坚持阅读和思考。我们迎秋里实验学校拥有一个书香四溢的校园，在同学们身上我已经能见到书香的气质。让我们坚守良好的阅读习惯，让阅读帮助你们建立更大的智力背景，让阅读舒展和满足生命，让我们感受生命的丰盈与灵动。

我希望大家能够学会静心吸纳。少年时代是人生的黄金时期，相信所有同学都会心向阳光，静水流深，努力长成一棵参天大树。

我希望大家能够学会乐观。人生是一个漫长的过程，要保持平常心，笑对困难。无论在什么条件下，都要尽力把生活过得生动、有趣、有意义。

亲爱的同学们，老师是船，你们是帆，迎秋里实验学校是你们成长的港湾。今天，大家带不走小竹林，带不走足球场，带不走乐学楼。但我相信，你们一定带走了对母校的记忆，老师的教诲，校园的精神。衷心地期待同学们常回家看看！衷心地祝愿474位毕业生带着母校的恩情乘风破浪，扬帆远航！

启蒙校长：刘清文

2021年7月3日

传承红色基因　争做新时代的好少年

亲爱的老师们、同学们：

　　溪光初透彻，迎秋写华章。在这美好的日子里，我们迎来了 2021 年秋季开学典礼。我代表全校师生向刚入学的 495 名一年级的小朋友表示热烈的祝贺！

　　2021 年是具有重要意义的一年。我们共同庆祝了中国共产党成立 100 周年。习近平总书记代表党和人民庄严宣告："经过全党全国各族人民持续奋斗，我们实现了第一个百年奋斗目标，……正在意气风发向着全面建成社会主义现代化强国的第二个百年奋斗目标迈进。"

　　老师们、同学们！文化是一个国家、一个民族的灵魂，是一所学校最深厚的底蕴。好学校一定有自己独特的校园文化、校园精神。今年是我校建校第 33 年，创办少年军校第 26 年。"流血流汗不流泪，掉皮掉肉不掉队"，这是每个迎秋少年的基因。2021 年 6 月，我们以快闪的形式呈现了学校发展的精美镜头，全校师生纵情高唱《在灿烂的阳光下》，唱出了我们对党无限的热爱和感激。"幸福教育，绿色迎秋"是全校师生不变的理想和追求。

　　在未来的日子里，我希望大家深刻感悟迎秋文化，培树迎秋精神，自觉担当家国责任，不断向上，茁壮成长。

　　希望你们，心中有梦想，向阳而生，静水流深，努力成为一棵参天大树。希望你们孝亲尊师，与经典为友，做一个有根的人。希望你们，磨炼顽强意志，刻苦学习文化知识，成为腹有诗书气自华的文化人。希望你们，坚持锻炼身体，努力做到"健康工作 50 年，幸福生活一辈子"。希望你们像小竹林一样，唯谦纳福，一辈子做一个善良的人。

　　此刻，让我们深情仰望鲜艳的五星红旗，跟我一起高声重复：好好学习，天天向上；饭可以一顿不吃，觉可以一夜不睡，书不可一日不读；唯有跑步和读书不能辜负；胸怀祖国，放眼世界！

　　衷心祝愿伟大的迎秋里实验学校越办越好！祝老师们身体健康，万事如意！祝同学们学业优良，茁壮成长！

刘清文
2021 年 9 月 7 日

一个早晨满园的爱

刘清文

七点三十三分，学校北门，前方是两个小姑娘、一位老人、一位年轻的妈妈。

"早上好！孩子！"

"校长早上好！"

"你们校长走路真带劲儿，"妈妈低头对女儿说，又兴致勃勃地面向我，"我女儿说了，只要见到校长，一天都开心！"

"嘿！看到孩子们高兴地来上学，我也满心幸福！"

"不送了，跟校长走我放心！"

"奶奶再见！"

妈妈和奶奶一同离去……

一分钟的时间，我的身旁爱意满满，一个人变成三个，我们相拥向前……

"这不是你们校长吗？"旁边的老爷爷笑眯眯地跟小孙子说。

"是啊，校长好，爷爷您回吧。"

"我孙子每天回家都会高兴地说，今天校长在门口迎接我们了，她与我握手了……"

"谢谢您！"

三个人一转眼变成四个人，我们相互拉手向前。

大门口，交警指挥若定，保安样子威武，家长们热切回望，孩子们有序列成两队，值周的孩子们有板有眼，向师长敬军礼问好，指挥着入校的队伍，传达室里岩峰主任在认真值周，记录当天教师的到岗情况，一切井然……

校门口半亩小竹林苍劲有力，两块文化石静默坚守，一高一矮的玉兰，悄悄地抽出一个个毛茸茸的心形花苞，金色的"小扇"时而从几棵高大的银杏树上飞落下来，三株巨伞一样的梧桐投射着晨光。我爱迎秋，我赞秋色！

"校长早上好！"

"孩子你真棒！六三班值周生真精神！"

"谢谢校长！"

一个军礼，一个微笑，一份自信，一份灿烂。前面走着两位穿绿色棉服的美丽老师，"艳红早上好！""陈蕊早上好！"

拐弯处，5个六年级的孩子在扫落叶。"孩子们辛苦了！'对待同志要像春天般温暖……对待个人主义要像秋风扫落叶一样'，大家知道这是谁讲的吗？""嘿，校长告诉你们，这是雷锋日记中的一句话！"

阶梯教室拐角处，传来悠扬的军乐声，五二班的姜雨欣背着她心爱的乐器迎面而来，"校长好！""你好，为你坚持晨训点赞！"从门口望去，音乐大师周海生老师在组织学员一对一训练，不忍心打扰，径直向前。走进狭小却温馨的办公室，毛主席的站像映入眼帘，打上一壶水，泡一杯绿茶，感悟早晨的美好……

我整理好物品，不忍辜负晨光，满心期许地走进语文的晨读、走进数学的晨练、走进一个个迎着朝阳与晨曦的美丽班级，与老师们寒暄，与孩子们问暖。一个早晨的课堂，让我找回了自己的童年，点燃了孩子们的梦想，唤醒暖润了年轻教师的心灵，浸润了迎秋这一幸福的学园。我已陶醉其中，乐在其中。

教育是一场百感交集的旅程，是生命感召生命的过程。从教育关怀的意义出发，教育不应该是功利的，也不应该是一厢情愿的给予，而是把爱传递给师生，把希望还给师生，让教育充满温暖。于是，教师有激情，便能激发学生的激情；教师有智慧，便能点燃学生的智慧；教师有生命活力，便能唤醒学生的生命活力。

其实，对我来说，教育就是创造情愫，因为喜欢所以爱，因为爱所以创造，因为创造所以感动，因为感动所以幸福。一个暖暖洋洋的早晨，满园的爱，爱你——教育，爱你——教师，爱你——孩子！

小王老师上"道"了

刘清文

陶行知先生说过,一位好校长就是一所好学校。多年的校长生涯让我意识到:一位好校长再加上一批好教师才是一所好学校。一个好教师首先应该热爱教育教学工作,敬业爱生,责任心强。在学校工作中能自我激励,全身心地投入到工作中;无论是课内还是课外,无论是面对优秀学生还是学困生,均能努力践行教师的责任与使命,发扬敬业的态度与乐业的精神,能意识到自己的工作对学生乃至社会的重要性,具有崇高的职业自豪感和成就感。一个好校长就要不断地去引领教师走到正确的教育道路上来。

2014年6月,我校调来一位年轻教师。初见小王是她报到那天,她扎着长长的马尾,朴素却很有朝气。新学期开始,我安排她接手了四年级五班,这是一个较为特殊的班级,对她来讲既是机遇又是挑战。经过一段时间的关注,我发现这个从农村学校调过来的年轻教师知识功底深厚,朝气蓬勃。但是由于工作环境发生变化加上她的工作方法老套,理论学习与实际工作脱节,在教育常规管理工作上,缺乏深度和灵活度。作为校长,我深知帮助年轻人成长不是给她压多少担子,而是给她打开另外一扇窗,让她看到别样的风景。所以我必须从关注转为关心,引导小王走到"正道"上来。于是,第一次约谈了她,为她支着儿:"课前一分钟演讲"的妙用;善于利用自身特长形成特色班级建设;用爱铺路,以沟通为桥梁走进孩子们的心灵;传播正能量形成良好班风;要善于借助校长的力量指引班级走向正确的方向。"二百里路定人生,万千句话润心田。"小王是个谦虚好学的年轻老师,听了我传授给她的妙招,她如获至宝,不折不扣地用到了教学工作和班级管理工作上。每天课前的一分钟演讲带给孩子们自信和勇气,也让孩子们慢慢地学会了倾听与评价,她们班的孩子越来越懂礼貌、集体荣誉感也越来越强烈。我时常能看到她课下和孩子们在操场上做游戏的身影,孩子们都亲切地称她为"班妈",我想她真正地走进了孩子们的心里。

看到她和她的班级能有这么大的转变，我感到非常欣喜，一个能与学生一起成长的班主任是值得肯定的，能和班主任一起进步的学生是幸运的。于是那天我走进了她的班级，当时她正讲得津津有味，我没有忍心打扰她，就在一旁听着，大部分学生都在很认真地听讲，只有那几个特殊的孩子在不安地躁动。等她讲完了，我走近学生一边摸着他们的小脑袋一边欣喜地说："同学们，今天我站在这里惊异于你们的改变，你们真的进步了、懂事了。"每个得到校长表扬的孩子都挺直了腰板，眼睛里放着光芒，我挑选了几个表现最棒的孩子，答应以赠书的方式鼓励他们做得更好，也赠书给用心做教育的小王老师，是她使这个班发生了翻天覆地的变化。

在多年的校长工作中，我常常以书为伴，与它沟通情感、交流思想。"读书育人、立德树人"是教师的天职，这就决定了教师首先应该是读书人。读书使人明智。读书不仅能让青年班主任从繁忙工作中挤出一点时间来充实自己，从书中汲取更多的教育智慧，还可以找到教育管理方式的反思依据。于是，我第二次约谈了小王，继续为她支着儿："现在你们班的孩子已经有了明显的进步，但是还有一些孩子没有良好的读书习惯。在这个书香校园中，我们要让每个孩子散发书香气息，要利用好班级里的漂流书箱。作为老师，更应该不断地充实自己。读书有三个境界：少时读书如隙中窥月，中年读书如庭中望月，老年读书如台上玩月。'腹有诗书气自华'，无论你处在人生的哪个阶段，都应该每天读书。我把《用心带孩子》这本书借给你，希望你能从中悟出关注那些特殊的孩子的方法。其实最好的教育就是陪伴，关一扇窗，开一扇门，成长中的孩子需要我们用爱心打开他们的心门。"于是小王的班级里就掀起了读书潮，每天中午自习时，小王给孩子们播放优美的轻音乐，孩子们也渐渐地把心静下来，畅游在书海当中。

就这样，我看着小王这个年轻教师的工作慢慢地走上了正轨，每一次教师培训，她都格外珍惜。配班赵老师也不遗余力地支持着她的工作，充分发挥中年教师的示范引领作用，无论在教育教学工作上，还是日常生活中都给予小王无私的帮助。在家长会上，两人密切配合，达到了意想不到的效果，家长们为她们情不自禁地鼓掌，庆幸孩子能在这个充满爱的大家庭中快乐成长。

学生的成长离不开丰富多彩的班级文化活动，小王老师非常重视孩子们的动手实践能力和创新意识。在家里，劳技小能手不断涌现，孩子们学会了做早饭、绣桌套、洗衣服；在班里，爱心小天使、读书小状元层出不穷。小王老师总是第一时间将亲手制作的表扬卡片发给孩子们，班级里一片其乐融融的景象。家长把小王老师对孩子们的真心付出看在眼里、记在心里，纷纷向她竖起大拇指。此时的班级建设正向着正确的方向大踏步地前进，如同运动会上他们激情的口号：论成败，四五班最豪迈！

最让我难以忘怀的是刚刚过去的六一文艺会演，今年为了能让更多的孩子在儿童节中获得参与的快乐，学校进行改革，鼓励每个班级都要演出节目，真正体现"以人育人，享受七彩阳光"的办学理念。5月底的活动，各班同学在月初就纷纷行动起来。在这一活动的准备中，学生们更加热爱集体，懂得了团结协作的重要性。这样一次实践活动对学生的教育作用显然是干巴巴的讲座无法比拟的。也正是借着这次机会，有了小王在学校的第一次公开亮相。准备节目之前，她跑来向我申请是否能与孩子们同台演出，我当时就高兴地对她说："展现你的瑜伽特长，让师生们看到你的创新之作！"在以后的日子里，我时常能够看到她和孩子们利用课余时间，顶着太阳在操场上排练。正式演出那天，她的节目果然没有让我失望，那含蓄柔美、清新舒展、韵味无穷的舞韵瑜伽《晨露朝阳》，令在场的师生拍手叫绝，我也给她点了个大大的赞。

教师的成长是一个永无止境的过程，幸福则是教育追求的终极价值。只有幸福的教师，才能有幸福的教育；只有幸福的教育，才能有幸福的学生。我一直非常关注教师的心理发展，引领教师常怀感恩之心，观察、欣赏、感悟工作生活中的点点滴滴。树立正确的幸福观，让教师拥有理解幸福的思维、体验幸福的境界、创造幸福的能力、奉献幸福的品质。也正是那次，王淇老师"觉悟之道与喜乐人生"两天一夜的课程点亮了小王老师的心灯，让她真的觉悟了——让自己成为爱，内心才会喜悦，生命才会发光。一个大写的"人"，一撇一捺两条根，一条叫孝道，一条叫师道。圣人告诉我们："孝亲尊师，人之大德。"这两条根扎在我们的人生土壤中，生命之树才会长青。在家庭中，她更加懂得感恩双亲，维系各种关系的平衡，婆媳相处融洽；在单位中，她感恩领导对她的栽培，并教导她的学生也要学会感恩。一节别开生面的题为"孝亲尊师，做有根的人"的班会课让她的学生们流下了感动的泪水，八句赞美的话让她的学生们更加爱爸爸妈妈。她的改变让我始料未及，却又在情理之中，她的成长从量变的积累终于达到了质变的飞跃。破茧成蝶，需要经历艰辛的等待，才能展露出斑斓的双翅。亦痛亦乐的过程是一种煎熬，却别有一番绵长悠远的甘甜。小王在这一年中经历的种种考验和改变，正是蝶变需要经历的苦楚。但她最终学会了用爱心播撒希望，用真心聆听童音，用慧心塑造灵魂。我由衷地想说：小王老师，上"道"了！

改革课堂　才是真正的办教育

刘清文

作为一名小学校长，我经常在想：小学教育实在是一门非常深奥的科学，它是所有正规和系统化教育的起始，是全部教育的基础。我甚至愿意认为，一个国家和个人在教育方面所有的优点和问题，都可以在这个国家和个人的小学教育中找到源头。有人说，一个孩子就像一粒种子，他的未来和潜力都蕴藏在种子的基因里。一棵松树的种子不会长成小草，一株玫瑰的种子不会盛开出牡丹。而我们教育的现状是无论是松树还是小草，无论是玫瑰还是牡丹都用同样的方法去浇灌、去培育。

教育的价值选择反映了人们对教育的理解与担当。在一次中央教科所的研讨会上，陈玉坤教授把我们的教育问题概括为以下五方面：其一，对教育本质的忽视。教育是什么，为什么对于有些教育工作者来说，这些问题看似清楚看似明白，但在对功利的追求中，现实的教育沦为了考分教育。其二，对教育规律的藐视。教育是有规律的社会活动，然而现实中，过度学习、超前学习随处可见。其三，对时代要求的蔑视。教育是面向未来的事业，但很多教育者对时代进步的要求视而不见，除了几门学科知识的传授，很少关注未来社会对人的素质品格的要求。其四，对精神生活的轻视。个别学校师生的精神生活缺失，精神枯竭。其五，对课堂教学的无视。个别校长成了社会活动家，没有精力顾及课堂。说到底，这些问题表明办学者误解了教育的本质，缺少了对教育应当承担的社会使命的担当。有人是为学校声誉办学，而不是为学生成人成才办学，不是为国家办教育。

怎样才是真正的办教育？我们先算一笔账：一个孩子从小学到高中的12年中，大概要上15000节课。对一名小学生来说，除了节假日，一天24个小时中，有9～10个小时睡眠时间，有8个小时在家与家人相处或独处，在校的6个小时中，90%的时间用在课堂上。可以这样说，教育的所有问题最终都会反映到课堂上。全面贯彻国家的教育方针，实施素质教育，提高教育质量，使适龄儿童在品德、智力、体质等方面全面发展，为培养有理想、有道德、有文化、有纪律的社会主义建设者和接班人奠定基础，解决教育问题、难题的基本途径就是课堂改革，教育的的主阵地永远会落脚在课堂改造上，离开了课堂改革，啥也行不通。一句话：说一千，道一万，课堂不改等于白干。

课堂改什么？如何改？谁来改？谁让改？这不禁让我想起了一个画苹果的中外课堂对比的实例：一间教室，一分为二，一边是美国的教师和学生，另一边是中国的教师和学生，他们的任务都是画苹果。美国教师的第一个反应是快速找来一辆车，把学生送到苹果园中，让学生在苹果园尽情地玩耍，一节课大概有25分钟是在苹果园里度过的，大家玩尽兴了，再开车把学生带回教室。然后老师布置作业：把你们手上的苹果画出来。画完后，让学生彼此交流是怎么画的，然后再画一次。这是美国教师在课堂上做的事情。中国的教师则拿出苹果实物和图片给学生看，让学生看老师怎么画，提出若干条注意事项，然后要求学生照着老师的方法去画。下课后，拿中国学生和美国学生画的苹果作比较，美国学生画出的苹果大小不同、颜色各异：有半个苹果，有咬去一口的苹果，甚至有些学生画的是苹果核……中国学生画出的苹果大小、形状、颜色基本相同，表面看教学效果一流。但是谁的收获更大呢？经过反思，结果让我们汗颜。

这个实例反映了两种截然不同的学习方式：美国的学生学习画苹果，或者学习写1、2、3时，老师没告诉他们要怎么写，是靠他们自己去看，自己去查资料。美国的教师让学生明白学习是自己的事情，这样可以使学生充分体验学习的收获与乐趣。

仔细分析我们的课堂，教师的示范对学生的思维进行了由内而外的控制，剪去了学生思想的羽翼。在美国的课堂中，学生可以在宽松的环境下快乐地体验，展示个性！

有什么样的课堂，就有什么样的人才；有什么样的人才就有什么样的社会，什么样的国家。我们目前为什么缺少了像钱学森一样的人物，这非常值得我们深思。

我们的课堂必须以开放驱逐控制，以生长代替重复，以思索超越简单，以体验收获幸福，以创新达到目标。课堂改革是心灵的革命，它不是局部的修修补补，而是一次彻底的革命！改革课堂是一场观念革命，必须树立正确的教育观、教师观、学生观、质量评价观。郭思乐教授引领大家走向生本教育之路,"一枝一叶总关情"。改革课堂是一场技术革命,更是一场行为革命。

良好的教育质量,源于科学有效的教育方法。杜郎口中学、杨思中学都探索出了一条走向高效课堂的道路。我市七中的绿色课堂、教师进修学校倡导的"先学后教、少教多学、当堂训练"以及昌黎各校运行的"导学案"等课堂改革的模式都给我们提供了提高课堂实效的例证。

迎秋里实验学校在海港区教师进修学校以及市教科所的指导下,以语文教学为突破口,实施单元整体阅读式的高效课堂模式,即围绕着一个主题展开系列化的课堂教学。一系列课型的实施需要重新整合单元、分配课时,同时根据不同年级的特点,每种课型的分配时间也不尽相同,例如:低年级以识字教学为主,那么集中识字课所占的比重相对多一些,整理复习课也以归类识字为主基调;高年级的单元整理复习课,由于每个单元的学习侧重点不同,整理复习的内容也不尽相同,所占课时也有差别。这些都需要教师在具体的实施中弹性地处理。

此模式以其多元整合、均衡协调的特点,在传统和现代之间找到了一条学科教学与活动教学兼顾的道路,做到了对教材的整体建构和延伸超越,很好地弥合了学习与实践的矛盾。创建了充满活力和魅力的幸福课堂,引领老师做到让每一节课都影响学生的一生,努力把课堂的每一分钟都用到育人上。课堂改革是孩子们的福气,更是教师促进专业发展、享受职业幸福的唯一选择。

一个好校长就意味着一所好学校。每位校长基本都经历了由教师—主任—副校长—校长的成长之路,都是在课堂改革中成长起来的。每位校长都有自己的办学思想,要实现办学思想必须走近课堂、走近孩子、走近教师,这样才能真正成为学校课堂改革的引路人、领跑人,这样才能办出一所孩子们心中的巴学园。

罗梭说得好:如果没有把时间消耗在弥补失去的机会上,我们称之为尽责任。的确,我们无法参与孩子的过去,但孩子的将来我们一定会祝福,孩子现在的每一节课我们必须尽责。在未来的路上让我们一道坚守课堂,改革课堂,让教育回归本源,承担起时代赋予我们的历史使命!相信我们的改革会使课堂更精彩、更健康、更睿智、更阳光!

又见玉兰花开

前年的时候,丁祝利校长在校园之中写过一篇文章——《玉兰花开》。这两天,咱们校园里紫色玉兰花又开了,从含苞到怒放,总共3天的时间,很短暂。我数了数,盛开了21朵,比去年少了8朵。为什么?因为去年整个冬季比较干燥,雨水量远没有前年、大前年多。见到玉兰花开,让我想到了迎宾路小学的那两株白色的玉兰,比咱们学校的玉兰花要高大,要挺直,而且显得更加纯净。每到这个季节,咱们校园的紫色玉兰花开放时,我心中的白色玉兰花也同样会盛开。

昨天下午,迎宾路小学工会主席王玉拍了一组玉兰花的照片,她从不同的视角来拍,然后用微信把照片发给了我,我作了这样的回复:不一样的校园,不一样的高度,但有着一样的教育理想与追求。我看到迎宾路小学校园的玉兰花比原来高大了许多,在绿色柏树的映衬下显得更加洁白、温润。这让我想到了我们每一位教师心境的美丽与善良。

在我们美丽的迎秋校园里,有高低、白紫各不相同的两株玉兰遥相呼应,白色的玉兰显得瘦弱一些,紫色的玉兰显得更加坚强。它们虽然生长在相同的校园里,却有不同的味道,成为不同的景观。但是我想,欣赏它的人又有几何呢?我特别想让我们的老师、我们的同学驻足在玉兰花前,说点什么。我认为那些报春怒放的花——迎春花、桃花、梨花等都远不如玉兰美丽、丰硕、秀美。玉兰花在前一年的秋季和冬季就开始孕育,它孕育的时间很长,就像我们的教育,需要耐心地等待,等待时机开放。不同的花有不同的季节,不同的花有不一样的美丽。但我们对真正幸福的追求是一样的。所以今天,我希望所有的干部能在玉兰花前留下您的靓影,或许10年20年后,我们会感受到自身思想和心灵的成长。

(刘清文校长口述　丁祝利副校长整理)

(玉兰花是迎秋里实验学校的校花。一花一世界,校园的每一棵树,每一处景观都是师生的课程。)

调研课，调出高效课堂，研出师生幸福

刘清文

学生从小学到高中 12 年，要上 15000 多节课。小学生除了节假日，每天在校的 6 个小时中，有 90% 左右的时间在课堂上。所以，有什么样的课堂，学生就享受什么样的教育。改革课堂才是真正的办教育。说一千道一万，课堂不改等于白干。基于对教育的理解与担当，我校坚持每周两次调研课。

一、为什么调

我校有 50 个教学班，160 名教师，30 岁以下的教师占总数的三分之一，并且有 6 名"90 后"的讲课教师。教师对教育问题的认识、课堂感、学生感都是在一节一节课中磨砺出来的。教师的成长是一种基于案例的情境嵌入式学习，要通过多维表征、双向构建的情境才能完成对新理念的有意义的全面理解。

在每周两次的调研课中，一个教研组有十几位教师参加教学案例研究，范围大小适中，针对性、互动性强，效率高。

每周两次的调研课作为校内专题教研活动，全体行政人员参与进来，避免了年级组教师之间横向互动互助可能会出现的同水平重复，"萝卜烧萝卜还是萝卜"，引导教师由敬业走向专业之路。

教育实践是一种文化，课堂教学改革是静悄悄的革命，不可能一下子就能得到理想的成果。

二、调什么，怎么调

我们的调研课是为了研究探讨落实高效课堂、减负增质，让更多的学生享受更好的教育，让师生收获幸福，督导学校提出的"回归学生本位，构建三思课堂"进展情况而进行的听课活动。

三思课堂包括：一思课堂教学是否有知识性、教学方法上的错误；二思教师讲授是否精炼，对学生的引导是否精彩；三思课堂教学是否有自己的独特风格。此三思是我校课堂教学追求的三个境界。

在每周五的行政例会上，由教务处提出被调研名单，围绕三思课堂，一周一个主题，一月一个目标，扎实有序地布阵安排。首先安排骨干教师的示范引领，其次安排青年教师的尝试体验，最后安排职初教师的下水探究。对不同层次的教师提出不同的要求。骨干教师三思，中青年教师二思，职初教师一思。例如，第二周我们调研市级骨干教师汤晓娟、韩英杰、张立德的语文、数学、品生课。课后90名教师围在一起，干部点评，教师各抒己见。教师努力做到心中有目标，回归学生本位，三思而后再实践，构建适合学生发展的课堂，实现减负增质的目标。

我们要求每一次调研课行政人员必须参加，调研哪个组，哪个层面的教师都要参加调研全过程。

参加调研的教师听完课后集中在一起，趁热打铁，用大约1小时的时间交流互动。被调研的教师先说教学设计意图、课后反思，行政人员按三思课堂的思想阐述观点、评析课堂，同组教师接受质询，还可以就不同的观点辩论。

三、好在哪

学校的办学思想、教师的专业成长、校园文化、办学质量等水平的提高，必须借助一定的管理平台和抓手才能实现。

调研课的主要目的不只是评价教师，更重要的是让教师感受课堂的"乐趣"与"困惑"。每次的课后研讨都成了充满笑声、思想、智慧的快乐聚会。经历就是经验。在调研课中教师在骨干的引领点拨下，找到了应对问题的策略，听到成长"拔节"的声音，感受到职业价值与生命价值内在统一的幸福。调研课调出高效课堂，研出师生幸福；调出教学质量稳步提升，研出小学可持续发展、高位发展。

执旗引航　逐梦海港

刘清文

2017年11月13日,《逐梦海港》的词曲作者、军旅歌唱家田毅,走进迎秋里实验学校与合唱团一起演唱了《逐梦海港》。对此,多家媒体进行了专题报道,秦皇岛市电台做了专访,儿童领唱三年级六班的学生丁千又也接受了采访。田毅老师无比感动,他说没想到合唱团的孩子们用了两天的时间就能唱响《逐梦海港》。一个多月来,学校组织音乐教师认真教唱此歌。12月7日,我校收到了教育局关于组织学生学唱此歌的红头文件,学校德育处组织学生开展了《逐梦海港》的歌曲联赛,让这首歌唱响校园。12月5日,学校接到教育局工会的任务,要求我们组织百名教师在教育系统迎新会演中演唱《逐梦海港》。干部分工合作,音乐教师各负其责、各显其能,从领唱、伴舞、合唱、背景制作、服装设计、录音合成都是由学校独立完成!教师们加班加点不辞辛苦,刻苦训练,团结一心,追求卓越……12月23日上午,在教育系统迎新会演中,我校一百位教师一起唱响《逐梦海港》!音乐大师周海生、胡玉玲牵手迎秋学子丁千又小朋友激情专业的领唱,舞蹈大师廖文佳、李媛媛、王欣等16位青年教师的魅力舞蹈,86位教师的真情演唱,为演出拉开了华美乐章!气势磅礴的《逐梦海港》,唱出了迎秋人的自信与担当,唱出了港城教育人的奋进与豪迈!

2019年5月31日,在中国秦皇岛市首届残障儿童电影周上,我们第二次演唱《逐梦海港》,激情澎湃,聚力远航。2019年7月7日晚上7点,为迎接建国70周年,我们在万人会聚的环岛第三次演唱《逐梦海港》,唱出了彩色周末的历史新高度……2020年12月1日,在秦皇岛市第二届残障儿童电影周闭幕式上,我们第四次唱响《逐梦海港》,动人的歌声像冬日最美的暖阳,给人带来无限的能量与温暖!

一首歌曲,一个故事;一份感恩,一种精神;一种文化,一座城市;一种情怀,一个梦想!"听!海的声音,读!山的宽广,大海港通四方……我知道世上没有永远的避风港,我知道好儿女必须经风浪,每一天每一夜只要有你有梦想,手挽手肩并肩逐梦阳光!"

(《逐梦海港》是秦皇岛市海港区的区歌,由迎秋里实验学校的教师率先演唱。这首歌提升了教师队伍的精神。)

写给迎秋校园的你

刘清文

孩子,
新的学期就像新升的暖阳,
在秋的微风里悄然而至。
漫步校园,驻足翠绿的竹林,
我默默地凝望着,
凝望着慢慢长大的你……

仔细听——
小军号的嘀嗒声吹进了你心里,
七彩的阳光照进了你的童年。
从你一年级出现在校园,
到六年级,你毕业,
从校园的这里到那里,
不需要丈量;
从入校的昨天到今天,
你也无须都记起。
童年很短,未来很长,
只愿你宛若星辰,心中有光。

孩子,
我不知道几年后你会长成什么样子,
但我希望你从小就拥有一个伟大的梦想,
你可以想当将军,
可以想做教师,

可以想做工程师，
可以想做富商抑或是普通工人，
你甚至可以想做踏实肯干的农民，
但你必须是一个充满理想的人。
你不是我的希望，不是的，
你是你自己的希望；
你不是我的财富，不是的，
你是时间的财富、未来的财富。

孩子，
低年级，
我和你一起诵读《弟子规》、研读绘本，
是帮助你养成良好的习惯；
中年级，
我陪你一起诵读《论语》、品味童话，
是为了让你对学习充满兴趣；
高年级，
我陪你阅读名著、浅吟《大学》，
是为了教你守礼如初，学海乐航。

校会上，
我无数次给你讲起革命英雄的故事；
典礼上，
我邀请老师和同学展示向上的力量；
那都是为了充盈你的心灵。
我想告诉你的是：
吃不了学习的苦，
就会吃生活的苦。
有时读书偷的懒，
要用一辈子去还。
请逼自己优秀，

然后骄傲地生活！
请你永远记住竹林的惠风和畅，
抬起头，轻扬嘴角，笑对阳光！

孩子，
童年是一首诗，
童年是一首歌，
童年是七色光，
童年是梦工厂，
童年是座金矿。
生活给予每个人相同的财富，
那就是二十四小时的光阴。
你若不努力珍惜时光，
时光第一个就会辜负你。
一勤天下无难事，
别人拥有的不必羡慕，
只要你努力，你也会有；
自己拥有的也不必炫耀，
因为别人也在奋斗，也会拥有。
偌大的世界，出现在生命中的都是财富，
希望你包容、悦纳，
不讨好别人，也不无故厌恶，
要拥有一颗感恩的心，
花开花落永远一样珍惜！

孩子，
你会一年年长大，
早晚会离开这个"家"，
但这个家里一直有位"妈妈"，
她守护你成长，传授你知识，
教你爱读书，教你爱运动，

教你充满自信，教你热爱生活，
这位"妈妈"就是你的老师。
世界上没有完美的老师，
但没有人比老师对你的爱更纯粹。
老师的世界很小，
里面装满了你们。
而你们的世界会很大，
请不要忽略了"老师妈妈"。
所有的老师都只一心为你，
愿你身体健康、心态阳光、习惯良好、气质优雅，
种在心中的梦想慢慢发芽，
追逐生命里光临身边的每道光，
让世界因为你的存在变得更加闪亮！

2021 年 9 月 7 日

温暖的回眸

刘清文

2011年12月至今,我在秦皇岛市海港区迎秋里实验学校任教,深耕教学一线,以语文、校本、道德与法治学科为教学主阵地,循环教学,在毕业班任教,以大教研组长为主角色,以示范课引领、听评课研讨等满工作量开展教育教学工作。我以课题研究为抓手,校本研修为平台,指导教师专业成长,积极推进课程改革,学校被评为全国语文课改示范校,促进学校的可持续发展,努力使其成为当地有口皆碑的品牌学校。30余年来,我坚定教育理想、智慧办学、坚守课堂、潜心钻研、关爱学生、严谨治学,充分发挥市语文骨干教师的示范引领作用,带领团队前行;发挥省骨干校长的辐射带动作用,扶持薄弱学校成长。多年来,我积淀了丰厚的教育教学成果,得到了各界的首肯:全国小学语文学科带头人,全国百佳语文教师,市、区级优秀教育工作者,获国家级科研成果奖、省教育教学成果奖,编撰的校本课程教材——《军旗下的少年》获省级科研成果奖,并用于学校三至六年级教学,多篇论文发表于核心期刊,多节优质课、示范课获得国家、省、市等各级奖励,被聘为市督学、河北科技师范学院教育学院客座专家,同时是海港区政协委员,参与区域教育教学规划与改革。

一、师德高尚,用人格引领人格

我始终做到认真学习、贯彻、落实党的路线方针,忠诚党的教育事业,不忘人民教师的根本职责,严以律己,宽以待人,踏实工作,并通过政治思想、学识水平、教育教学能力、学校管理等方面的不断提高来提升自己,把师德修养放在首位,用人格引领人格,真正做到了"学高为师,身正为范"。

二、潜心教学,用智慧启迪智慧

我自参加工作以来,一直工作在教学的第一线,在实际教学中,积极学习各种先进的教育教学理念，努力探索新课程理念下教育教学方式，积极参加各种教研活动，认真钻研教材和课程标准，认真研究教法、学法，注重培养学生多方面的能力和提高课堂效率，课下坚持认真辅导、关爱学生，注重提升学生的综合素养和能力。任现职以来，能胜任各阶段的语文学科教育教学工作，完成循环教学任务，年均完成教学工作量300学时以上。

近年来，结合我校回归学生本位，营造"三思"课堂教学模式，推进课堂教学改革，积极利用各种教学资源，创造性地开展教学活动。"三思"课堂包括：一思课堂教学是否有知识性、教学方法上的错误；二思教师讲授是否精练，对学生的引导是否精彩；三思课堂教学是否有自己的独特风格。体现课堂教学追求的三个境界：首先是把事情做对；其次要求把事情做精；最后课堂要有自己的风格。

我积极研究整本书阅读的课程化学习理念，并应用到教学实践中，通过运用"做中学""做中读"理念，不断提升学生的核心素养和语文学习能力，并将立德树人的任务贯穿到教育教学实践中去，培养学生的家国情怀、责任意识、生命观念等。坚持开展专题梯度阅读。一年级：儿歌欣赏；二年级：绘本阅读；三年级：走进童话；四年级：科普阅读；五年级：走近名人；六年级：阅读经典。"幼儿养性，童蒙养正，少年养志，成年养德"，在诗意的阅读课程中，学生增长了知识，开阔了视野，优雅的书卷气慢慢地写在师生的脸上，走进师生的生活。赢得社会和家长广泛赞誉。

"我爱你汉字""触摸春天""颐和园""少年中国说"获全国教师优质课评比大赛一等奖，"中国有了共产党之红军不怕远征难"获全省中小学思想政治理论课教师授课比赛三等奖，"上好一节消防课"获河北省消防主题教育活动一等奖。

三、指导青年教师成长，用教育辐射教育

"一枝独秀不是春，百花齐放春满园。"我在校内完成校本研修任务，培养青年教师成长，完成骨干教师送教导学任务，应邀赴香港、澳门、台湾等地进行语文教学交流讲学。

从2011年12月任现职至今，我先后与青年教师刘岩峰、董智欣、汤晓娟、田颖、陈亚楠等同志结成师徒对子，每学期制订科学可行的帮扶计划，通过学

习培训、经验交流、集体教研等多种形式给予徒弟教育教学全方位指导，充分发挥了传、帮、带的作用。青年教师成长很快，多次在校、区级教育教学活动中获奖。刘岩峰荣获"秦皇岛市优秀教师"称号，董智欣所做的"小英雄雨来"阅读指导课获海港区优质课一等奖，汤晓娟讲授的"青山处处埋忠骨"一课被评为区级优质课，田颖讲授的"金色的脚印"一课获区级优质课一等奖，陈亚楠讲授的"盘古开天地"一课获海港区优质课二等奖。

我被河北科技师范学院聘为教育硕士专业研究生校外导师，小学教育专业本科层次培养方案审定专家，"国培计划"——河北省项目县小学校长研修项目河北科技师范学院培训班授课专家及"影子培训"指导教师。

四、教育科研不停歇，做研究型专家型教师

我积极参加各级各类校本教研活动，如听评课活动、骨干教师送教下乡活动、课例研讨活动、课题研究活动、集体备课活动等。不断学习先进的教育教学理论，使自身教研水平不断提高。

"科研兴校，科研强师，科研提质"是教改的方略。引领教师参与科研活动，参加课题研究已经成为我校教师的自觉行为。"问题即课题，教学即研究，经验即成果"，这一草根学术论断为教育科研剥去了神秘的面纱，我们以贴近学生、贴近教师、贴近课堂为目标确立的课题"小学语文备课模式创新性研究""改革小学语文课堂教学，提高学生语言运用能力的研究""小学语文单元整体阅读教学的实践研究"更加具有实效性。教师在课题的引领下，研究实践、反思成长。以课题为抓手，结合阶段性课题研究主题开展校本培训，从而融校本教研、课改实验与课题研究活动为一体，激发教师参与教育科研的信心和热情，提高教师的教科研水平和课堂指导的理论水平。

通过课题研究，不断形成科研成果，我撰写的论文《新课程理念下小学语文课堂有效提问的策略分析》刊于《教育科学》，《科学实施养成教育 促进学生全面发展》刊于《教育教学论坛》，《给孩子一片属于自己的天空》刊于《华夏教育》，《坚持有效引领 促进教师幸福成长》刊于《教育教学论坛》，《以信息化综合素质评价体系推进学生素质教育》刊于《计算机产品与流通》。

五、温暖班妈，情感流淌，让爱回流

我自参加工作之初就担任班主任工作，始终坚持"教书育人，立德树人"的宗旨，努力搭建学生精神成长的大厦。"少成若天性，习惯成自然"，这句话告诉我们小学生阶段是习惯培养的关键期，习惯和效率的有效结合对学生学习兴趣的培养起至关重要的作用。身体健康、心态阳光、习惯良好、气质优雅是我对学生的培养目标，因此在从教的多年里，我首先关注的就是学生良好学习习惯的养成。

课堂是学生习惯培养的训练场，向40分钟要效率，是习惯培养的关键一步。因此，在课堂上，我很重视培养学生的心到、眼到、手到的学习方法。学生刚上三年级，对课堂笔记的记录没有章法，于是我就一点一点地教，哪里是需要记的，应该记些什么，怎么记，从做标记开始，然后在标记旁批注。刚开始学生学得很慢，而且都要在老师的提醒下才能完成笔记的记录，所以刚开始学习的进度就会慢些，这需要教师有足够的耐心。慢慢地，学生就能够不需要老师的提醒自己主动地做课堂笔记了。这就是培养学生在课堂上能够随着课堂的思路走，不开小差。手到了，眼到了，说明心就到了，习惯就这样在潜移默化中培养和建立起来了。习惯养成了，效率自然就提高了，时间有了剩余，很多学生就可以充分利用班级的图书角汲取课外的营养，这样以点带面，自然而然会在全班形成良性的学习风气。

一个好的教师应该做好学生成长路上的引路人。鉴于此，30年来我不断努力和探索：与学生交流爱国、爱校、爱家、爱亲人的心得体会，用崇高的师德感召学生；给孩子们讲述现役军人保家卫国的故事，激励学生树立远大理想；督促学生多参加公益活动，做像沈汝波一样的人……我努力搭建他们精神成长的摇篮，将真善美的种子播撒进孩子们的心灵。

六、阳光校长，幸福教育

我研发了教师基本功实操手册，主持了全国语言文字工作现场会、省经典诵读工程现场会、省国防教育现场会等，并应邀赴香港、澳门、台湾等地进行语文教学交流、讲学。迎秋里实验学校管理坚持"立德树人，以生为本"的理念，入选秦皇岛历史名校，被评为全国国防教育先进学校及省素质教育示范

校。

（一）打造书香班级，创建书香校园

为了让图书发挥更大效用，学校化整为零，在班级间、在假期中开展图书漂流、移动图书馆活动。印有校长寄语——"书墨文语"的"最是书香能致远"小军号读书储蓄卡，侧重记录读书收获。个性化读书推介卡、妙笔寻文心、书香留雅痕、共读与共写、手抄小报等促进了学生的阅读兴趣，增强了学生的文化积淀。

整合学科和社会资源，开展立体多维的"书韵迎秋"活动，从而提升读书的应用性：每年在世界读书日，表彰读书小状元、书香教师、十个书香家庭；"课前一分钟演讲"；朗读比赛；讲故事大赛；主题读书征文活动；评选优秀读书卡、编撰读书集；读书推介会、读书沙龙交流活动；主题手抄小报评选；诗改文、诗配图征集活动；"读书节"五个一活动……以少年军校为依托，组建了"军旗下的少年"小记者团；成立了"小军号"电视台；创编了"迎秋校报"。聘请报社、电视台的专业人士给予学生指导。

这种多内容、多形式、多渠道的读书实践活动，使学科课程和读书实践活动不断地有机结合，相得益彰。

（二）形成互帮互学的优秀团队

打造互帮互学的团队是我工作的重要任务，优秀教研组建设是重要抓手。在校本教研中，干部、骨干教师引领，教师积极参与，通过磨课、理论学习，不断提升教师授课能力，英语组、科学组、语文组等优秀教研组不断涌现。

有着满满幸福感的优秀教师团队在工作中无私地奉献着自己的智慧与精力，在民主的课堂上激发着学生们一个个奇思妙想，引领学生在不断追求新知的路上健康成长，这就是教育的良性循环。

人民教育家于漪说过：人的成长是一辈子的事。37年的教育教学生涯，已经让我成为一名自觉自愿的教育工作者，在教育教学、科研、学生思想工作等方面都取得了优异成绩，专业技术能力和教育教学水平也发展到一个新的阶段。教育从来不是一个结果，而是一个生命展开的过程，它永远面向未来，不会结束。作为小学校长，我将承载着教育使命与担当，不忘初心，深耕不辍，一辈子做教师，做一辈子教育，点亮儿童的心灯，唤起每一位教师的教育自觉，做小学校的"大先生"，担负起教书育人的神圣使命，为中华民族的伟大复兴逐梦前行！

打造阳光课程体系，彰显学校特色文化

刘清文

一、学校文化引领课程体系的建立

（一）反思

课程管理是学校管理的最高层次，课程领导力建设让我们深层次地思考课程的价值，我校的办学理念为：以人育人，享受七彩阳光。我们需要思考，在此办学理念下需要怎样的课程体系才能凸显学校特色，才能让学生得到适合的教育，才能让教师得到教育的幸福。

党的十八大提出的最新的教育方针是：坚持教育为社会主义现代化建设服务、为人民服务，把立德树人作为教育的根本任务，全面实施素质教育，培养德智体美全面发展的社会主义建设者和接班人，努力办好人民满意的教育。我们该怎样把德育教育当作课程去做？怎样发挥课程的领导力？怎样发挥教师的智慧？怎样以生为本？

（二）行动

我校的办学理念决定着学校要有开放的办学思想，相信每一位学生的潜力，培育学生之间谦让礼貌、互助友爱的同伴关系；培育心灵纯洁、知识丰富，能用智慧做人做事的好学生；培育具有真正军人风采，敢于挑战、敢于竞争，适应21世纪发展的人。于是学校创建了如下课程体系：

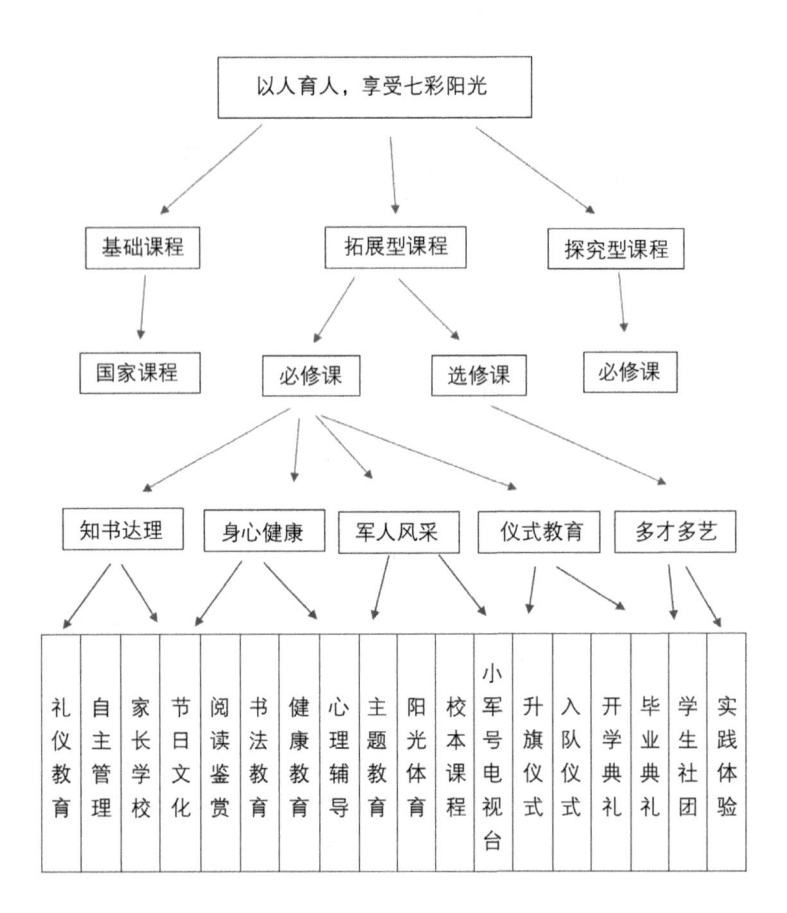

```
                    ┌──────────────────────┐
                    │  以人育人，享受七彩阳光  │
                    └──────────┬───────────┘
         ┌─────────────────────┼─────────────────────┐
    ┌────┴────┐          ┌─────┴─────┐          ┌────┴────┐
    │ 基础课程 │          │ 拓展型课程 │          │ 探究型课程│
    └────┬────┘          └─────┬─────┘          └────┬────┘
         │              ┌──────┴──────┐              │
    ┌────┴────┐    ┌────┴────┐   ┌────┴────┐    ┌────┴────┐
    │ 国家课程 │    │ 必修课   │   │ 选修课  │    │ 必修课   │
    └─────────┘    └────┬────┘   └─────────┘    └─────────┘
```

拓展型必修课分为：知书达理、身心健康、军人风采、仪式教育、多才多艺

对应内容：礼仪教育、自主管理、家长学校、节日文化、阅读鉴赏、书法教育、健康教育、心理辅导、主题教育、阳光体育、校本课程、小军号电视台、升旗仪式、入队仪式、开学典礼、毕业典礼、学生社团、实践体验

二、国家课程校本化实施

（一）起因

我校 1995 年创办业余少年军校，2001 年被评为全国少年军校示范校，接受迟浩田将军的检阅。近 20 年来，不断发展，深受师生、家长、社会各界的好评。如此，坚定了我们把少年军校这个办学特色坚持下去的信心和决心。因此，国家课程少年军校特色的校本化实施成为学校发展的必经之路。

（二）发展

我校国家课程的校本化实施经历了三个阶段：

第一阶段：重视语文、数学、英语学科的学业成绩以及其他学科的整体普及。在这一阶段中，学校利用音乐、体育、美术、品德、劳动等学科的学习培养学生的军人气质——果敢、坚毅、向上；在学科教学中主要抓语文、数学、英语学科的成绩，让"不怕困难、勇往直前，敢于挑战自己，提高学业成绩"的军人气质在语文、数学、英语学科学习中发挥优势。

第二阶段：学生在学科学习中发挥自己的优势、增强自信心，并学会一种乐器、喜欢一项运动。在这个阶段不仅重视语文、数学、英语学科的学习，科学学科的学习一样受到师生的重视，综合实践活动的开展、校本课程的开发给孩子们提供了平台，使孩子们的潜在能力得以显现。

第三阶段：新一轮课程改革以来，我们发现教育需要给孩子们成功的体验：让孩子在小学阶段体验成功、学会学习、学会合作、学会生存、学会做人。因此，我们对国家课程校本化实施有了新的理解。

把综合实践活动、校本课程思想与国家课程融合在一起，让学生在合作探究中掌握知识、提高能力、养成习惯、掌握技能。

（三）收获

在不断的探索与实践中，我们摸索出如下的课程实施特色：

学科	校本化实施	目的
语文	按教材篇目进行学习的同时，有计划地推进小学生必会古诗词75首的诵读，坚持向学生推荐优秀读书篇目、全面开放学校图书馆，实现读书漂流，定期召开读书交流会，课本剧进入课堂，让学生坚持写读书笔记	把教材当作语文学习的凭借，大量阅读，养成良好的读书习惯，具有一定的阅读品鉴能力
数学	在课堂教学中研究探讨，在活动中体验数学思想，感受数学带给生活的便利，为学生留分层作业，定期进行单项测试	让学生感到数学学科的价值，并得到成功体验
英语	课上为学生创设英语学习的情境，英语课本剧进入课堂	面向全体，让学生喜欢上英语
科学	利用学校周边的地理优势让学生接触自然，实践体验与实验课良好结合，让学生在亲身体验中主动探索科学的奥秘	通过亲眼所见、所闻、所思发现问题，养成学生善于提问，主动解决问题的习惯
品生与品社	把教材中的教育主题与学生生活实际紧密相连，通过教师引导引发学生思想认识的进步和良好行为习惯的养成	用学生自己和身边的故事去感动自己，做"走心"的教育
音体美	把学科教材与教师特长联系在一起，让一种乐器、一种运动在课堂教学中与学生结缘	用音体美的教育丰富学生的心灵
备注：学科教学与综合实践活动整合，在活动中学习，在活动中成长		

三、综合实践活动常态化实施

（一）认识

我校的综合实践活动课程在最初的实施阶段只限于信息技术和劳动课程的开设，不久后，研究性学习和社区服务、社会实践的内容也加入其中。但在实施初期，这些内容显得支离破碎，不成体系。我们在学习和培训中渐渐地明白了综合实践活动是在教师的引导下，学生自主进行的综合性学习活动，是基于学生的经验、密切联系学生生活和社会实际、体现对知识的综合应用的实践性课程。于是，我们把综合实践活动的实施渗透在各个学科中，例如在数学课学习周长的计算时，我们安排学生对身边物体周长进行测量；在科学课学习植物时，我们带学生到附近的公园去研究植物的种类；等等。经过一段时间的摸索，我们的综合实践课程形成了常态化实施的体系。

（二）改变

年级	活动主题	与学科相关的主题	德育教育主题化
三	饮食与安全、纸与生活	语文：遨游汉字王国、古诗文的魅力	节日文化 历史上的礼仪 与书为伴 自主管理，我能行 我是"小军号"电视台主播 少先队的历史
四	交通与安全、走进秋天	数学：神奇的莫比乌斯圈、自行车的秘密	
五	运动与安全、面对险情	英语：课本剧的探寻、中西文化差异	
六	毕业课程	科学：走进植物、动物	

不忘初心，享受幸福的教育生活

开场：

刘校长：老师们，我们今天的语文教学研究活动先从听写词语开始。有请李宁、马琳、郑海渤、董智欣、张优佳这几位老师来到黑板前，进行粉笔字书写展示。我们要写的词语为春暖花开、秉烛夜游、胸怀祖国，有请马琳老师进行汉字书写指导。

马琳：有撇捺的字，要舒展一些；而上下结构的字，上面部分不要写得太大；左右结构的字，要合理安排，左边要瘦一些，为右侧留出空间；有些字要重点突出最重要的一笔。

一、打好写字教育、教学的基石

刘校长：上一次低年级语文教研的时候，李宁老师谈了写字教育、写字教学经验，下面有请李宁老师为大家解读，语文教学当中是如何进行写字教育和写字教学的。

李宁：关于写字教学，我主要谈三点。

第一是指导好，示范好；第二是观察好；第三是书写好。

首先，写字教学在指导示范的时候，必须做到抓住每个字的结构特点和书写的关键处。对于汉字当中易错之处，教师要有必要的指导和示范。其次，让学生自己去发现，观察汉字的间架结构，汉字在字形方面有什么特点。写字教学要注重让学生学会用自己的方法，加上教师的指导，进行汉字的识记与书写。最后，学生在书写汉字时，要做到"字如其人"，认认真真地写字，堂堂正正地做人。

刘校长：感谢李宁老师带来的经验分享。我们每位语文教师都要以写字教育来育心、育德、育自己的个性。

二、诵读为翼，振翅高飞，诗忆童年

刘校长：接下来请程颖老师用简短的语言分享她在语文教育实践之中和孩子们一起坚持诵读，开启儿童心智，诗忆童年的感悟。

程颖：我向大家推荐一套名叫《日有所诵》的书，共有6本，每个年级有一本。这套书是我在一位知名的教育工作者关于教育的系列书籍中找到的，这一系列书籍还包含《心平气和的一年级》《我们二年级啦》《书声琅琅的三年级》等，这些书，是以教师所记录的教育日记的形式呈现出来的，对我们一线教师的工作十分有益。

《日有所诵》这套书倡导孩子们读自己的诗、诵自己的诗、背自己的诗，在诗的陪伴下，感受童年的美好。现在我们班每个孩子都有这本书。自上学期，我们便开展背诵诗文的活动，每天背诵一首诗。这项活动主要是为了拓展知识，让学生多积累，增长见识。每天中午，我带领孩子们诵读，其中的古诗文要求孩子们必须背下来。

刘校长：感谢程颖老师，她从一年级开始就坚守着属于自己的语文教育的思想与智慧。校长、组长的使命，是做一个帮助教师自由成长、自由发展的指导教师。我们都要从程颖老师的坚守中得到启示。程颖老师的做法与市教育局大力推进的经典诵读和儿童诗教育不谋而合。

三、阅读教学，润物无声，让阅读成为生命的另一种姿态

刘校长：接下来有请市级骨干教师陶冬梅老师，请她谈一谈关于语文阅读教学的一些思考。

陶冬梅：阅读教学首先要培养学生的兴趣。兴趣需要一定的强制性，强制性要有标准。我推荐《同步阅读》，它与教材同步，便于进行拓展。《学文言文》这本书是对于文言文学习很好的补充，能为初中的进一步学习打下基础。

培养学生的阅读习惯，可以将阅读布置成家庭作业。阅读习惯的形成也需要外力。每天阅读篇目不一样，阅读时间固定，阅读时长一般设定为10分钟，家长需要监督签字。教师还可以根据孩子的差异进行阶梯式的作业布置。一年级采用复述形式；二年级采用图文结合的形式，教师将作业进行展示，相互交流，激励学生阅读；高年级根据单元进行主题阅读，教师推荐大量相关读

物。可以召开读书会，大家同读一本书，阅读材料可以通过多种方式获得。

刘校长：陶冬梅老师亲身实践，扎实开展阅读教学，逐渐形成独具特色的阅读教学系统。今天，陶老师的发言让我们明确了如何引导孩子成为一名真正的读者。其中，我们可以概括为如下几个关键词。

（1）链接：程颖老师从诗歌入手，引导孩子们走进阅读世界。

（2）强化物：形成习惯必须有外在的强化物。养成阅读习惯，需要教师采用学生喜闻乐见的手段或策略。动机和效果之间要有过程和方法。

（3）因材引读：可以指导孩子分门别类地阅读。

阅读是语文教学中不可或缺的，不可替代的，它的功夫在课内，更在课外。在阅读当中，孩子们有了积累、积淀，有了属于自己的语文元素。

四、从绘本到文本，从文本到剧本，让阅读更精彩

刘校长：下面请李杨主任谈谈，在语文实践活动之中，如何引导孩子们从绘本到文本，从文本到剧本，并在剧本中生长，在剧本中赢得自信。

李杨：今天和大家谈谈在我所任教的班级中是如何进行课本剧推广的。从三年级开始，我便着手组织孩子们编排课本剧。我喜欢带孩子们去做课本剧，因为在编排过程中，孩子们会获得无穷的乐趣。

课本剧的编排任务布置后，孩子们的排练兴趣特别浓厚。课下的时间，孩子们不再追逐打闹，而是三三两两聚在一起研究剧本。原本是想让孩子们自排自练，但是由于孩子们第一次接触表演，遇到了许多困难。于是，我想给孩子们一个模式，帮助他们解决一些困扰他们的问题，指导孩子们组建自己的表演团队。

首先，让孩子们自由结组。由一名家长当导演，一名家长负责后勤保障。当时，有个孩子没有找到自己的小组，家长请求老师给予帮助。我劝说家长，要给孩子一个独自处理事情的空间。最终这个孩子学会了怎样寻找机会，怎样让大家接纳自己。

其次，当剧团成立后，我及时跟进，了解每个剧团的节目编排进度。

最后，在表演当天，他们给了我巨大震撼。我们在班级内搭设了简易的舞台，每个剧组的演出都特别认真，有的参照课本如实演出，有的稍加改编，有的增加旁白，让故事情节更加曲折生动。孩子们把自己的多才多艺淋漓尽致

地表现出来。在整个活动中,教师主要负责引导、串联、跟进。第一次的课本剧表演,是在忙乱、惊喜中度过的。

进入四年级后,孩子们编排课本剧时,准备更加充分,道具、服装都追求最佳的舞台效果。表演时,他们相互学习,不断提高表演技能。孩子们已经懂得在舞台上表演一定要声音洪亮,让观众听清自己的台词是什么;要设计合理的表情和肢体动作,突出自己的表演效果,为自己的表演增光添彩;无论什么角色,一定要让自己的脸面向观众,寻找最佳的表演角度。孩子们通过课本剧的表演,不仅提高了沟通能力、交际能力,而且能更有自信地表现自己。课本剧表演,为学生提供了展示自己的机会,让语文除了读、写之外,还能表演出来,应用到生活当中。我相信这种表演对孩子的成长将大有裨益,让每一个孩子能够自信地站在舞台上,不怯场、不颤抖,能够从容地表达自己的想法、展现自己的魅力。这就是我指导编排课本剧所要带给孩子们的课本以外的东西。

刘校长:李杨老师将课本剧的编排表演引入语文课堂,使语文教师的创造力得以充分体现。相信戏剧表演课程,能带给孩子们自信,促进学生之间、师生之间、家长与孩子之间的沟通,展现家校合力的成效。最重要的是,通过这样一个载体,让每个孩子储备好在未来社会所需要的核心素养和竞争力。我也希望,李杨老师在这条道路上越走越远,也希望这朵花在我们的校园里处处开放。不单单是这一间教室,50间教室都有这样的课程。北京十一学校亦庄分校在全国第一个提出戏剧课程。李杨老师参加了当代教育家论坛之后,从中得到启发。论坛上,李希贵提出了戏剧课程,但他们学校没有成形,而我们把他的教育思想落地生根,结出了花朵。所以,只要我们想做,不用在乎我们是否有标准的演出剧场,我们的教室就是我们的剧场,我们的操场就是我们的剧场。大家要在语文教育的道路上学会创新,给孩子一个良好的语文生态,让孩子在我们的陪伴下有所得,有所获,成为最好的自己。

五、巧手勾勒心中之美,生活之美,语文教育之美

刘校长:接下来有请杨蕊老师用简笔画表达春暖花开的美。

杨蕊:我想用我们学校的标志——玉兰花来表现春之美。我比较擅长画人

物。左面画人，右面画花，人花合一。我们学校的玉兰花也体现出我们少年军校的风貌，整齐划一，傲然挺拔。作为一名语文老师，应该热爱身边的一花一树，坚信每一个花瓣都会歌唱，这样我们才能有教育的情怀，有教育的智慧，更重要的是安安静静地去做。做着做着，花就孕育出来了，美丽也就呈现出来了；做着做着，孩子们的语文素养就提升了。我们通过教育孩子，引领孩子，自己也会变得越来越美。在座的语文老师，都是美丽的、有气质的。

六、不忘初心，享受幸福的教育生活

刘校长：我们应该为孩子们提供丰富多彩的生活素材，让孩子们能"我手写我心"。接下来，有请魏学艳老师结合与我之间的微信互动，来谈谈生活中的语文。这条微信我曾几次拟题——《一个白薯炕后面的泪水》《一个白薯炕的美妙回忆》《白薯吊子引发的思考》，后来竟然变成了省略号。

魏学艳：同学发了一张白薯吊子的图片，让我想起了小时候，每到夏天，白薯秧苗生长旺盛，我下地劳作的情景。微信中，我让大家猜猜这是什么。朋友们都猜不到，所以，我在微信中给大家解释了一下。校长的回复让我深受感动，又来了"白薯第二集"。校长在微信中也回忆了充满童趣童乐的儿时生活。她告诉我们应该不忘初心，想想当初我们追求的幸福是什么，要懂得我们现在的生活有多么幸福，要珍惜当下的幸福生活。我再次受到触动，又发了"白薯第三集"。我觉得朋友圈应是传递正能量的地方，要从小事做起，这也是爱国的表现方式。

小小的微信也浓缩着教师对教育、对做人、对社会的责任担当。我相信在未来的日子里，我们语文教师的微信圈中，所吐露的，全是我们的大语文。站在中国历史的舞台上，我们就是语文，我们就是中国的语文，我们的质量，就代表未来中国的质量。让我们在朴素中提升自己，在小智中超越自己，助推这个社会文明发展的大方向。

刘校长：今天的教研会到此结束。

（教师队伍是学校发展的核心力量，教研是教师队伍成长的双翼。学校坚持每周三下午教研数十年，雷打不动，这是一项常规的语文教研活动。刘清文校长的有效引领让每一位教师拔节成长。）

构建"三思"课堂　促进师生幸福成长

刘清文

大教育家孔子曾经说过:"学而不思则罔。"真知灼见,首先来自多思善疑。因此,思考对于教师来说是最重要的,思考可以构成一座桥,让我们通向新知识;思考可以使我们阅读的东西成为自己的。于是,我校把引导教师学会思考、把时间用在思考上当作是最能节省时间的事情。于是,"三思课堂"成了我校课堂教学改革的突破口。

一、"三思课堂"的提出

(一)"三思课堂"的内涵

"三思课堂"包括:一思课堂教学是否有知识性、教学方法上的错误;二思教师讲授是否精练,对学生的引导是否精彩;三思课堂教学是否有自己的独特风格。此三思体现出我校课堂教学追求的三个境界:把事情做对,把事情做精,课堂有自己的风格。

(二)"三思课堂"的方向

教师课前五做到:科学制订学期教育教学工作计划,积极开发课程,全面开放教学资源,认真组织集体备课,认真组织课前学习和观察。

课上树立十种意识:树立生命意识,提升课堂教学高度;树立目标意识,提高课堂教学质量;树立主体意识,培养自主能力;树立合作意识,培养融入能力;树立探索意识,培养创新能力;树立习惯意识,培养学习积极性;树立兴趣意识,培养钻研精神;树立批判意识,培养辩证思维;树立问题意识,培养思考能力;树立研究意识,培养探究能力。

课后设计和布置有价值的作业;严格控制考试;改革课堂教学评价;有效地指导学生的课外学习与生活;加强与家长的沟通,形成家校齐抓共管的良好氛围。

教师的教学活动要从教学思想、教学目标、教材处理、教学过程与教师素质五方面去评价，学生的学习活动要从学习状态和学习效果两方面去评价。

二、"三思课堂"的实施

（一）加强学习，统一思想

课堂教学改革工作是一个需要集体智慧的工作，方向的引领很重要。我校首先抓干部的思想，让每一位干部吃透课堂教学改革的先进理论并率先实施。在每周的干部例会上，开展理论学习，介绍最新教学理论动态，学习方式灵活多样，有讨论式、问卷式等。管理干部要做课堂教学的优胜者，离开课堂就失去了管理的根基，中层管理干部全部兼课。这为管理策略的形成提供了实践保障，也为管理干部的日常管理增加了说服力。

（二）引领为主，指导在前

学校教学按制度进行管理，但又不只是运用硬性的检查命令去做工作，而是要靠管理干部的适时引领和指导去做。教学干部穿梭于教室与办公室间，随时看见，随时提醒，作业检查面对面，直接提出改进意见并监督引导教师纠正。这样就在管理中提升了教师的业务水平。

（三）开展"调说课"活动

教师上好课的基础是备课充分，教研先行。我校主张研在课前、思后。为更好地规范集体备课，开展"调说课"活动，"调说课"由教务处企校长亲自指导，每周三下午指定某教研组教师在会议室开展"调说课"活动，以全面提高教育教学水平。

（四）开展"调研课"活动

调研课是为了督导学校提出的"回归学生本位，构建三思课堂"进展情况而进行的听课活动。在每周五的行政例会上，由教务处提出被调研名单，围绕"三思课堂"，一周一个主题，一月一个目标，扎实有序布阵安排。首先安排骨干教师示范引领，然后安排青年教师尝试体验，最后安排职初教师"下水"探究。对不同层次的教师提出不同的要求。骨干教师三思，中青年教师二思，职初教师一思。例如，开学初我们调研市级骨干教师的语文、数学、品生课，课后几十名教师围在一起，干部点评，教师各抒己见。教师努力做到心中有目标，回归学生本位，三思而后再实践，构建适合学生发展的课堂，实现减负增质的目标。

我们要求行政人员必须参加每一次的调研课,调研哪个组,哪个层面的教师都要参加调研全过程。

先听课,听完课后大家集中在一起,趁热打铁,用大约一小时的时间交流互动,被调研的教师先说教学设计意图、课后反思,行政人员按"三思课堂"的思想,阐述观点,评析课堂,同组教师接受质询,还可以就不同的观点辩论。

(五)开展家长开放周活动

利用把家长请进课堂的方式让家长更多地了解我们的教学,也使教师能够听到来自更多方面的建议,以便更好地改进教学。自家长开放周活动开展以来,共有1000余位家长走进课堂,加深了家长与学校的沟通。此项活动深受家长和社会的认可。

(六)创建优秀教研组

课堂教学改革是全体教师的事情,只有课堂教学改革没有死角,才能让全体学生都享受优质的教育。教研组的团队建设,组内教师的团结协作、共同发展才是课堂教学改革成功的有效路径。我校有语、数、英、音、体、美、品德、科学、校本、综实10个学科20个教研组,学科组成员最多的有50位教师,最少的只有6位教师。教研组长分别是市、区、校级骨干教师,每个教研组每周都有一节教学研究课,各教研组大胆尝试课堂教学改革。目前,我校的英语组、科学组等组内教师迅速成长,各个师德过硬、教学过硬。学校抓住英语组、科学组成长的契机,鼓励教师继续努力,坚持教研,努力改革课堂,提升自身教学水平。目前,英语组、科学组的教研风气已经带动了其他教研组,学校的教研风气浓郁,呈现出良好的校风、教风和学风。

三、"三思课堂"初见成效

(一)在"三思课堂"活动的引导下,教师良好的教研习惯已经形成,各学科形成了自己的教学风格

我校坚持语文课"课前一分钟演讲"雷打不动,每位学生都有演讲的机会,每堂课一个人,每周一个演讲主题,这种方式不仅锻炼了学生的语言表达能力,而且增强了学生的阅读兴趣。学校的图书室受到了学生的热捧,大量精美的读书卡不断生成，读书成为学生的一种习惯。

数学课做到一课一得，一课一清，当堂检测常规化，学生养成了今日事今日毕的习惯。

英语课堂教学中，教师为学生创造学习知识的具体情境，增强了学生的兴趣，降低了教学难度，提高了课堂教学质量。连续三年，我校毕业班英语成绩位居全区前列。

（二）学生合作学习的有效性大大提高

课堂中教师把促进学生发展水平不断跃升作为教学的关注点。在学生的合作学习中，教师充当组织者、指导者、合作者以及联络员的角色，学生的角色为组织者、计时员、检查员、鼓励者、记录员、材料保管员、提问者、总结者、解释者、表扬者、安全监理员、噪音控制员、观察员等。他们在合作学习中各司其职，保证合作学习的顺利实施，同时又在合作学习的进程中增长组织才干。

（三）"微课""睿课堂"成为提高课效的积极手段

"微课"短小精悍，一个议题，一个重点，针对学生学习中的疑难问题而设计，适用于不同的学生。由于视频可以反复播放，所以那些平时反应慢又羞于发问的学生能够从容反复观看，较好地解决了后进生的转化问题。

"睿课堂"的数字化教学平台在很大程度上改变了传统的教育观念、授课方式和学习模式。它提供了转播、抢答、随机点名、批注等多种多样的方式，实现了学生在课堂上的互动，使学生注意力集中、学习兴趣提升。

（四）实现综合实践与学科的整合

综合实践活动与学科的整合，使传统的教学走出课堂、走向社会、走向自然。在语文学科进行"走进春天"的教学时，我们借助地理优势带学生走进新世纪环岛公园，感受春天的美、家乡的美，把学生的学习延伸到生活中。在数学学科"可怕的白色污染"教学时，进行以"简单的统计"为主题的数学实践活动——"可怕的白色污染"，让学生进行社会实践。

（此文是刘清文校长在市级课改实验校总结汇报会上的主题发言。）

解读语文教学，树立大语文观

刘清文

语文教学承载着孩子们良好个性和健全人格的养成，承载着下一代人文素养的形成与发展，承载着中华优秀传统文化的继承与发展。自海港区开展语文单元整体阅读式教学以来，我校积极参与到此模式的实施与推进中。首先对教改的践行者——教师进行了相关培训，使其明确此模式对语文教学的实践意义。教师的教育思想指导着教学行为，有了良好的师资就有了推动教改前行的内驱力。课堂教学是唱响教改的主旋律。语文的课堂教学应该是春风化雨、润物无声的浸染。单元整体阅读式教学就是力求实现大语文观理念，是学生终生阅读兴趣与习惯的养成教育。

我校目前在逐步尝试围绕一个单元的主题，实施单元导读（整读）课—集中识字课— 精读课—对比式阅读课—单元整理复习课—单元主题习作指导课（口语交际课）—单元作文讲评课— 课外阅读课（实践活动课）。这一系列课型的实施就需要重新整合单元的课时分配，同时根据不同年级的特点对每类课型的分配时间进行调整。例如：低年级以识字教学为主，那么集中识字课所占的比重就相对多一些，整理复习课也以归类识字为主基调；高年级的单元整理复习课，则根据每个单元的学习侧重点，确定整理复习的内容和课时分配。这些都需要教师在具体的实施中弹性地处理。

大语文观理念是围绕一个主题进行的课堂教学模式，以其多元整合、均衡协调的特点，在传统和现代之间找到了一条学科教学与活动教学兼顾的道路，做到了对教材的整体建构和延伸超越，很好地弥合了学习与实践的矛盾。单元整体阅读以无限广阔的生活为依托，靠扎实的课堂教学和丰富多彩的实践活动，培养学生浓厚的阅读兴趣，培育学生高雅的阅读品位，造就学生宽厚扎实的文化底蕴，为学生终身阅读打下坚实的基础。

大语文观理念下的教学沙龙活动纪实：
首先谈谈语文，以三问开场。

一问汤晓娟老师：语文学科教学在教学中占怎样的地位？

汤老师：语文教学在教学活动中占举足轻重的作用，它可以培养孩子们的人文情怀及素养。如果没有语文学科，其他学科都是空中楼阁。

汤老师给了一个非常贴切的评价——举足轻重，而且关注到了语文学科所带来的人文素养的培养。

二问魏学艳老师：请从多年语文教学的角度，谈谈你对语文教学在学校教育中的重要作用。

魏老师：语文学科是基础，语文学科是学好其他学科的前提，是学生在思想上进步非常关键的情商教育的第一步。

魏老师说得非常好，她指出了语文的工具性。语文让孩子们具有幸福生活的能力。

三问马琳老师：你认为语文学科在一个怎样的位置上？语文学科要培养学生怎样的核心素养？

马老师：语文和各个学科都有关联，它融合了许多学科的内容，它处于核心位置。在语文教学中，要着力培养学生听说读写的能力。

仁者见仁，智者见智。综合以上三位老师的发言，我们首先可以确定语文的工具性，然后是语文的情感性、人文性。总体来说，语文应该是排在所有学科教学的最前位的，我们要有大语文观。如果没有大语文观，我们在语文教学中的站位就是不准的。

请李杨老师谈一谈，语文对于培养学生的情感、习惯、幸福生活的能力方面有什么作用。

李老师：语文学科像是学生进行学习活动的土壤，如果这片土壤贫瘠了，学生在学习其他学科时也会遇到困难。语文学科向学生传达的是真善美。在语文课堂上，除了学习语言文字，更要让学生感受真善美，让他们在一篇一篇的课内的、课外的文章当中，逐渐加强自己的心灵建设，让他们成为一个具有真善美的人。我们语文教师应该做到两个方面：一是培养学生学习语文的技能；二是让学生感受语文的情怀。

李杨老师的发言非常精彩，这就是我们语文教师和其他学科教师的不同。以上所有教师的发言，都是自然流淌出来的，是对语文的真实感悟。作为一名语文教师，得有真本事，得下真功夫，这样才能当好语文教师。想当好语文教师是会非常累的，因为"肚"中没有"东西"，是不能教给学生的。

今天，在与赵国艳老师沟通时，她讲到了油菜花的故事，给我们带来大美的感受。当整个人被油菜花包围时，会充分体会到人与自然的和谐、情感的涌动。一个语文教师，她一定是情感丰富的，她一定是积淀丰厚的，她也一定是有厚重的学科功底的。当语文教师，就得修炼真功夫、真本领。在语文的课堂上是不允许有半点马虎的，稍一马虎，就会出现这样或那样的、对学生不负责任的行为。一位老教授曾说：我们教语文就像一片树叶掉进南海中，要感到颤抖，感到敬畏，要小心翼翼。语文教师是不好当的，战战兢兢，而且哆哆嗦嗦的，没有两下子，没有丰厚的素养，要完成语文的教学工作谈何容易。有的教师不能完全胜任语文教育，却还在做着语文教育，这实在让人着急。今天就是让大家惊醒：做语文教师，一定要有万般的心情，谦卑的姿态。站在迎秋里实验学校的语文教坛上，你就是语文，你就是语文的质量，你就是学校的人文修养的教育质量。窦桂梅老师是这样说的：我是教语文的，我是教人学语文的，我是用语文教人的。

总而言之，语文关乎学生的生命健康、学生的美好未来。我们应该怎么做？

第一，一定要认真地研究语文教学。弄懂语文教学究竟是干什么的。刚才几位教师已经概括了，无论是省级教师、学校中层干部、还是教研组长，都从另一个角度来解读语文究竟是干什么的。如果站位不高，视野不高，将直接影响我们的教学方向。

第二，一定要认真地读课标。课标是我们做语文教学的标准、方向。标准明确，语文教学才能挥洒自如。若是目标不清，靶心不准，打一万下也是没用的。

第三，一定要从低到高熟悉教材体系。任何教材都有体系，"教一看六""教三看六""教六想三"，才能一气呵成，融会贯通。一万个碎片连起来还是碎片，十颗珍珠用线串起来，就可能会成为一条项链。作为语文教师，在自己修身、学习的过程中，一定要注意"低高结合"，同时要关注中学语文的发展方向。

我们究竟要培养学生怎样的语文素养呢？我们耳熟能详的就是"听说读写"。今天，我用自己的教育思想来为大家解读。

1. 听

听，要求必须训练学生认真听，专心听，养成听的习惯。听的习惯有了，才有听的效果，才有听的思考，才有听的智慧。所以，听的习惯放在第一位。

语文课不要太闹，要像沙沙小雨一样滋润到学生的心灵，决不能浮于表面。热热闹闹，小手如林，不是思维运动的课堂，不是语文的人文课堂，只是表面上的繁华。表面的繁华无法带来未来发展的内生动力。

2. 说

（1）不同的场合说不同的话。全班内大声说，小组内轻声说。

（2）说话要有主题。无主题地说，不如不说。

（3）说话要大方、大气。要培养学生的心理品质和人格特征。说话也是学生情感表达的过程。要继续抓好"课前一分钟演讲"。

3. 读

读的形式有很多。默读是最好的、能够思考的读。诵读、朗读，易于让自己接受，这样才有感情、才有力量。

只有默读才能和名人对话，才能和大家交流，才能有自己的空白。有了空白，才能画出多彩的天空。默读、轻声读，是在和书对话。背诵读是更高层次的读。诵读的同时，学生的心就静了，心就得到滋养了，心就有了自己的灵魂归属。诵读是炼心的过程。没有语言文字的积累，无法得心应手地读写。名篇佳作必须认真背诵。诵读是最简单、最实效的语文学习方法。如果每天孩子们都朗朗地读，一定会有自身的魅力。

4. 写

写，更重要。写字是养人心的，写作是表达心的。我口说我心，我手写我心。我校的写作教学重任，是要靠教师们扛起来的。如果孩子们拿起笔来，都能写成千字文章，我们的语文教育就成功了。

关于写，要注重两个层面：

第一，规范地写好中国字。语文教育是培养学生良好习惯的必经之路。一个能端端正正写字的人，他人差不了。"端端正正写好字，堂堂正正做好人。"书写的要求是正确、工整、美观。

方格写法：居中写。横格写法：上不顶天，下要踩地。字体要大小适中，有大小之分，体现中国汉字和谐的美。写字是修身养性的过程，是培养学生"静水流深"品质的过程。学生的作业要干干净净、工工整整的。

第二，写好作文。教师批改作文是为了提高学生的习作水平，这要向赵国艳老师学习，她能抓住学生习作中的闪光点，让学生充分发挥想象力。老师们要抓住重点事件，关注小作文。

教师们要善于引导学生练习运用两种笔：一种是"冷笔"，即定好位再去写；另一种是抓住生活中的小事，把事情说清楚，这是"热笔"。善于写故事、讲故事的人，他的生活才有滋有味。

接下来，我再举个例子，这是六年级的一个学生在开学典礼之后写给我的一封信。

亲爱的校长：

您好！今天是开学第一天，是一个新的开始，也是给我感触最深的一天。今年是我在迎秋里实验学校的最后一年，这个学期也是我在迎秋的最后一个学期。而我相信，今天会是最有意义的一天。原因让我细细道来：

开学了，我走进校园，很熟悉。心情嘛，五味杂陈，说不清，还是直接进入正题吧！

给我感触最深的第一件事，是隆重的、让我收获颇丰的开学典礼。您在主席台上的讲话，一字一句深入我心。学习开始了，我们在假期里积累了什么，收获了什么，做个总结，把心、脑、思想带到新的学习中。专心学习，放平心态，尊敬给我们讲课的老师，"一日为师，终身为父，一日为师，终身为母"。还要学会感恩，感恩父母，团结同学，努力把一切做好，做一个最好的、阳光的自己。而后，您又去了我们班级，但您始终没有打开演讲稿，是因为您已经把那些稿子记在心里了吧。

给我感触最深的第二件事，是下午第一节的班会，主题是"晒晒你的假期生活"。虽然我在班中不是最优秀的，也很淘气，但我很认真地听李老师给我们讲她假期中发生的一件事。听后我想，做老师工资这么少，还这样辛苦，李老师却很坚持，还干得如此出色。我更佩服我的老师了。我更因为有李老师教我而感到无比幸福。李老师，我不会气馁，无论成绩好坏，我都要努力地去坚持。这个学期这份感触是最有意义的。比如开学，刚一进校门的那一刹那，我的心情说不清，到现在就是坚定、兴奋、有决心，还有些懵懂，但早已清楚明白自己想要什么。一起努力，一起加油，一起阳光，一起向上快乐地生长。

这个孩子所写内容的好与坏并不重要，重要的是她坚持了，她将真情流露了。把心中想说的东西从笔尖里流淌出来，这就是作文的开始。作文如何把文和情对接呢？

5. 讲

"课前一分钟演讲"要坚持。要让学生精心准备，多积累，加强心理素质。要让孩子们学会讲，讲小故事，讲小事。不同的年级，要有不同的要求。

李希贵校长说：语文的功夫在课外。课文是学习语文的例子。例子弄不明白，读一千遍一万遍也无用，没有思想地去读，只是数量的叠加，没有质的飞跃。精读几本书，就够学生们"吃一壶"的了，这一辈子就"有钱花了"。例如《爱的教育》和《窗边的小豆豆》，要是这两本书读通了，读会了，孩子讲故事就肯定没有问题了。请语文教师带学生到语文的课堂之中去阅读，让阅读变成"悦读"。"听说读写诵"这是语文发展的根本，是根基。要具体到我们的语文教材之中、我们的课本之中。当你拿到教材后，要掰开揉碎了好好地看一看，就这样几十篇文章，就是这几个字概括了。具体到每一篇文章，你务必把它教厚了，要会展开。

教师要认真研读所教教材，有自己的体悟。接下来，以各年级为例，体会教师在教学当中该如何延展。

六年级的《匆匆》，这篇课文作者要传达什么样的人文素养，要让孩子学到什么呢？马琳老师认为，《匆匆》一文，是让孩子感受到时间的宝贵，学会珍惜时间。

是的，时间都去哪儿了？时间真的是一去不复返。这篇文章就要让孩子们懂得惜时。语文的任何一篇文章，都是文道统一的。道就是规律，道就是我们生活中的一些哲理。语文的道，其中的道法，一定要带领孩子们弄明白。正如谷老师讲的：任何过往的经历，都是贡献。要站在这样的角度去讲这篇文章，才够高度。学生也会佩服，发自内心地喜欢。语文教师一定要把语文的例子教明白。

五年级有《草原》《白杨》，还有写童年的文章。现在的孩子很"可怜"，没有什么可以玩儿的。孩子们没见过《冬阳·童年·骆驼队》中所描绘的情景，仅是假期随父母去北京、天津游览一番。即便去过又忘记了，也会有种子留在孩子们身上。但是，有多少孩子还不曾经历？

语文教材中有很多课文是入编多年不曾删改的，教师应该反复研读这些经典，分析其特点，找到其经久不衰的原因，做到读透教材，了解教材，充分发挥语文教材的作用。下面举两个例子。

四年级的《桂林山水》，入编教材30余年不曾删掉，就是因为它的语言规整，适合诵读。

三年级的《翠鸟》《燕子》也是入编教材很久的，为什么不丢弃？因为它难易适中，非常适合三年级学生过渡时期的学习，便于学生理解和掌握。

精品文章都在语文课本里，教师们要把课本中的例子为孩子们讲明白，教透彻。

做一个热爱生命、热爱语文的语文教师，这样你的学生才有可能热爱生命、热爱语文，热爱了，才能在学习语文的道路上越走越远。

我们是做语文教育的，一定要热爱生活，热爱身边的人、事、物；一定要带我们的孩子走进语文世界，拥抱语文世界，做最快乐的语文人。

（"站在中国大地上，我是教语文的，我就是语文教学的质量。"学校坚持大语文教育观，刘清文校长是一位专业的语文教师，学生的核心素养将在语文教育的实践中得到培养与提升。）

校长应由经验型向创新型转化

刘清文

中国名校校长之中，不乏学者名流，目前大多数校长虽还不是学者，但校长的理想应是努力使自己成为有学者味的校长。

一个卓有成就的校长，其乐趣不应在履行行政事务上，而应在自己精心塑造、从事的教学活动上。校长是学校的行政领导人，对外是学校的法人代表，对内是校务主持人。在学校，校长面对的是教师和学生，他对师生的影响力，不只是凭借社会赋予他的职务、地位、权力，更重要的是凭借巨大的道德力量、良好的心理品质和丰富的学识素养。学校不能单靠强制性的行政命令来运作，还需要更高级的学者形象所形成的影响力来感染师生、激励师生，使师生感到亲切、敬佩，进而产生要同甘共苦、荣辱与共、战胜困难、信心百倍去争取胜利的决心。

校长学者化，可以在学校的教育活动中避免命令性，而代之以探讨性，给教育活动中的人际关系注入润滑剂。校长学者化，可以使校长从烦琐的行政事务中解放出来，可以从过细过密的评比量化的桎梏中解脱出来，使校长在致力于实现百年树人的理想目标的宏观指导中，不断增强分析综合的决策能力、组织实施的指挥能力，善于说服人的语言表达能力和勇于进取的创造能力。

如何使校长具有学者味，其具体做法有三：

（1）校长要有藏书，要酷爱读书。

知识素养是做一个好校长的重要条件。校长只有博览群书、见多识广，既精通教育教学和管理的专业知识，又具有全面指导推进工作的多种知识能力，才能为广大师生所折服。如果没有教育教学的基础理论知识，不懂学校管理的基本规律，那么在工作实践中必然是瞎指挥或碌碌无为，难以得到师生的信服。苏联有位校长，名为苏霍姆林斯基，其私人藏书达19000册。中国校长的收入即便不丰，取其1/10购书如何？况且，校长还有权为学校添置图书，使图书馆、阅览室有充足的书刊。酷爱读书是校长具有学者味的一大特点。

（2）校长要有著述。

在知识密集、学识广博的教师群中，要想宏观指导，就一定要居高临下，高人一筹。要做到这一点，校长就要努力学习，钻研教育理论，亲自参与教育教改实践，研究教改中提出的具有普遍性的新情况、新问题，从中总结经验，找出规律，上升到理论，写出专业论文，再以此指导实践，就能有的放矢，有针对性地解决学校教育教学中存在的各种矛盾。有著述是校长有学者味的第二大特点。

（3）校长要有朋友。

校长要把学校知识分子群中的各类人才聚拢在自己的周围，形成一个"智囊团"，做到呼朋引伴、谈天说地，与他们肝胆相照、风雨同舟。校长要知人善任，具有爱才之心、识才之眼、容才之量、举才之德，同各种不同身份、资历、年龄、性格的人交心、交读、交往，增进心灵沟通，将他们的智慧化作一种巨大的影响力。

朋友可以是自己敬重的师长，从他那里得到教诲以增长才干；朋友可以是学识渊博的学友，从他那里获取智慧以丰富头脑；朋友也可以是诤友，从他那里听到逆耳忠言、看到自己的短处，做到"吾日三省吾身"。

民族的希望在教育，教育的希望在教师，教师的希望在校长。愿我们的校长都能成为有学者味的校长。

阳光校长／情系童心

用时间换得成功

亲爱的同学们：

你们知道吗？今晚，当我在灯下翻阅2014年的总结报告时，我仿佛看到了教室里、操场上、校门口，你们渴求知识的双眼，阳光向上的身影，听到了你们琅琅的读书声、奔跑声、嬉戏声和加油呐喊的声音……一想到马上就要放寒假了，作为你们的朋友，你们的校长，要和大家有几十天的分离，心里就有太多的叮嘱与期盼。

放假意味着调整、积淀，它一定会给心中有阳光的人更自由更自主的成长空间与时间，让生命因假期的到来更加高贵和从容。

昨天晚上偶遇了一位就读于清华大学学生的父亲，他说孩子小的时候利用寒暑假阅读了大量的图书，整天奔波于图书馆、书店。现在在大学校园里，仍坚持每天3个小时泡在图书馆里。因为阅读量大，他在同学中表现得思维活跃、眼界开阔，他认为只有在读书的过程中才能找到真正的自己。我想唯有读书改变命运，唯有读书提升气质。2014年，我欣喜地看到同学们利用图书馆、漂流书吧、流动图书包，在老师的引导下进行了海量阅读，校园里到处弥漫着书香的味道，书卷气慢慢爬上了大家童真的笑脸。同学们，让我们利用假期，每天坚持洗净双手，泡一杯淡淡的柠檬水，打开舒缓的音乐，走进童话世界、名人的心底，穿越历史画卷……读着读着，我们的心灵就会强大，就会在不知不觉之中拔节成长。

同学们，放假了，离开美丽的校园，你的角色就是家庭的小主人、社会的小公民。作为小主人，我想最重要的就是对家庭的责任担当，做一些力所能及的家务，比如叠被子、擦地、清理桌面、倒垃圾、择菜、摆餐具等。别看这些是小事，如果你能坚持做，做得有序，一定会给你带来不可估量的力量。有一项研究早就证明，从小做家务的孩子，将来在社会中成为栋梁的可能性比不做家务的孩子高出6倍。我确信这一点，因为从我和已经毕业的学生的身上早就证实了这一点。如果家人不让你做，不给你机会做，呵呵，我来教你，请你学会维权，跟爸爸妈妈讲清楚，相信他们会同意、会支持你的。你的第二角色是小公民，最近看到有的同学办理了学生证，准备去国内外旅行，我想作为一名港城市民、中国的小公民，应该做到：遵守公共秩序，到机场、车站要排队，不大声喧哗；乘车时给老人、残疾人、带小孩的阿姨让座；不随便扔垃圾。时时处处做一个文明的使者、爱心的使者，亮出我校学生文明、儒雅的身份文化，随时随地传播社会正能量，为社会的文明进步作出贡献。

同学们，寒假最让我们欣喜的是能与家人一起团圆，一起过我们民族最大的传统节日——春节。过节也要学会合理安排生活，在放松心灵的同时，不放纵自己，作息规律，认真完成每份作业，积极锻炼身体，合理饮食，充足睡眠，利用假期长身体、长本领、长智慧。

有位俄罗斯诗人曾写道："我来到这个世界是为了看见太阳和蓝天，我来到这个世界是为了看见太阳和高山。"

是的，我们来到世界是为了看见太阳、蓝天、高山和美好的一切，让我们大家一起努力，在假期里愉快生活、快乐阅读、文明出行、阳光运动，做一个习惯良好、气质优雅的人。

衷心祝同学们假期愉快！

提前祝同学们及家人春节快乐！

盼大家回信，我的电子邮箱是 qhdlqw@163.com。

你们的大朋友：清文校长

2015 年 1 月 23 日晚 11 点

写给毕业学子的一封信

亲爱的炅岷:

岁月如梭,时光匆匆,转眼间你已长成风华少年。

小学6年的美好时光,我们在一起幸福度过。绿色教育、幸福迎秋,校园因你的到来而充满了阳光、智慧、能量。"唯有跑步和读书不能辜负""流血流汗不流泪,掉皮掉肉不掉队"是每一位迎秋学子特有的基因。我们一起用校园精神创造了一个个美丽的童年故事,让我们的校园变得绚丽多彩。

亲爱的炅岷,今天的分别是为了明天美好的重逢。在这个特殊的日子,我作为你的长辈、你的启蒙校长,真的是百感交集,却又幸福无限!我的脑海中浮现出6年来你和同学们的成长画面,憧憬着你未来在中学、大学的样子,甚至我还想象你长大成人举行婚礼的场景……此刻我心中有千言、脑中有万语!那么,来吧,亲爱的炅岷,让我们娘俩、我们师生用我们的热情张开双臂紧紧拥抱,彼此赋能!

孩子,在你即将出发的时刻,我要悄悄在你远行的背包里装上两句话,请你郑重惠存。

第一句:无论到什么时候,请牢牢记住你是迎秋里实验学校的学生,你是一位不怕困难,勇于担当的少年军人。

第二句:人生是用来奋斗的,每一个阶段都有不一样的使命担当。学生时代的每一寸光阴一定是用来锻炼和学习的,就像校园的竹林一样,厚积才能薄发,唯谦才能纳福。

感恩你的父母,让我有缘在你出生的那刻就拥抱了你,感谢你和你的同学,让我在教育的成熟期,拥有了无限的教育自信和温暖。

祝福你,我的宝贝!在衡水中学求学的日子一定要不忘初心,勤奋向上,坚持做最好的自己。

爱你的启蒙校长:刘清文

2020年9月于校长室

与学习结缘　幸福永相伴

亲爱的同学们：

作为你们的大朋友，我要告诉你们，虽然每一个人的心智不同，学习方法不同；但要想有优异的成绩，一个相同的基本前提便是爱各门学科，要像爱你的亲密的朋友、爱你的各种玩具那样去爱每门学科。

英语、语文、数学……不管哪门功课都和人一样有七情六欲，你不要认为它们是没有生命的。如果你爱它，它一定会给你一个灿烂的笑颜；如果你讨厌它，对不起，它也会还你一个惆怅的苦脸。

我的朋友有一个可爱有趣的音乐储蓄盒，只要她投入一枚硬币，储蓄盒便"叮叮当当"地奏出清脆悦耳的音乐来。从我自小到大的学习过程来看，学习就好比一个音乐储蓄盒，如果你把快乐和兴趣注入，学习将带给你令人惊喜的音乐。

在我们大人的生活中，有些人不喜欢自己的工作，愁眉苦脸地赚钱，又愁眉苦脸地去消费，人生显得万分无奈。但万幸的是，不喜爱的工作可以更换。学习就不同了，它没有选择余地。从小学到初中、再到高中，门门功课均是必修，不论你高兴地学习还是发愁地参与，学期末了，你必须交出答卷。

所以，对于不可改变的事——考试，聪明的人懂得去愉快地接受它。记得我上小学三年级的时候，由于贪玩，期末考试语文、数学成绩都很糟糕，第一次挨了父亲的两巴掌。母亲耐心地把我拉到一边重复着她以前多次说过的话："你爱语文、数学，它们也会爱你。学习是自己的事，没有人能代替你参加考试。"才是我一直暗示自己，让喜悦一点点涨满心房。每天坚持"放录像"，也就是把老师当天讲的学科课程一点点地回放，想不起来就看看书；老师留的作业从不拖沓；有时遇上不懂的问题还会睡不着觉，甚至连做梦都在想答案。上高年级以后，我尝试进行预习，带着问题听课，这让我尝到了学习的乐趣。各科成绩一直到上师范都名列前茅。长大以后，我才真正读懂了父亲为什么动手，母亲为什么说学习是自己的事情。爱学习改变了我的命运，爱学习让我有了今天实现生命价值的平台。

也许有的同学会问我,做题、背诵、背写,多枯燥。其实,亲爱的同学们,我想告诉你们,世上任何一件事,具体到细节,没有不枯燥的。嫦娥三号发射圆满成功,是热爱航天事业的科学家坚守寂寞的结果;钢琴大师郎朗的成功之路,也伴随着泪水与失败。人生路不必雕琢,天道酬勤,勤能补拙。

假期马上就要开始了,借此机会,衷心祝你们和你们的家人幸福快乐!希望你们把握假期生活,与学习结缘,与运动结缘,与文明同行,与好书为伴,过一个平和、安全、充实的假期。

爱你们的清文校长

2014年6月5日

致中考迎秋学子的一封信

岁岁花相似，今朝别样红。2020年的迎秋学子，经历了与往年不同的中考。6年的成才，3年的拔节，你们迎来了人生重要的转折点。

"为天地立心，为生民立命，为往圣继绝学，为万世开太平。"张载的"横渠四句"告诉迎秋的中考学子们：你们是民族的未来、是国家的希望、是未来的主力军，少年智则国智，少年强则国强，一场疫情让你们对家国情怀、责任担当有了更深刻的理解。

"天行健，君子以自强不息；地势坤，君子以厚德载物。"孩子们，业不可不勤，人不可不善，勤奋可以学到谋生的技能，要靠自己的奋斗创造未来、改变命运；善良是一个人的德性修养，要靠良好的品行来赢得他人的尊重、改变人生。一个既勤奋又善良的人方能走得正，行得远……

是鹰隼，迎风展翼，借风腾起，直击长空；是名剑，精研细磨，锋芒初露，一试霜刃；是奇花，吸取营养，厚积薄发，展现芳华。愿你以梦为马，不负韶华，那些读过的书、写过的字、流过的汗与泪都会化作你们人生最美的画卷。衷心祝福你们在明后天的考试中取得优异的成绩！

祝福你们健康平安，前程似锦！

爱你们的启蒙校长：刘清文
2020年7月17日于迎秋校园竹林旁

师 者 心 语

一年级一班班主任魏学艳：

今天啦啦操比赛颁奖，我让这个腼腆羞涩的小女孩上台领奖。本来颁奖照片已经拍摄完毕，校长也欲从台上走下来，我弱弱地说了一句：校长，再单独和我班这孩子照张照片吧！没想到校长马上转身，给了孩子一个大大的拥抱……我想这将是孩子一生难忘的事情吧！我想真正的教育就是这样吧！像阳光一样洒满孩子们的心灵，让孩子们感觉到这个世界充满爱和温暖。做孩子们的发动机，源源不断地为孩子们的内心输送动力。给校长点个赞！突然感受到在教育的路上任重而道远，希望自己的一举手一投足能让孩子们感受到爱和温暖，在孩子们内心播下一颗爱的种子。

校长刘清文：

教育无他，教育是唤醒，是点燃，是激励……颁奖前，我走近颁奖的孩子们，发现有位小朋友戴着帽子领奖，轻轻触摸，知道原因了……突然想起比赛那天孩子们在主席台上，我发现的特殊发型……顿时心里无比温暖与欣慰！温暖的是魏老师如此成全，孩子们如此纯真；欣慰的是我和老师之间如此默契，以及教育思想的同频……小小的颁奖台，大大的孩童梦！当我被魏老师低语邀请时，我就像今日的暖阳一样和小姑娘拉在一起，我单腿跪地，与她相拥，为她点赞！感谢魏老师与我的心有灵犀，感谢儿童的合作默契！

当我把这段文字发在干部群里，德育处干部周坤立刻回复：感动。我回复：谁能读懂，谁就真正地走进了儿童，走进了教师！做走心的教育，才是最温暖的教育！

奇迹发生了，周坤主任立刻直呼其名：×××，是个可爱的孩子！您是温暖的校长！如此精准的回复，如此温暖的语言，一下子让我感动了。直呼其名，让我更加温暖，眼睛已经湿润了……特别的儿童特别的爱，校园因我们而温暖！儿童因我们而幸福！这是一股伟大的潜流，推动着迎秋的蓬勃发展，引领着儿童前进的方向！学习十九大，不忘初心，牢记使命，携手同行！遇见好老师就是享受了优质的教育，创办幸福的校园就是在筑梦远航！感恩有你！感谢遇见！

一年级一班班主任魏学艳：

我没写孩子是特殊的，只有你我心中明白，周坤主任给我班代过课，所以应该知道。谢谢校长！您的关爱带给孩子的将是一辈子的幸福。家长开心极了，说孩子回家特别激动开心。家长说这个孩子没有治愈的可能性，我想她应该学会面对，学会在人群中勇敢地面对，变得更自信、更阳光。谢谢领导对这个孩子的关心。

校长刘清文：

每个孩子都带着自己的智慧来到世界上，她带有智慧的翅膀，一定也要飞翔！

（四年过去了，那个没有头发的女孩儿长出了一头秀发。爱是一种伟大的能量，爱能让小姑娘变得和大家一样，爱能长头发。）

校长和陶昕彤的故事

这是 2016 年 12 月 8 日那天,校长和昕彤的故事:这个叫昕彤的小孩上课回答问题非常精彩,校长奖励她一块糖。她说:"校长说这块糖是绿色的,希望我有个像绿色一样的美好心情。"她把糖珍藏了起来,自言自语地说:"太好啦!居然是柠檬味的,我好喜欢!"虽然这样说着,她还是没舍得吃这块糖。我突然觉得孩子的幸福真的很简单,这块被校长赋予含义的糖也成了她的珍宝,如果我们成人也能像孩子一样,不忘初心,幸福指数会提升很多。我们也要尽量多地使用鼓励和赞美,这样会让别人的心情很美丽。感谢校长对孩子的鼓励!时间过得真快,转眼间这个小孩就要参加中考了!读着微信圈里孩子妈妈的寄语,感受着字里行间流淌着的伟大母爱和教育智慧!

妈妈寄语

每个人的人生总会有高潮也会有低谷,就像一条条美丽的抛物线。身在高处不轻浮,身在低处不消沉。得意不忘形,失意不颓废。因为找到一个合适的触点你就会飞快地弹跳起来。在学习的路上也是如此,只要坚持不懈,定能柳暗花明。任何时候心中要有梦想,要充满希望,要永远心怀光明,用心做好每一件事,在奋进中实现自己的人生价值。努力吧!做一个勇敢的弄潮儿!奔跑吧!做一个幸福的追梦人!

校长给陶昕彤的一封信

亲爱的昕彤:

人生因价值而选择,因选择而坚持!小学毕业的你就有了自己独立的选择:一个 12 岁的儿童,背上行囊远离父母、远离家乡,去往陌生的城市、不熟悉的校园。作为你的启蒙校长,我也曾和你妈妈一样担心你在热血沸腾之后打道回府……时间是世界上最好的东西,它用永远不变的公平方式,验证着我们每个人！突如其来的疫情改变了我们的生活和学习，但却从来不会改变我们的梦想！今天在你复学返校的道路上，我想说：

在光阴的故事里，我们年复一年地行色匆匆，只是为了更好地生活；我们一路风雨兼程，只是为了更接近梦想；我们常常仰望蓝天，只是想拥抱阳光，更温暖一些……9年前你以迎秋而自豪，那么在不远的日子里迎秋一定以陶昕彤而骄傲！努力吧，阳光女孩！加油吧，追梦少年！

昕彤给校长的回信

午睡醒来，看到您给我这么大一个惊喜，我非常感动，永远也无法忘记牵着的您的温暖的大手，永远也无法忘记那和蔼可亲的面容，永远也无法忘记您那时常回响在教学楼里的笑声……就像您说的，您是我的启蒙校长，真的教给了我特别多做人的道理；您经常在黑板上写下一些话和我们交流，那些话依然清晰地记在我心里。您的鼓励让我有了更大的学习动力，您就等着我的好消息吧！

（这个故事还在继续……）

校长写给沛航小朋友的一封信

沛航小朋友：

  你好！

  我是你亲爱的刘校长！今年寒假突如其来的疫情，让我们彼此没有如期地欢聚在美丽的校园，我们没能像往常一样在教室里谈笑风生，没能如期检查一下那位小朋友的"指甲"，没能一起品味那面"孟老师万岁"的研学旗帜……你知道吗？延期开学的这几天，老师们都紧张有序地忙碌着，同学们按照学校发出的教育教学居家要求启动了特别的开学模式，爸爸妈妈们想尽一切办法来关心你们，我想大家一定都在努力积蓄拥抱春天的力量！校长和老师们一样，从来都没有像今年这样盼望开学！

  前天，我从微信圈里看到孟老师转发的你妈妈做的防控工作"美篇"。我一边品读一边泪眼模糊、思绪万千！在这场疫情中，我每天都在被成千上万的逆行者感动着，被像你妈妈一样的普通而又伟大的白衣天使感动着、鼓舞着……沛航，通过你妈妈的坚守，社区的防控管理，孟老师每天细致的体温追踪和老师们的网络授课，你一定感受到了在这场防控战中，人人都是战斗的主角。20多天来，部队、交警、党政机关、社区等都在为城市的平安、百姓的安全日日夜夜坚守在防控一线，风雪兼程、废寝忘食！咱们区教体局的领导、老师也分别在高速出口、小区门口值班防控。每次我转发《区教体局防控新型冠状病毒感染肺炎疫情在行动》时，都会特别感动，特别心疼！老师们按学校的要求，在家里用课本、电脑、手机进行着特殊的防疫战斗，真正做到听党指挥，能打硬仗，作风优良！沛航，你知道吗？作为你和同学们的校长，在这场没有硝烟的战"疫"中，我最担心的是你和同学们宅在家中不能自由锻炼、旅行，不懂得如何管理自己。我最希望你和同学们能把灾难变成教科书，把防控当成课程，在特殊的战"疫"中，提升家国情怀，敬畏自然，善待野生动物，学会担当。学校德育处做了一系列的"美篇"推送给全校的学生们，特别温馨，特别温暖……沛航小朋友，当我通过你妈妈的"美篇"文字、图片读到了你的故事，我的血液加快了流速，激情无限，阳光温暖，内心充满着身为教育者的自信与力量！在这特殊的时期，11岁的你孝亲尊师，比往常更关心在一线战斗的医生妈妈，践行了"流血流汗不流泪，掉皮掉肉不掉队"的迎秋小军人的精神，自主担当，像小竹林一样积蓄力量拔节成长！嘿！我就知道少年军校的娃到啥时候都错不了！

此刻，我坐在校长室值班，我最想张开双臂热情拥抱你以及像你一样乐观、自主、孝亲、阳光、向上的迎秋宝贝们！

亲爱的沛航，我们知道，我们每个人都必须步调一致地参加这场战斗。每个人都要对自己的行动负责，每个人都要做最好的自己。让我们一起诵读迎秋校训："胸怀祖国，放眼世界！"防控疫情，推迟开学，自主管理，未来已来，日生不殆。校长要通过你告诉所有的迎秋学子，人的一生所有的经历都是资本，所有的遇见都是财富，人人都是时代的主角。让我们怀着对医务工作者的无比敬仰，对疫情防控守护者们无比的感激，满怀对祖国的无限热爱、对未来的憧憬与期待，更加敬畏生命、敬畏自然、敬畏规律，静水流深，心向阳光，向着美好出发！

亲爱的沛航小朋友，亲爱的迎秋学子们，让我们相约在春天，共赏校园皎洁的玉兰，翠绿的竹林，聆听竹林中清脆的鸟鸣和你们琅琅的读书声。

爱你的清文校长
2020年2月19日

郭沛航给校长的回信

尊敬的刘校长：

  您好！

  我是六年级四班的郭沛航，感谢您在百忙之中给我的来信，在这个十分特殊的假期里，看到您的来信，我很激动、心里暖暖的，您的嘱咐我都收到了，您放心，我们在家都很好。

  自从疫情暴发以来，我的妈妈和她的很多同事都在第一时间奔赴抗击疫情的第一线。以前我从来没有觉得医生是个伟大的职业，而这次看到他们不顾一切，冲锋在前，看到他们义无反顾的背影，我觉得我将来一定要做一个对社会有用的人。

  我们进行网上学习已经一周了，在这一周中，每一位老师都非常认真地备课，给我们发视频和讲解，每天晚上还对我们的作业进行点评和指导。我每天认真学习，认真完成作业，多读课外书，从电视里关注疫情的信息。这种特殊的学习方式是我成长中不一样的经历。这次疫情让我懂得身体才是一切的基础，虽然现在还不能出门，但是我一直坚持每天在家里进行身体锻炼，只有更好地增强自身免疫力，拥有健康的身体才能为更好地学习打下基础。

  我期待疫情早日过去，早日开学，早日见到您和我的老师、同学们。我会以最饱满的热情开启毕业班最后的冲刺，不负您和大家的期望。

  此致

敬礼！

您的学生：六年级四班 郭沛航
2020 年 2 月 21 日

校长写给玥悦的一封信

亲爱的玥悦：

  你好！

  时间过得真快呀！屈指数来，我们从美丽的迎秋分别整整一个月了，这一个月来，我经常想起你和同学们，时常想起我们在"小军号"电视台和全校师生一起欣赏你演奏古筝名曲，想起那翠绿的小竹林，想起和你在一起背诵《大学》……

  唯有跑步和读书不能辜负！玥悦你一定记得，这是我最喜欢和同学们说的一句话。最近这一个月我也一直坚持运动，坚持阅读。从9月15号开始，我坚持上午健走30分钟，傍晚慢跑800米，偶尔伴着音乐做简单的瑜伽动作。良好的运动习惯让我感到身心愉悦，心态更加阳光了。我从你的班主任董老师那里了解到，近日学校在进行学生体育测试，你是不是在积极准备参加运动会？相信你一定会取得优异的成绩。玥悦让我们一起热爱运动，热爱健身，让体育运动伴随一生，真正做到：将来为祖国健康工作五十年，幸福生活一辈子。

  玥悦，关于阅读，你是全校同学的榜样。前段日子，我看到你母亲的朋友圈发布的《飞翔，用书页做我们的翅膀》，我透过文字，似乎看到了纯真的脸庞，清澈的眼睛。我听到了你最美的朗诵，爱阅读的玥悦最美，真的喜欢你，爱你哟！未来已来，让我们选择读书，选择拓宽灵魂的宽度。脚步不能丈量的地方，文字可以；眼睛到达不了的地方，文字可以；不停读书，让我们的未来充满希望！

  "音乐是思维着的声音"，"音乐是比一切智能一切哲学更高的启示"，"如果没有音乐，生活就是一个错误"。这些是世界艺术大家的名言。玥悦你了解吗？在美丽的校园里，我最喜欢的是我们的军乐团。清晨，军乐团铿锵的音符就是全校师生的冲锋号，让人振奋，让人神清气爽！我知道玥悦也喜欢音乐，热爱艺术，每一次从你妈妈的微信中看到你娴熟的表演，聆听你投入全身心的演奏，我仿佛看到了未来！我想玥悦跟所有军乐团的小朋友一样，都在用勤奋、用爱演奏着自己的乐曲，抒发着七彩童年的幸福情感。希望你用自己的方式热爱生活、热爱生命。

亲爱的玥悦，因为工作，我和你的母亲已经一起并肩战斗了10年，你的母亲忠诚、卓越、勤奋、谦和，她是我最得力的助手，也是我最信任的手下和情同手足的姐妹。有时候因为工作她会牺牲很多，有时不能陪伴你，不能很好地去做家务，甚至不能按时回家、按时休息，请你多理解，多包容，更感谢你的优秀！因为你妈妈每谈起你时总是特别自豪，浑身有使不完的劲！对不起，请原谅，谢谢你，我爱你！此时此刻，我特别地想你，想你的妈妈啦！

"少年儿童是祖国的希望"，今天是建队节，我想祝玥悦和同学们节日快乐！衷心祝你，这个最优秀的少先队中队长茁壮成长，也希望你带领大家日行一善，让红领巾更鲜艳！

你的启蒙校长：刘清文
2021年10月13日（建队节）

玥悦给校长的回信

尊敬的刘校长：

  您好！

  屈指数来，我们在迎秋分别已经4个月了，我十分想念您。最近您开心吗？我收到您的礼物非常开心，我很喜欢，谢谢您！

  您常说，饭可以一顿不吃，觉可以一日不睡，书不可以一日不读。我现在每天坚持读书，寒假时我要和爸爸共读《你若不勇敢，谁替你坚强》。学校里安装了3台亲小禾智能漂流书柜，我借阅了《做最出色的自己》《城南旧事》和《永远讲不完的故事》。

  运动让我身心愉悦，每天我都要做仰卧起坐或做一些压腿下腰等舞蹈动作。今年，我已经是第二次代表班级参加跳绳比赛了，我取得了一分钟180个的好成绩，虽然不是很多，但也比我之前有很大进步。

  这个学期，我成为"小军号"电视台的主持人之一，每周我不仅是主持人，还是一名小记者，要编制新闻稿。看着别人的文章在校报上发表，我很羡慕，终于我的作文《美丽的古北水镇》在校报上发表了，我很开心！这学期，我第二次代表班级参加了少先队员代表大会。

  相信您看了信一定很高兴。在您的教导下红领巾一定会更加鲜艳！

  祝您

身体健康！

薛熙琳（玥悦）

2021年12月3日

努力做一名专业的语文老师

尊敬的刘校长：

您好！

昨日，您与我的一席长谈，让我很感动。思索许久，我也从中受益匪浅。您的一番话打消了我在工作上的顾虑，您的真诚与宽容也让我十分动容，您在语文教学上的底蕴更令我折服。

2012年，我调入了咱们学校，改行做了语文教师。现在担任六年级的语文教学工作，这是个责任重大的岗位。孩子们面临着小升初的毕业压力，我知道肩上的担子很沉重，我也确实感到身心压力很大。"老牛自知夕阳晚，不用扬鞭自奋蹄。"在深感压力的同时，我又有了前进的动力。因为昨天您的话给了我很多的鼓励，我更加有信心，变压力为动力，把六年级的语文教好，把这个班的孩子们带好！

您说过，教师就是教书育人的。我知道只有备好课才能上好课。开学以来，我都在校认真备课，备不完时就把书和教参拿回家接着备课。在办公室，我每天都与同组的老师们探讨研究每一节课怎么上，不放过任何一个小细节。比如在讲《索溪峪的"野"》时，对于双引号的作用我们讨论后意见不统一，又上网查了一下，最终才确定了答案。当我讲完这一课时，我又反复琢磨，觉得并没有达到预期的效果，条理不够清晰，我又和同组老师请教，观摩他们是怎么上课的。对于这节课，我还有很多不足之处，如在突破教学难点上还有更利于学生接受的方法；课堂上我的语言不够流畅，对学生的点评不够精练，学生的积极性没有被充分调动。我知道，与别人比，我还有很大的差距，所以在今后的教学中我会更加精心备课。

作文是语文教学的重中之重，对我来说也是难中之难。您说作文教学是我的弱项，很直接地指出了我的缺点，我也感觉确实如此。所以在您和我谈话后，我向语文教学上的前辈赵国艳老师请教了关于六年级的作文教学的方法，她对我进行了点拨和指导，我会尝试将这些方法用在今后的教学中。您说过，要给学生一碗水，自己就得有一桶水。所以，我会多看一些关于小学语文作文教学方面的刊物，多看一些名家名篇，提升自己的语文素养。

  尊敬的刘校长，您的一番长谈使我感悟到语文的博大精深和语文教学的厚积薄发，也使我清醒地认识到自己的不足。这使我有了危机意识，也更有了前进的方向。在以后的教学和班主任工作中，我会脚踏实地做好每一件事，上好每一堂课。再一次感谢您抽出宝贵的时间给予我鼓励和帮助！

  此致

敬礼！

蔡晶晶

以爱育爱　反思成长

刘校长：

　　您好！

　　首先我要自我检讨，因为没能及时上交您要求我写的会后反思。开学一个月了，一直没机会和您聊几句，所以就借着这次写反思的机会，和您说几句心里话。

　　在调到咱们学校之前，我有些忐忑。能管理好这么大规模的一所小学，校长会是什么样子呢？（应该是个女强人）当来学校报到那天，第一次看到您，就觉得您是位很有气场的校长，不是恭维，这是与其他我接触过的校长身上从来没有感受到的。所以，在那之后我就变得有些紧张。开学了，我终于成为迎秋里实验学校的一名教师，当我不止一次地看到您面带微笑站在校门前，用清脆的嗓音和每一个学生打招呼问好时，我看到了您对孩子们那份真诚的关爱，同时也似乎舒缓了我紧张的心情。其实我觉得自己也像个一年级的新生，对于新环境新老师新领导都有个适应的过程。

　　虽然对于低年级的教学我比较熟悉，但这次却倍感压力。这压力来自方方面面：我了解到同组的教师大部分都是从六年级毕业班轮下来的，有丰富的教学经验，特别是关于中高年级阶段的教学工作我还要虚心向他们学习和请教；家长们对孩子、对老师甚至对学校的关注度远远高于我以前所在的学校，而且他们具备高学历高素质，当然对我这个班主任老师也有更高的要求；每个学生天真活泼，都是各自家庭的焦点，家长们手心里的宝贝，渴望在学校学到文化知识，参加各种活动，得到能力的培养。曾经有很长一段时间，我睡不好觉，一闭上眼睛就会有一张张学生可爱的笑脸在我脑中浮现，会有一双双家长的眼睛在注视着我，甚至因为我每天翻看班级QQ群中家长们的留言，所以一闭上眼睛就会有一行行字连续不断地从眼前飞过。

　　我深深地感受到肩膀上这份担子的重量。我会尽快适应学校的环境，熟悉各方面的规章制度，紧跟同组教师的步伐，不断改进和创新自己的教育教学方法，树立好自己在家长们心目中的形象，用心解决遇到的每一个问题，尽心尽力地去爱护每个学生，同时积极参加学校组织的各类理论、业务学习，多与同组的教师交流、探讨，多吸取他们好的经验来提升自己。也希望您能监督我，帮助我，对我的工作多提宝贵意见。

最后，真诚地祝愿您身体健康，工作顺利，幸福快乐每一天！

刘爽

2014 年 9 月

静心吸纳　拔节成长

尊敬的刘校长：

　　您好！

　　首先向您表达我深深的歉意，因为我工作的不足给您带来了困扰，也给学校添了麻烦。您是那么信任我，把五年级二班放心地交给我，可如今我却让您失望了。

　　最近发生的一些事情让我有些措手不及，也让我难过，彷徨与不安，但当我听了您的一番话静静地思考后，我想我现在可以很平静地来面对这些事。因为我想经历未必是件坏事，没有磨砺就不会有成长。虽然工作10年，但现在的工作环境是全新的、更是充满挑战的，在校长您的鼓励与引导下，我决心做迎霜傲雪的梅花，去直面困难，从哪跌倒就从哪爬起。

　　仔细回味了您的每一句话，我认真地反思了我的工作，觉得自己还存在许多不足之处，还有许多需要改进的地方。

　　首先，我要加强与家长的沟通交流：准备好班级的花名册，分批次、分层次地与家长交流，通过短信、电话、面谈三种方式进行。对本学期进步的学生通过短信表扬；与没有见过面的和来接孩子的家长进行面谈；发现孩子在作业、学习、纪律等方面有小问题的，与其家长电话沟通交谈。把班中的学生分为5个小组，每天关注一个小组学生的情况，并与其家长做好沟通。这样一个星期就可以与5个小组的家长全部沟通一次。与家长沟通时注意技巧，多表扬，少批评，指出孩子不足时要委婉，让家长了解到我对他的孩子的喜爱与付出。

　　其次，做有故事的教师，走进学生的心里。只有让学生喜欢上我，才能让学生喜欢上我的语文课。我想在课下多与学生交流：当孩子遇到不开心的事时，多开导他们；当孩子生病时，多留意、多照顾；当孩子失败时，多鼓励。同时，我想结合语文教学，增进与学生的情感。语文书第二单元的学习主题为"童年生活"，我准备将我童年做过的游戏、童年特有的记忆与学生一起分享；第三单元的学习主题是"感受表达的艺术"，其中有古文的篇目，我准备将我学习古文的方法与体会同学生们一起交流；第四单元学习的是一些感人的故事，我想与学生一起分享曾经令我感动的故事……通过语文教学创设增进师生关系的平台。

再次，在班级中开展有声有色的班级活动。我打算利用节日开展活动，五、六月分别有母亲节和父亲节，我想让孩子们先在家里学习发豆芽，然后学习如何炒豆芽，到给爸爸妈妈过节的时候，孩子可以亲手为他们炒一盘豆芽菜。这样，让孩子学会感恩父母，回报父母。六月还有孩子们自己的节日，指导孩子利用生活中的废弃物做一件小礼物送给自己的好朋友，增强他们的环保意识，还能拉近同学之间的距离。同时，在班级中坚持开展"课前一分钟演讲"活动，让每一个孩子的胆量都能得到锻炼，让每一个孩子都有展示的机会。我还要倡导孩子们读书，结合语文课本，向学生推荐一些篇目，并开展读书会，让他们互相交流，在班级内营造书香氛围。

最后，要抓好班级文化的建设，为学生创造良好的学习环境，让学生受到熏陶和教育。在班级内成立生活小组，为同学们简单地修理桌椅，例如把松动的螺丝拧一拧，把椅子腿上掉下来的皮套套好等，通过这些让学生学会珍惜校园中的设施、物品。每周提醒孩子换洗衣服，并设立监督员。让孩子参与班级管理，提醒忘带桌套的同学，并把好的情况记录下来，通过表扬与提醒强化学生的行为，帮助学生养成良好的习惯。在班级成立板报小组，由一个学生负责管理板报小组，每一个小组负责一期，先由组长设计出草稿，审核通过后进行分工合作，让孩子在参与的同时学会合作，增强合作意识。楼道内的文化墙和班级内的荣誉角都要由专门的学生负责，这样，在调动孩子的积极性的同时也增强了学生的集体荣誉感，教师在参与的过程中也拉近了与学生的距离。

教育无小事，我想我还应该把工作做得更细。首先，严格执行学校的各项要求，为学生树立榜样，要求学生做到的，我先做到；其次，要仔细地观察每一位学生的情况，洞察力要强；最后，对待语文教学要细心，细心地备课本、备学生、备方法，把握课堂上的40分钟，做高教课堂、生本课堂，并指导学生认真记好笔记，养成良好的学习习惯，课后进行耐心辅导，不让一个学生掉队，并开展一帮一结对子活动，让好学生带动后进生。

以上是我的体会和打算，我会将这些想法落实于实际行动。也许我的想法还不够成熟与丰满，所以希望您能多给予我指导和帮助。非常感谢您在百忙中对我的悉心指导，有了您的引领，我会更加自信；有了您的引领，我会拥有更多前进的力量。校长，请相信我，我会行动起来，努力做得更好！

刘杨杨

2015 年 3 月 24 日

精彩课堂背后的精彩人生

刘校长亲临了我们班的语文课堂，给孩子们上了一节精彩的作文点评课。当下课的铃声响起时，我和孩子们都觉得意犹未尽。短短的 40 分钟，我似乎从刘校长的课堂看到了她精彩的人生。

"经营快乐的人生，做幸福的教育"是每个做教师的人所追求的，也是很难实现的目标，可刘校长却做到了。虽然与刘校长共事的时间并不长，但我却被她开朗豁达的性格所感染，看到她和孩子们亲密无间，看到她充满激情的课堂教学，看到她在操场上徜徉时的翩翩起舞……她的快乐像涨满的春水，在校园中自然地流淌着。人们常说性格决定命运，正是这种快乐、豁达的性格才成就了她成功的教育事业。我被这种快乐深深吸引、深深感动的同时，我在思考，作为班主任，我带给孩子的影响又是什么呢？我想我也应该影响我的学生，帮助他们形成健康、乐观的性格。因为拥有了快乐就拥有了最珍贵的财富，这笔财富会让学生一生受用不尽。

课堂上，刘校长对学生的作文一一点评，从细小之处到谋篇构局，都是那样的细腻而准确。虽然课前没有准备，但她对随手抽到的作文都可以了如指掌，这是很不容易做到的。而每一句评语更像涓涓的细流，滋润着我和孩子们的心田。我看到了刘校长的文化内涵，看到了她的文化积淀。刘校长在教育和文化的主阵地上演绎着她精彩的人生。身为一名语文教师，我在对刘校长的才华羡慕不已的同时也感到很惭愧，新时代的教师不能只有一桶水，要有源源不断的活水，所以我也应该不断地读书、不断地积淀。只有这样我前行的脚步才能扎实；只有这样我才能演绎精彩的课堂，演绎精彩的人生。

刘杨杨
2014 年 11 月 12 日

听刘校长谈话之我感

李 茜

"醍醐灌顶""豁然开朗"这是听了您昨天下午的一番话后,第一时间涌现在我脑海中的两个词语。是的,您的话让我受益匪浅,这两个词语恰如其分地表达了我此时此刻的心情。我在迎秋里实验学校工作好几个年头了,在您手底下工作也已经有3年了。3年来,您的每一次讲话都给我留下了深刻的印象。这一次,您面对面与我促膝长谈,更让我感受到您作为长者对后辈的真切关爱。回到家中,我细细品味您的话语,领会到您对我的良苦用心。现将自己的心得体会汇报如下。

一、及时转变角色,高点站位

从前,我是英语组组长,只负责英语教学这一摊事情。今后,我要学会站位学校发展大局,通盘考虑,具备为领导分忧、为学校发展出力的大视野。平时工作中,我要低调行事,埋头苦干,坚持在您的引领下、同事们的支持下踏实干好本职工作。我年纪轻,凡事应该多承担,积极主动干活儿,为人要谦虚,要尊重领导和同事,学会与大家分工合作。

值得一提的是,您对我讲的有两点给我留下了深刻的印象,一是抓住教学主业不放松,二是团结同事不动摇。对前者,我将坚持自己的学科信念,加强学习,强化实践,不断探索教育教学的新方法新模式,努力提高教学水平。同时,发扬英语组"团结一致向前冲"的干劲儿,带领同事们共同进步,提高我校英语教学整体水平。对后者,我将努力团结同事,在了解每个同事脾气秉性的基础上,因人而异,知人善任,让英语组里的老中青教师拧成一股绳,把全部心思用在教学上,争取教学成绩再上一层楼。

二、敏于行而慎于言，做到"喜怒不形于色"，做一个讲原则、有修养、有胸怀的人

平时，我说话不太注意方式方法，遇到事情有时不够冷静。听了您的话后，我认真反思了自己在这方面的缺点和不足，遇事要稳字当头，力争稳中求进，克服冲动心理，踏实细致地把事情干好。我记得您讲的一句话特别好：由心情向心境转变。这是一种多么宽广豁达的胸襟与气度。要想实现这种转变，需要我在平日处理事情时有意识地锤炼自己的性格，培养良好的修养。

"对上要敬，对下要慈，对事要真，对人要诚。"这是您对我讲的另一句含义隽永的话。它讲的是如何处理各种人际关系以及如何做事。我想，这里面包含了深厚的儒家思想。无论《论语》《礼记》，还是《三字经》《千字文》，对于处理人际关系、做人做事的一些基本原则讲得很透彻。千百年来，人们也是在不知不觉中一直运用这些原则，来指导自己的工作、学习、交往。应该说，您这句话体现了儒家思想，是治世修身的好办法。我会铭记在心，踏实践行。这需要我坚持学习，不断充电，争取做到"一专多能"，胜任多个学科教学工作。

三、学会感恩，回报关心、支持自己的人

"机会偏爱有准备的头脑。"如果说，我的头脑中早有争取进步的准备，那么您以及所有关注支持我的人都是我的贵人。这其中最让我感恩的就是您。没有您的支持就没有我的今天，是您平日里一次次的点拨为我指引了努力的方向，是您一次次语重心长的谈话如甘露般滋润了我的心田。您的支持是我成长的不竭动力。

您告诉我不要忘记自己的家人。"如果有一天你成功了，一定不要忘记身后默默支持的家人，毕竟，这是一个女人的根、一个女人内心的眷恋和依靠。"您的话使我懂得家庭是事业成功的保障。

我想到哪里就写到哪里，字字句句都是我真实情感的表达。最后，我要向您——我心中可亲可敬的长者道声"谢谢"，您的教诲我不会忘记。就此收笔。

绿色戎装神飞扬，乐激长空奏铿锵

苏　芳　杨明洁

绿色戎装神飞扬，
乐激长空奏铿锵。
军校少年多豪迈，
迎秋辉煌谱篇章。

2017年区春运会上，我校军乐团全体成员在周海生老师的带领下激情演奏《走向复兴》《欢迎进行曲》曲目，充分展示了迎秋军乐团的风采！

绿色戎装是我跳动的心脏，
灵动音符在血液里流淌。
多少个暑去寒来，日月晨光，
操场上，苦训练，迎朝霞，送夕阳，不畏艰难，拼搏顽强。

把一腔对迎秋的热爱，
对军校的崇拜，
深深地融进这小小的号角，
奏响嘹亮雄厚的乐章，
走向一个又一个的辉煌。

每一次出现，
展示的是少年军校的英姿飒爽，
更是迎秋精神的斗志昂扬！

为了明天，我们志存高远；

为了迎秋，我们意志更坚；
我骄傲，我是军乐团的一员；
我自豪，我是迎秋的好少年。
为了迎秋的明天，
我们任重而道远。
今天，我们孜孜不倦，
明天，我们必手握万里乾坤，
舞动日月旋转。

与刘校长的第二次谈话

张 圆

4月25日下午,我们四个和刘校长进行了第二次谈话,两次谈话,我们都见识了刘校长的出口成章。如何才能练就张口就来的本事,我想这肯定和丰富的人生阅历以及多读书有关吧。

试想,在一个温暖的周末,在淡淡的花香中,在轻柔的音乐下,拿起一本书来读,该是多么惬意。可是,现在能够静下心来读几本好书的人越来越少了。单拿我来说,有时候我提醒自己,一定要静下心来读本书,但是真正到了看书的时候,却又被手机、同伴的呼唤所吸引。就这样,自己也没能真正静下心来读几本好书。现在想想,其实挺遗憾的。哈佛大学有这样一句校训:"当你觉得为时已晚的时候,恰恰就是最早的时候。"在以后的日子里,还是要尽量多读几本好书,我只敢说尽量。

这次,校长谈到了教师要热爱生活,只有当生活和教育融为一体时,我们的心灵和人性才能够更加丰满。记得之前看过一篇文章,叫作《我是教师,我拒绝》:我拒绝把我比作春蚕,我不要自己的生活浓缩成一个茧,我愿意在缤纷的世界中睁大双眼,伸展我所有的神经去触摸尘世的精彩与斑斓。

一个不热爱生活的教师,怎么会热爱学生?怎么会热爱自己的职业?教学是一件很平凡的事,但是能够把简单与平凡的事演绎成最美的诗歌的人是幸福的人,因为他在享受生活,享受自己创造的快乐。我们每天做的小事,看似不起眼,但是日积月累,便是一种庞然之美。只有脚踏实地,才不会后悔。

教师不要以为自己比学生年龄大好多,就忽视孩子的想法,孩子在很多情况下反而是老师的"老师"。在孩子周围生活,心态也会变得年轻许多。以平等的心态去看待孩子,会发现孩子世界中的纯洁和美好。然而在现实学校里,却处处是不平等的影子。为什么学生向老师借东西时,老师不是亲手递给他?为什么老师向学生借东西时,学生争先恐后地把自己的东西亲手递给老师?为什么师生相逢,总是学生先打招呼?为什么老师去家访时,学生总会第一时间搬来椅子；而学生去了老师办公室，却很少受到"请坐"的待遇？为什么学生违反了纪律被处分是"理所当然"，而老师犯了错误向大家承认便成了"道德高尚"？……有太多的"为什么"值得我们去反思。师生平等与否，往往通过一些细节能够表现出来，而且这些细节大多是不经意的。近来倡导的"蹲下来和孩子说话"并不是说肢体的蹲下，而是心灵的蹲下，教师要从心灵深处平视学生。作为肩负教育使命的教师，应该有一颗孩子般的童心，童心与童心的相遇，才是真正自然而然的平等。

最后我还是想回归到"感恩"这一话题。人要是没有了感恩之心就垮了。我们不谈感恩大自然、感恩社会，只谈把我们带到这个五彩世界的父母。如果我们连给我们生命的父母都不想去感恩的话，那便失去了根。一个失去了根的人即使再有成就，也是无情无义的、没有灵魂的。一个有感恩之心的人，总是会以积极的态度看待人或事物，对生命中出现的一切都会以热爱的态度去对待，从感恩之心出发的人怎会不做善意之举？当然，光老师有感恩之心还不够，还要把这感恩之心教给自己的学生，而不只是教给他们知识。爱因斯坦说过："如果一个人忘掉了他在学校学的每一样东西，那么，留下来的便是教育。"感恩并不是从教师苦口婆心的说教中得来的，而是从内化于学生的一个个小细节中得来的。当一个人离开了学校，他可能会忘掉所学的知识，但是决不会忘掉思考问题的思维能力，不会忘掉一直以感恩之心为出发点的思路，因为这已经深深地、潜移默化地内化在学生的心里了。常怀感恩之心的人，才是真正的人。

刘校长对我的建议是再踏实些。回想自己的学习，确实存在不踏实的现象，比如：一遇到比较难以理解的内容，就不求甚解，而让它悄悄地过去。但是，现在想想，我失去的也很多。我想过一种踏实、问心无愧的生活，所以，就从现在开始时刻提醒自己，不要畏难。人确实得脚踏实地、一步一步地走。投机取巧只能是一时得意，但是从长远来看，这样便丢失了那份奋斗过后的喜悦，而这份喜悦的体验，是不够踏实的人永远也体会不到的。有的时候过程比结果更重要，因为只有自己亲身经历了，感悟才能更深刻。

很感谢这次研习，让我有更多的机会和小学生接触；也感谢刘校长与我们的真诚谈话，让我对教师这一职业有了更深层次的认识。既然选择了教师这一职业，便只顾风雨兼程，我会坚定地走下去。

2017年5月4日

用我的爱写下诗行

王心忆

　　小时候的任性、倔强是对自由的渴望；长大后的彷徨，是对温暖的遥想。原来，记忆的来路，梦的归处，都是你的怀抱。孩提时，我追着太阳奔跑，就是风也想捧在手掌，你就在一旁静静地看着我在水中捞着月亮，默默地倾听着我对月光说话。我问您："嫦娥会孤单吗？"您说："让纸鹤飞到广寒宫去吧。"风儿吹拂过您的发梢，却不知时光已悄然流淌……

　　长大了，您告诉我，腹有诗书，气自芳华。无数个日日夜夜，您引领我闻着墨香，感受夜雨巴山西窗剪烛的无限思念，体味江州司马夜听琵琶的失意怅惘……您还告诉我：读万卷书，行万里路。您带着我走南闯北，领略壮美河山，见识华山的雄奇险拔，品味阿里山的清凉秀美。我曾在厦门大学前许下誓言，也曾在上海交大留下漫步的足迹……如今，我在知识的路途上追逐梦想，朝着自己的方向。夜晚的苦读，寒星做伴；暑热的奔跑，微风见证；恻隐，坚韧，宽容，冷静……种种您给予我的指引，都是我的精神财富，这些装点了我的青春，丰富了我的生命，而我却不知怎样报答。

　　这些年，您为我，倾尽风华；这些年，您为我，倾尽心血；您为我，放弃一年20万的薪水辞职回家……平日里为我洗衣做饭、端茶倒水、默默陪伴，这些都在我心里严严实实地存放着，在心间芬芳，在血液里流淌……

　　花开花落如行云流水，云卷云舒播撒此世光阴。红尘里，走过春夏秋冬，你我彼此相依，执手相握。您的指尖是我一生的温暖，您的目光是我心中的太阳。羔羊跪乳，乌鸦反哺，别让时光苍老了您的容颜，蹒跚了您的脚步，别让"子欲养而亲不待"的遗憾发生在你我身上。我站在时光的交接处，脚步南去人北望。耳畔蓦然响起那句唐诗"谁言寸草心，报得三春晖"，于是我用拳拳之心在三春之晖上写下诗行：萱草堂前千古事，云林深处寸草心。

　　刘清文校长点评：感恩教育让我遇见了如此感恩、如此温暖的孩子！母亲的手是摇动地球的手！不忘初心，砥砺奋进，书写成长的幸福乐章！许多人渴望奇迹与神话，但是需要从容、需要典雅，没有老师和家长的典雅，何来教育的高贵！阅读心忆小朋友新作，很自然地想起与她的母亲、她的老师交流互动的幸福时光。孝亲尊师，静水流深，以书为伴，幸福成长等教育思想与实践已经在滋养、浸润、丰满着心忆的心灵！文字所流淌的是对母亲爱的回流，是阅读思考旅行实践的智慧灵动！阅读此文让我拥有了更多的教育从容与自信，遇见心忆也成全了为师者的高贵与幸福！陪伴是最好的教育，阅读是最美的成长！我想阅读此文的家长、老师们最应该从心忆小朋友的美文中进行一次深度思考，我们应该给孩子一个怎样的育人文化场……而正在成长中的小朋友们更应该从心忆的作品中学会心存感恩，孝亲尊师，在书香中茁壮成长，成为最好的自己！

王心忆母亲致谢：心忆回来看了您写的点评，受宠若惊。对您，她满心敬仰，她说，您的讲话慷慨激昂，字字珠玑，直抵魂魄，催人奋进。毕业后，一定重返母校，再次聆听您的教诲，带着您的祝福，信心满满，再次启程！等心忆中考结束，一定请您给上一节课，一节升华人格的课。前路任重而道远，我们尚需努力，争取让心忆的求学之路如愿以偿。

2022 年 3 月

（教学生6年，为学生负责一辈子。）

"腹有诗书气自华"的老刘

五年级三班　张烁贤

"粗缯大布裹生涯，腹有诗书气自华"这句诗形容老刘可谓十分贴切，所谓"老刘"，不过是我们给刘校长起的外号而已。

乌黑的中长发，高挑的身材，瓜子脸，虽然脸上已经有一些皱纹，但是看起来还像一个大姐姐！那水汪汪的大眼睛上架着一副金丝边眼镜，显出一副饱读诗书的样子。

昨天，老刘突然"光临"我们班，弄得我们十分紧张。她笑眯眯地，进门第一句话就对我们说："同学们，'白日放歌须纵酒'——"

"青春作伴好还乡。"我们齐声回应校长。"好啊，看来你们的知识巩固得很好，"老刘露出慈祥的笑容，"再来，'青海长云暗雪山'——"

"孤城遥望玉门关。"又是齐刷刷地回应，仿佛在说："我们学得不赖吧。"

老刘对我们点了点头，肯定了我们的表现，接着又对我们说："我看你们都写了作文，不如就让我当一回语文老师点评一下吧。"说着，她就拿起一篇作文，给我们读了起来。

当老刘读到一半时，她对作文的主人说："你的作文写成这样，一分也得不着。"可当她读到末尾时，却满意地对他说："现在你的作文，打满分后我都要再给你加分。"因为那个同学把他作文中的人物戏称为"少爷"，惟妙惟肖，这让老刘眉开眼笑。随后，她把作文中提到的那个"少爷"叫了过来，给了他一个大大的拥抱，亲切地对他说："你进步了，从同学眼中的'少爷'，变为了一个真正的少年，我们为你骄傲。"

听到这句话，那位同学十分感动，而我们也看到老刘和蔼可亲的眼神正望着我们，仿佛在说："孩子们，加油！"

这就是我们的老刘，语言幽默而不乏诗意，为人严厉而又平易近人。您永远是我们可亲可敬的校长，我们爱您！

不一样的老刘同志

五年级三班　赵奕林

　　一阵阵清脆的歌声，一只只小鸟为她伴奏，美丽的校园里传出一阵阵美妙的旋律。

　　唱出这婉转的歌声的人，正是迎秋里校园中亲爱的刘清文校长，学生们都管她叫老刘。老刘热爱读书，在主席台上她出口成章，说出来的话如涓涓细流，又发人深省。

　　一个才华横溢的人必定自带文人光环。没错，她就是长着一张瓜子脸、拥有一双水汪汪的智慧的大眼睛、笑起来眉毛弯成了月牙的老刘。身为校长，她用知识浇灌每个孩子。

　　今天，一个平常而又熟悉的身影又来到我们阳光三班，当听到我们整齐地致以问候"校长好！"时，校长露出了一排洁白整齐的牙齿，热情地朝我们笑。我们也露出了阳光般的笑容回应校长。校长拿起书和我们背诵了一首描写战士报效国家，在战场上视死如归的边塞诗，并给我们讲了很多做人的道理。校长和我们讲了"要为中华之崛起而读书"的含义，又教我们唱热爱祖国的歌曲。这也让我们明白，要时刻为祖国奋斗，为国家富强而读书。校长又查看了我们的作业，知道杨同学交作业了，她高兴不已，笑得连眼角的皱纹都构成了新的组合，好像散发着灿烂的光芒。她不停地赞扬着杨同学的进步，杨同学的脸红得和苹果似的。老刘真是一位和蔼可亲的校长。

　　在我们上三年级的时候，校长的一次班级讲话，使我至今仍然难忘。

　　她向我们讲起了抗美援朝的故事，在听到校长讲到刘伯承被子弹射穿眼睛，却始终不肯用麻药时，我们和校长一样热泪盈眶。所以，后来我们在五年级学习《青山处处埋忠骨》这篇课文时，掌握得很快，我想对校长说一声"谢谢"！

　　我们都爱那个和别的校长不一样的老刘，她给了我们许多温暖和爱，把我们当作她自己的孩子一样，我们爱这样的校长！

豪华大别针

2018届毕业学生　田殊慈

生活，是用爱积累的，无时不让人感动。虽然有时感动的泪水流不出来，但它会永远地藏在心底，让人难以忘怀。

记得那是一个阴沉的下午，课间时我正在翻书做作业，同桌要进到里面的座位上，于是，我用手搬起椅子，向前移动。哎哟！我暗叫一声，感觉不妙，疼痛感一阵阵传来，原来是一根木刺扎进了手指头，我不由皱紧眉头。同学张璧尔见我神态异常，急忙问我怎么了，我伸出手说："扎了一根刺。"她二话不说，拉着我就向医务室跑。我们下楼，穿过大半个操场，她的前额上渗出了细密的汗水，好不容易到了医务室，一敲门，回应我们的只有耳边的风声。

我们又一路小跑折了回来，上三楼路过校长办公室时正巧上课铃声响了。刘校长见我们行色匆匆，就不解地问道："你们俩怎么还不上课呀？"我们相互看了看，说："手上扎刺了，去医务室了，但是没人。"校长一听，赶忙说道："让我看看。"我小心翼翼地伸出手，给校长看，校长无奈地摇了摇头，将我拉进她的办公室。她环顾一下四周，忽然，她俏皮地笑了笑，只见她从衣服上取下一枚豪华大别针，我立刻吃了一惊。接着，她小心翼翼地捧着我的手，双眼专注又饱含柔情地盯着我的指尖，她用针头轻轻一挑，一拨，吹了又吹，木刺不见了。"怎么样，我技术还可以吧？"校长用幽默风趣还带着一丝小骄傲的语气说。没想到平日雷厉风行的校长还有如此温柔、童真的一面！然后她用温暖的大手摸了摸我的头："没事了啊。"说完对我露出一个甜美的微笑，这微笑就像一束阳光洒向我的心田。

每当我想起刘校长的豪华大别针，校长那和蔼可亲、诙谐可爱的面容就会浮现在我的脑海里。想起同学的关心、校长的关爱，我感动的泪水就在心中流淌。记忆中的那枚豪华大别针也散发出耀眼的光芒，激励我不断前行。从那一刻起，我知道，在这个世界上还有许多关心我、爱我的人，我一定不能辜负他们给我的无价、珍贵的爱。

迷之崇拜

邓美朵

当悠扬、动听的音乐再次回荡在空旷的校园里时，我和弟弟相视一笑，冲下楼去，驻足观看教师们精彩的表演。就在去年，这个节目——《逐梦海港》在演出时获得了一致好评！这不，老师们又在练习了，准备再一次大展风采。

我和其他伙伴站成一排，也照猫画虎，有模有样地学着老师们的动作，放开嗓子尽情演唱。站在前面的校长看到了，探头仔细听着从我们嘴里冒出的稚嫩的声音，连连点头，我唱得更起劲了。

一曲终了，老师们各自回办公室收拾东西准备下班回家了，唯独校长在那里细细品味刚才的歌曲。她突然转过身来，对着我们一笑，小声说："来，跟我去领苹果。超级美味，别人不给他！"我们表面严肃庄重地道谢，其实内心里一边偷乐一边想着回去怎么炫耀！校长虽然不是年轻人，却身手敏捷，健步如飞，一步两个台阶，我和伙伴们一边喘着粗气，一边拼命追赶。终于，校长把我们带进她的办公室，熟练地从桌上的袋子里拿出苹果分给我们每人一个。我们鞠躬道谢，校长的眼睛笑成了一弯月牙。"咳，咳"，校长清清嗓子，眉毛皱了皱，严肃地说："记住，三生万物，百果不如苹果。"语气庄重，语调上扬，郑重其事，可她的眼睛却出卖了她。果不其然，校长马上"噗"的一声笑了出来："你们回去吧！记住我刚才的话！"然后偷笑着坐到椅子上。弟弟一脸发呆："苹果是百果之王？"我不搭理他，心里回想着刚才发生的一切。咔嚓一口，一股香甜的汁水涌进我的喉咙——校长送的苹果就是甜！

每天早上，我们都会在操场上见到校长锻炼的身影，大长腿"唰"地抬起，每一下都高过头顶。她还有一个独门绝技——拿大顶，虽然我从未真正见识过，但这早已被哥哥姐姐们津津乐道，成为校园奇闻。

每时每刻，校长都很开心，她把快乐魔法般地传给了我们每一个人，我对校长真是迷之崇拜呀！

我的双重校长

五年级三班　张梓轩

五年前,我带着一脸稚气走进了这所美丽的校园,第一次见到了我们的刘校长,那时刘校长就跟我们讲"要养成爱读书的好习惯,饭可以一顿不吃,觉可以一夜不睡,书不可一日不读"。

我们的校长是一位严肃认真的校长。每次校会的主席台上,我都能看到穿着笔挺军装、站着标准军姿、英姿飒爽的她。她身体的每一个细胞都散发着现代军人威仪的气息。

我们的校长是一位慈祥的校长。课间休息时,在操场上、教室的走廊里随处都可能看到我们校长的身影,她看着我们玩耍打闹、奔跑嬉戏,脸上永远是那种和蔼可亲的笑容,让我们不由自主地想与她亲近。

今天,校长走进了我们五年级三班的课堂,生动形象地给我们讲了《水浒传》的故事,她那声情并茂的演讲,使我们仿佛已经置身于八百里水泊梁山,我们就是那108名好汉,我们时而激动地鼓掌、时而大声地回应。

古人言:"校者,长者也。"是啊,校长就是引领我们学习和生活方向的人,她用她那渊博的知识、丰富的阅历帮助我们找到了学习的乐趣、生活的真谛,让我们轻松学习、快乐生活。

她曾不止一次地对我们说"唯有跑步和读书不可辜负",每天风雨无阻地带着我们上课间操,我们往返跑,她也不厌其烦地跟着跑。如果说校长是一棵大树,那我们就是树上的叶子,她把我们送到枝头,让我们吸收阳光雨露,茁壮成长。她把知识传授给了我们,把希望赋予了我们。在她的鼓励和陪伴下,我们学会了感恩、懂得了包容,我们永远爱我们的刘校长。

幸福校园

四年级一班　邓美朵

我和朋友呆呆地站着、看着，三楼的走廊从人声喧闹到空无一人。

突然，一滴在额头上凝聚而成的汗珠从眼前划过，打破了沉默。就在20分钟前，走廊还是像现在这样平静，只不过，现在多了几分紧张和悲伤。

20分钟前上课铃刚刚响起，嬉笑声便戛然而止，取而代之的是琅琅书声。我和王紫赢准备在这节科任课去德育处登录班级评分，于是我们准时走在了楼道上，一切都平常依旧。

可是，我们的眼帘中映入了无比可怕的一幕，这一幕我从未见过，现在想来依然惊魂未定。一位老师僵直地躺在了走廊正中，面色惨白如纸，双目紧闭，似乎已经完全晕过去了，她的手旁边有一本掉落的书——《军旗下的少年》。这一幕定格在我脑海中。我的大脑"轰"的一声，心中只留下两个字：救人！我心急火燎地冲到离我最近的办公室内，连"报告"都来不及说，语无伦次地喊了出来："有……有老师晕倒了！"

消息传开，办公室的老师听了，都二话不说地奔了出去。德育处的两个主任反应之快同样使我震惊，她们起身就冲了出去，让我想到了脱缰的野马，虽然这样形容不太妥帖，可她们的行动就是这样，即便是穿着高跟鞋，即便是平时温文尔雅，此时却是风驰电掣般呼啸而过，全然不顾自己的形象。刘校长也风风火火地赶到了现场，急忙蹲下来检查，呼唤着那位老师的名字，她额头渗出汗珠，卷曲有弹性的头发紧紧地贴着她的脖根。校长平日里细细的眉毛打成了一个结，声音中透着焦急："快拨打120！再来一个人去找校医，把学生们疏散开……"救援正有条不紊地进行着。当我跑到校医室，早已大汗淋漓，双腿发软。校医了解了情况，也急匆匆赶往现场。平时校医总是慢条斯理，说话的腔调就像唱小曲儿，可现在的她速度竟然超过了我这个百米冠军！我紧随其后。温海涛老师在操场上见到我们如此着急，急忙扯着嗓子大声询问："有事吗？我能帮上忙吗？"朱校医一刻不停，表示没有太大事，就继续径直往楼里跑。虽然温老师没有帮上忙,但在这对话中,我听出了家人般的关爱与温暖。

朱校医已经开始为晕倒在地的老师检查情况,救护车也驶入了校园,穿着白大褂的医生把那位老师抬走了。我和同学已经帮不上忙了,于是我们回到教室里,但心里却十分挂念,希望那位老师平安无事。

在踏入班级大门的那一刻,我突然意识到生活在这样的学校里,好幸福……

阳 光 校 长

五年级三班　李奕辰

"丁零零……"上课了，同学们还没从下课的兴奋劲中缓过神儿来，教室外突然响起了熟悉而又亲切的声音："孩子们，我来了！"话音未落，一个人迈着轻盈的步伐，健步如飞地走进了教室。只见来人身着一身红衣，金丝钻石框眼镜下的那双会说话的眼睛笑眯眯地望着我们，那目光如同那峨眉山脚下湖中倒映的月亮，在黑夜中闪闪发光。她便是我们敬爱的阳光校长——老刘。

老刘翘了个"兰花指"，随手拿起一本语文书，装模作样地清清嗓子，说："同学们，请大家背诵一下《秋夜将晓出篱门迎凉有感》，我要检查一下你们的记忆力，确保不会像我一样，总是什么事都忘。"同学们都笑了出来，费了九牛二虎之力才把笑硬生生地吞进自己的肚子里，强忍着笑背完了诗。老刘又说："这首诗的题目把时间和地点都说明了，这个老陆，生怕我们不明白，非得一股脑儿地全部写上，题目叫'迎凉有感'也行啊！我们从'篱门'还可以看出，陆游还挺有钱，家里还有小花园呢！"同学们再也忍不住了，爆发出一阵阵大笑，有的同学笑得差点儿从椅子上摔下来。

老刘继续说："我这个'不速之客'来得正好，赶上你们的作文课了！让我看看……"校长恰巧拿起了我的作文，认真地看起来，我内心十分紧张，要是校长觉得我的作文写得不是特别好，怎么办？校长会不会批评我？我心跳加快，仿佛有一只鹿在乱蹦乱跳。"呦，'聪明'的小杨同学，是谁啊？"校长想认识一下我笔下的"小杨"同学。"他——"同学们齐声喊道，目光齐刷刷地看向了小杨同学。"小杨同学，我看你比较瘦，平时一定要加强锻炼啊！"小杨同学连连点头，不好意思地低下了头。校长又转向我们，意味深长地说："孩子们，人生有三力，分别是智力、毅力、体力。督促自己加强锻炼，唯有跑步和读书不可辜负！"校长笑眯眯地对我说："作文的情节不能太平淡，要有一些转折，你应该把转折的地方写得更加有吸引力，更加生动。我建议你修改一下。人物的这个描写啊，想要突出性格特点倒也不难，难的是如何鲜明地将人物的语言和动作写出来。"老刘说道。我拼命地点头，暗自下定决心放学后一定按校长的思路认真修改我的习作。"小杨同学，你今天表现不错，我要送你一个礼物——擦黑板！"教室瞬间充满了善意的笑声。而小杨同学则无奈而又认真地去擦黑板。

  一棵劲草是荒原上生命绽放的阳光，清洌芬芳的花蕾是划开清晨的阳光，刘校长是我们学校每一位师生的阳光，她把自己奉献给我们美丽的学校……她那幽默乐观的外表下是对学生们满满的爱与关怀。遇到您，我们感到每天的天空是那么的蔚蓝，大地是那么的纯净，在学校的时光是那么的美好，我们是多么的幸福和快乐！感恩生命中的遇见，我们最好的朋友——阳光校长。

"感恩号"出师表

六年级三班　蔡沐潮

丙申年（2016年），腊月之中，吾在校受王锐老师——孝之教诲，心受熏陶，将孝之情铭于心。后有感而发一出师表，以此为上，将其孝长之情永铭于心也。以此为奋进心灯，以孝当先，今后必以努力使诺为现实也。

今乃和平盛世，国已繁荣昌盛，无须以为国捐躯之志表爱国之心。今若有志，努力学习后必栋梁也。也必步步好，古之孝也，不可忘矣！

何为孝？孝乃国五千年之文化之粹，又乃先人之无上美德，不可忘矣！孝非天际之德，而乃随处之情。既为男儿，必行孝也。

今欲将孝铭于心中，以此为始。虽无"感恩号"之震撼，但可有一茶、一箸之美德，即为孝矣！今以"感恩号"为起，孝父母，敬师长，以中华之德为傲也！

吾生甚短，何不即去？不使"子欲养而亲不待"为自之经历。生如蜉蝣于天地，孝如驴之于孝情，既有，必是感人之情也。

今欲以二零一六之腊月为初，以"感恩号"为荣，走好自之孝路也。脚踏实地，每日如此，即为孝；"父母呼，应勿缓"，以长为上，吾为下，即为孝矣！吾必以长为上，以校为荣，以师为圣，此是否为尽孝也？言必信，行必果，即可以千年之孝心为自之回报之情也，孝为先，余为下，此回报之情必传与千家万户，国之昌盛，必在眼前矣！

2016 年 11 月

（学校诚请中国十大孝子王锐来学校演讲，孩子们听后写了感言，蔡沐潮同学以文言文的形式创作此文，登在校报上。）

母 校 情

六年级五班　周亚宁

是梦总要醒的,
是花总要谢的,
是云总要散的,
在无数的消失中,
六年的时光走了,
留下了我的母校情……

还记得懵懂的我是怎样睁着渴望知识的双眼站在校门口,
更记得我是如何在知识的雨露滋润下逐渐成长为一个阳光女孩,
我感恩老师赐予我知识,
感谢母校带给我欢乐。
六年,
我收获了多少成功的喜悦,
流下了多少激动的泪水!
回忆六年时光,
似乎又看到了我刚入学时的懵懂,
眺望日后光阴,
仿佛朦胧地看到了自己的未来。

花草这个特别的时间表,
在默默里送走了春去秋来。
但是,那一段段美好的回忆,
一位位可敬的师长,
一直在我脑海中回荡,

母校啊，我怎舍与你离别！

如今，
沉默不语的我站在校门口，
泪水早已模糊了双眼，
留恋地回头张望，
恰看到母校上空飘扬着的五星红旗，
她，又勾起了我的思绪。
记得儿时的我是怎样期待亲手升起国旗，
又难忘我第一次抚摸国旗时的敬仰。
如今将要离别，
国旗啊，
请在母校上空撒下我最诚挚的呼唤：
母校，您的孩子会永远记住您！
就要踏出这亲爱的校园了，
就要踏入中学的大门了，
我多想再重温这段时光，
但前方，却已经响起召唤的歌……

我不会忘怀老师的谆谆教导，
更不会忘怀"明德、尚美、乐学、书韵、仁爱、阳光"的激励，
亲爱的母校啊，
您的学生会永远记住您！
相信我吧，
我会用您赐予的双翅，搏击长空，
在广袤的蓝天中奋力翱翔！

2011 年 10 月

（这是秦皇岛市海港区迎宾路小学周亚宁的作品，每到教师节，这个孩子的父亲都会以特别的方式祝校长节日快乐。）

难忘的校会

四年级三班　周梦圆

今天,发生了一件令我激动的事情——校长邀请我去直播室录制校会。校会是每个同学都向往参加的活动,电视可以将现场的情景转播到每个班级,让全校的师生都能够认识你,这对所有同学来说都是至高无上的荣誉。

当看到校长与苏老师出现在教室门口,并告诉我要邀请我去录制校会时,我简直不敢相信这是真的。每当开校会时,我都十分羡慕那些被邀请的同学,总希望自己也能去参加校会,没想到这一天真的来了。直到走进直播室,我的步子都是轻飘飘的。

进了直播室,校会马上就开始了。校长首先从遵规守纪方面讲起,然后讲了安全,讲了做好事让红领巾更加鲜艳,讲了爱护学校公物与爱惜书本,讲了懂礼貌、尊重老师。最后,校长带我们重温了一句她常提起的格言:"唯有跑步和读书不可辜负。"跑步可以强健体魄,而读书可以增长知识,这句话正是实现身体好、学习棒的所在之处。

听了校长的讲话,我从细节之处更加深入地了解了校长。她对学生的关爱是那么无微不至,在安全方面为我们考虑得那么细致,那么全面,为我们细细总结成功的秘诀,教导我们怎样做个正直的人……

这次校会让我收获了很多,我要把这些收获运用到生活中去,做个孝亲尊师、遵纪守法、行为端正的少先队员。

("小军号"电视台是刘清文校长的大讲台,更是全校师生的"CCTV",十几年来,小小的电视台筑就了万千学子的伟大梦想。)

师　　恩

淅沥沥的小雨，
打开了秋天的大门。
水彩画一般的秋，
带来了第二十四个教师节。

我仍在孩童时，
就听爸爸说您是神圣的。
当时我还不懂神圣的含义，
只是嚷着让妈妈给我讲有趣的故事。

直到我步入了知识的殿堂，
直到老师教会了我们这个生词，
我才能把它与您联系起来。

是啊！
在这秋高气爽的季节。
您是大地，
张开温暖的怀抱，
让我们这些树叶融入泥土这个大家庭里；
您是太阳，
努力温暖着我们这些还未变得火红的枫叶；
您是蓝天，
努力为我们这些还未变为雨丝的白云展出一片自由的天空；
您是微风，
将落地的树叶重新带到空中；
您是果农，
为我们这些还未成熟的水果付出辛勤的劳动……

在知识的海洋里，
您为我们导航，
带我们驶向成功的彼岸；
在知识的海洋里，
您为我们加油打气，
引领我们渡过难关；
在知识的海洋里，
您带我们遨游，
让我们沉浸在学习的快乐之中。

校长，
您像辛勤的园丁，
无私奉献、默默无闻；
您像航海中的水手，
饱经风霜、奋力前行。

您孜孜不倦地教诲，
培养出了一代代的优秀学子。
您丰富的学识，
将我们从无知带到了成熟。
您对我们无微不至的关怀，
使我们学会感恩。

校长，
您是我生命中的航标，
您是驱动我前进的微风。
我将您的教诲记在心间，
以报答您对我的师恩。

（这首诗是2018届毕业班学生送给校长的特别礼物。）

我们的校长像妈妈

六年级七班　郑　睿

　　曹文轩的小说里有一位和蔼可亲的老校长,而我的校长却是一位"腹有诗书气自华"的巾帼。她和我同一年进入迎秋小学,现在我已经是六年级的学生了。她长着一对会笑的眼睛,无论站在高大庄严的主席台上,还是走进宽敞明亮的教室,她的眼睛里始终荡漾着赞许和欣赏的微笑,好像在说:"你们真棒!"有时,她笑得很开心,就会露出两排整齐如珠玉般的牙齿,好看得像妈妈。

　　校长身上有一种神奇的魔力,接近她,就会感觉到朝气蓬勃和积极向上,她像太阳,走到哪里,哪里就有一片阳光。有一次,我们班正在开元旦联欢会,校长迈着轻盈的脚步走进来,我们的目光一下齐刷刷地投向校长。哇,校长今天穿了一件红色羊绒外套、黑色羊绒裙,秀雅中透着喜气。她清清嗓子说:"我来给你们送个节目,祝七班的全体老师和孩子们新年进步!"我们禁不住鼓起掌来。当主持人的我悄悄问校长:"用麦克风吗?"校长夸张地说:"我的嗓音还用麦克风吗?"我不好意思地吐了吐舌头。校长翘起兰花指,摆了个俏皮的开场姿势,就唱起歌来:"百灵鸟从蓝天飞过,我爱你中国……"我们惊呆了,校长的嗓音竟然这样好听,高亢嘹亮,是标准的女高音呀!校长边唱边跟我们握手,就像明星和粉丝握手一样,唱到兴起处,眼睛弯成了两道月牙,还把歌词改成了"我爱你孩子们"。我们的掌声、笑声和着校长的歌声在教室此起彼伏。

　　还有一次,校长走进我们的课堂,她即兴在黑板上写下一个"爱"字,告诉我们"爱"字当中有个心,要我们用心去爱,才是真正的爱。

　　校长对自己的工作充满热情,爱老师,更爱我们。这6年时间,我们的校园变成了七彩校园,因为我们有一位好校长,她就像妈妈!

　　（此文是郑睿六年级时的一篇周论。）

校长来到我们班

六年级一班　胡锦烨

今天，校长来到我们班与我们进行了一节课时间的交谈。校长给我们讲了很多发生在同学们身上的事情，其中给我留下印象最深的是李依阳的孝。

有一次，李依阳与她的妈妈一起去洗澡，因为天气很冷，刚洗完出来时令人感觉十分寒冷。洗澡比妈妈快的李依阳先出来了，在擦干自己的身体后，她没有只顾自己坐在一边，而是拿了一条浴巾，像卫士一样站在门口，等着妈妈出来。等到妈妈出来后，她迅速地把浴巾披在了妈妈身上，并用毛巾很快地帮妈妈擦干了她身上的水。

校长说："这看起来只是一件十分普通的事，也许这只是一件大家都能做到的事，但能想到又去做的人却少之又少。李依阳同学能想到、做到，说明她是一名知道感恩、有孝心的同学，大家都要向她学习！"校长说完，教室里响起了雷鸣般的掌声。

校长今天说的事，使我打心眼里佩服李依阳同学。我不单单明白了"孝"这个字的含义，更加明白了真正的孝是在生活中通过点点滴滴的小事体现出来的。我要把这种孝心通过自身的行动表达出来，让亲人感受到温暖、感受到爱。

2016 年 12 月 1 日

（胡锦烨，2017 届毕业生，敦品厚学，学校国旗班班长。）

演播室的故事

六年级七班　张曦元

人于起起落落中前行，总会收获各种各样的心情。有毛主席翻越雪山后"更喜岷山千里雪，三军过后尽开颜"的豪迈；也有王维重阳登高时"独在异乡为异客，每逢佳节倍思亲"的哀愁；有元稹痛失亲人后"曾经沧海难为水，除却巫山不是云"的感叹；也有白居易怀才不遇时"弦弦掩抑声声思，似诉平生不得志"的沮丧。而我却有着孟郊金榜题名时"春风得意马蹄疾，一日看尽长安花"的欢喜。

记得那是一个骄阳似火的夏日。中午放学的时候，太阳像一个大火球炙烤着大地，柏油路面似乎已被烤化。树上的知了也在声嘶力竭地吼着，让所有人觉得它是那样的烦躁。突然一个同学叫住了我："张曦元，李老师让你马上到她的办公室去一下，很着急的样子，你快去吧！"我心下一惊，顿时慌乱起来：今天上午我也没犯什么错误呀？老师找我做什么？难道我又闯了什么祸……我怀着忐忑的心情走进了李老师的办公室。看着李老师一向严肃的脸，我的心更加忐忑了。我想：坏了！我一定犯了很严重的错误吧！但是，我想错了，李老师告诉我一个天大的好消息。原来刘校长邀请我今天下午去学校的"小军号"电视台录节目，这是多让人羡慕的事呀！听完后，我心里的石头终于落地了，兴奋地一蹦三尺高。天啊！真的吗？我没听错吧？我要上电视了！

中午回家，我狼吞虎咽地吃完午饭，仔仔细细地整理好下午的用品，就开始盼望着上学的时间快点到。盼望中，时间还是一秒一秒地过，显得这个中午是那么漫长。等待，等待，终于可以去上学了，我的心兴奋起来。

我坐在爸爸的电动车上，心情格外好。我看到路边跳广场舞的老年人扭得那么欢快，看到急急忙忙去上班的中年人走得那么轻快，看到那些背着书包、手拉手三五成群去上学的小朋友们跳得那么愉快。啊，一想到下午的活动，我就兴奋得不得了。抬头望望天空，今天的天空格外蓝，阳光也变得那样温暖而美好，树上知了的叫声不再像噪音，而是像知道了今天我要上电视，特地为我高唱祝贺。

　　我冲进校门，用最快的速度，箭一般地掠过操场，只听见风在耳边呼啸而过，飞上楼梯，停在演播室的门口。我小心翼翼地走进演播室，刚才的那股兴奋劲儿顿时飞到九霄云外，取而代之的是无边的紧张。我是第一次上电视，可千万别出错啊！我的心七上八下好像要从喉咙里跳出来了。这时刘校长进来了。看着她从容的步伐，挺拔的身姿，还有那和蔼的笑容，我的心渐渐地平静了下来。看着身边的同学一个接一个地被请到台上，我的心不禁又微微颤抖起来。天啊，终于轮到我了。这时，我脑子里一片空白地向刘校长走去。刘校长接过我的书，放在讲桌上，伸出手把我揽在怀里。这时，我感到校长的手充满了魔法，一股神秘的力量从校长的手中传递给了我，原来的紧张恐惧全都化为浮云飘走了。在刘校长的鼓励下，我在全校师生面前从容地介绍了自己，以及自己喜欢看的书。这肯定是刘校长那充满魔法的坚定笑容让我无所畏惧了。

　　直播结束后，刘校长还拉着我的手，要我与她合影，鼓励我以后还要更加努力，多读书、读好书。她还悄悄地趴在我的耳边说："嗨，小丫头，我要告诉你一个秘密，你知道我最喜欢你哪一点吗？我呀，最喜欢你身上的那股书卷气……"听了刘校长的话，我像打了兴奋剂一样，浑身充满了能量，也趴在刘校长的耳边悄悄地说："我也要告诉您一个秘密，您知道我最喜欢您哪一点吗？我最喜欢的就是您那充满魔法的笑脸。看到您的笑脸，我就变得无所畏惧了。还记得您经常挂在嘴边的那句话吗？'唯有运动与读书不可辜负'……"

　　我至今也忘不了那次上电视的经历，也忘不了刘校长告诉我的那个秘密。现在的我只要想到那张充满魔法的笑脸，浑身上下就装满了能量，我会在刘校长的鼓励下，继续前行。我盼望着，盼望着再次走进那间充满魔法的演播室。

　　（最是书香能致远，张曦元是刘清文校长所带的第一届学生张春阳的女儿。受启蒙老师的影响，张春阳长大后也做了教育工作，现任第八中学副校长。一家人把读书当成了生活的一部分，张曦元的阅读量已超过普通中学生的水平。）

一次难忘的成长

五年级二班　王力嘉

　　昨日的细雨，润物无声；今天的阳光，格外明媚。上午第四节课，伴随着美妙的上课铃声，阳光校长再一次来到了我们五年级二班，与同学们一起度过了难忘的40分钟。

　　校长首先给大家讲了于才峻同学发现北三楼护栏晃动后及时汇报的事情经过，教育同学们要像于才峻一样善于发现安全隐患，发现险情及时汇报，还与于才峻亲切握手，对他的行为表示赞赏。

　　校长接着讲了胡锦烨带伤坚持训练的故事，教育同学们作为迎秋少年军校的学员，要做到"流血流汗不流泪，掉皮掉肉不掉队"，要做一个有担当的人。表扬过后，校长让我们仔细思考，用3个词来形容自己。同学们纷纷举手，踊跃发言，"淘气、开朗、阳光、善良、智慧……"听着同学们的发言，我想：怎样介绍我自己才能与众不同，让大家耳目一新呢？正想着，校长说："我想听听王力嘉的发言。"突然，灵光一闪，有了，可以用3个四字词语来介绍我自己呀！我于是站了起来，自信地大声说："我是王力嘉，我天天向上，我勇往直前，我帅气无比。"话音刚落，同学们竟然哈哈大笑，可能是因为我太自信了吧！校长却没有笑，而是把我叫到她面前，对我以前的成绩给予了肯定，还送我一句话："优秀是一种习惯！"这更增强了我的自信。我一定不辜负校长的期望，继续努力做最好的自己。

　　今天，这堂语文课真是令人难忘，不仅因为我受到了表扬，更让我懂得了要发现，要担当，要自信……短短的一堂课，让我成长了许多！

　　（王力嘉，2017届毕业生，学校军乐团指挥，品学兼优、阳光向上，未来可期。）

争做新时代好少年

邓美朵

5月，是一个温暖的月份；5月，是一个收获知识的月份。在5月13日，我学习到了勇气、负责、担当和爱国。

5月13日的早上，我接到魏老师的通知，校长邀请我于第三节课去"小军号"电视台做客。第三节课时，我如约而去。校长正襟危坐，清了清嗓子，直播开始了。

刘校长给我们讲了两个小英雄的故事，使我受益匪浅。第一个故事，主人公是小英雄海娃。海娃在送一封十万火急的鸡毛信时，被一群日本鬼子发现了，机智的他把鸡毛信藏在一只老羊身上，服服帖帖地跟着鬼子。等到第二天，鬼子命令海娃带路，海娃成功地甩开鬼子，平安地把信送到了八路军手中。第二个故事关于放牛娃王二小。一天早上，王小二在山头放哨。突然，他被鬼子发现了，于是王二小便成为鬼子的向导。没想到王二小竟然带着鬼子进入了八路军的包围圈，敌人虽然被消灭了，可王二小也英勇牺牲了。从这两个感人的故事中，我学习到了海娃的聪明、勇敢和王二小的英勇、不怕牺牲，也学会了爱父母、爱人民、爱祖国！

校长还激情澎湃地介绍了"衍"字，介绍了夏衍老爷爷。这位老爷爷是著名的作家，90多岁了，身体依然很健康。可是，有一次他得了一场大病，连呼吸都很困难。当他生命垂危时，病房里所有人都大声喊："叫大夫！叫大夫！"这时，夏衍老爷爷用尽最后的力气，说出了他人生中的最后一句话："不能'叫'！要'请'！"这位老爷爷的故事深深感动了我。是一个什么样的人，在生命最后一刻还把尊重他人看得如此重要？我从《画说汉字》中知晓，"衍"字本义是川流不息，引申义为延展、扩展。我想夏衍的精神会繁衍、传递给身边无数的人！

校长又告诉我们一个人要拥有仨本事：一是好好说话；二是好好做事；三是好好做人。然后，校长让我走到讲台前。我向大家介绍了我手中的《中国航天员》《中国女排》《城南旧事》这三本书。校长还声情并茂地朗读了我写的诗中的一段。我很自豪，唯有多读书、勤学习才能不愧对父母和师长的殷切期望。

　　校长又请出了其他三位同学，他们为校园环境、班级环境作出了贡献。其中最让我感动的是邱睿同学的行为。邱睿正要参加紧急训练时，看到一位小同学的奶箱掉到了地上，于是，他顾不上训练，帮助小同学把奶箱送到了教室。从他身上，我学会了助人为乐。

　　随后，刘校长又陆续请出了郭子瑶、杜卓谦等同学，我从他们的身上学到了自信、自强、善良、阳光。

　　最后，校长为我们定下目标："我们要学党史、悟思想、办实事、开新局。流血流汗不流泪，掉皮掉肉不掉队！"校会圆满结束，但校会传递的精神留在了我们每一个人的心中。校长的谆谆教诲我也会铭记于心！

2021 年 5 月 14 日

我自豪——我是军乐团的一员

五年级八班　肖若萌

伴随着春天的脚步，在市第十五中学迎来了春季运动会的开幕。

各代表队、仪仗队依次入场：花束队、彩旗队、国旗班、军乐团……当然，最夺人眼球的还要属我们军乐团，因为是我们吹响了区运动会上的最强音！

我为我是军乐团的一员感到无比的骄傲与自豪！

鼓号喧天。每一个音符都能让人感到震撼，因为，每一个音符里都能感受出平日里辛苦训练的不易，更能感受到军乐团辅导老师和小乐手们的那一份对待任务的执着与专注。而执着与专注里更体现着迎秋人的精神品质。正因如此，才成就了开幕式上的最强音！

我想除了这个原因，还要感谢军乐团辅导老师周海生老师，是周老师教会我们吹奏一种乐器，而更重要的是我们不仅学会了一种乐器，而且懂得了一种精神！这种精神是从军乐团里发出的，是从周老师身上发出的。我们深受这种精神的感染！正是因为这份感染才让我们成为一名名优秀的军乐团乐手。

除了吹响最强音的军乐团，各路方阵里，迎秋里的小军人方阵也十分出彩。

小军人方阵的每一个动作都显示出他们平日里付出的汗水和努力，这是让人感到自豪的！这不仅体现出迎秋人的难得品质，更体现出迎秋里实验学校的吃苦耐劳精神。

各路方阵入场完毕。

下面，进行升国旗环节。

望着冉冉升起的五星红旗，我作为军乐团的一员，心中涌现出无限的遐想，我们是祖国的未来，是社会的未来，是世界的未来。今天的军乐团演奏，只是一个小小的考验，考验我们如何战胜困难、克服困难，为大家奏出最惊人的乐章！

我想，有今天的考验便会有明天的未来！我有感而发，觉得以后无论做人做事，都要传承迎秋人吃苦耐劳的精神，从真正意义上的懂得并且实现我们的校训："胸怀祖国，放眼世界！"今天我们走完的是开幕式，明天我们将要走向成功的路！一路上肯定会有很多的挑战也会有很多的艰辛，而我们都要像今天一样，以百分之百的精神、百分之百的专注和百分之百的认真赢得大家的赞扬。

今天，我以迎秋为傲；明天，迎秋以我为傲！此后，我会努力学习进取，从而实现"胸怀祖国，放眼世界"的伟大理想。所以，从现在起努力吧！

2017 年 4 月 7 日晚

感恩母校　扬帆起航

尊敬的老师、亲爱的同学们：

大家好！我是六年级三班的张宛琳，今天，我很荣幸地站在这里，代表迎秋里实验学校2015届毕业生在毕业典礼上发言。

首先，请允许我代表全体同学向6年来辛勤培育我们的母校，向无私耕耘、诲人不倦的恩师们表示最衷心的感谢！谢谢你们，辛苦了！（鞠躬）

在我脑海里，踏入迎秋里实验学校的第一天恍若昨日：儒雅的刘校长亲自在校门口迎接我们，和蔼的老师牵着我们稚嫩的小手走进教室，教我们在作业本上一笔一画地写下自己的名字。

时光荏苒，转眼间我们就将毕业离开母校，踏上新的学习征程。6年的时光，这匆匆而过的2000多个日夜，它带走了我们的童年，却带不走我们难忘的回忆。学校里宽敞的塑胶操场、庄严的教学楼、整洁安静的图书馆、翠绿挺拔的竹林和高大繁茂的玉兰树，这学校的一草一木都令我难忘。犹记得，军训时的苦中作乐、运动场上的挥汗如雨、远足时的灿烂笑容；更难忘，校领导的亲切关怀、平易近人；老师们的和蔼博学、修身敬业；校医阿姨、保安叔叔们的坚守岗位，为我们的安全保驾护航。

人生海海，白驹过隙，人的一生又有多少个风华正茂的6年呢？正是老师们的无私奉献，用自己宝贵的青春见证了我们的成长。"桃李不言，下自成蹊。"6年来，老师们不仅教会了我们书本上的知识，更用自己对教育事业的忠诚和执着的敬业精神教会了我们如何做人，让我们明善恶，辨是非。在短短的6年里，我们告别了天真，走向了沉稳；舍弃了依赖，学会了抉择；抛去了稚气，获取了自信。在即将毕业之际，我们的心中充满了感激与不舍，正是在母校的培育和指引下，我们的初心丝毫未变，我们的梦想逐渐清晰，我们正在走向自己选择的目标。毕业是我们人生的里程碑，它意味着人生新篇章的开启，预示着更美好的明天的到来。今天，我们心怀感恩之情告别母校，我们会永记母校的校训：胸怀祖国，放眼世界！我们的今天会以母校为荣，我们的明天将会为母校添彩！

最后，祝愿我们的母校蒸蒸日上，更加辉煌，为祖国培育出更多优秀的学子；祝愿我们的老师桃李芬芳，工作顺利，继续用自己的光芒照亮和温暖他的学生们；祝愿我们的同学百尺竿头，更进一步，勇敢执着地实现自己的梦想！

六年级三班　张宛琳

2015 年 6 月

心 向 阳 光

亲爱的刘校长：

您好！

今天是开学第一天，是一个新的开始，也是给我感触最深的一天。今年是我在迎秋里实验学校的最后一年，这个学期也是我在迎秋里实验学校的最后一个学期了。而我相信，今天，会是最有意义的一天，至于原因，让我细细道来。

开学了，我走进校园，很熟悉。心情嘛，五味杂陈，说不清楚。还是直接进入正题吧。

给我感触最深的第一件事，是隆重的、让我收获颇多的开学典礼，您在主席台上讲话，围绕着一个内容——"心向阳光，尊师孝亲，做最好的自己"。

新学期，新气象，新开始，新积累，您站在主席台上，披着阳光，拿着话筒，讲的一字一句，深入我心！新的学期开始了，您教育我们将假期里积累了什么，收获了什么，做个总结。再把清醒的头脑和乐学上进的心带到新的学习中。尊敬给我们讲课的教师，"一日为师，终身为父""一日为师，终身为母"，我们要学会感恩，感恩父母，感恩老师，团结同学，您让我们上好这堂人生必修课，做一个最好的阳光自己。

而后，您又去了我们的班级，您始终没有打开您的演讲稿，是因为您已经把那些都记在了心里，饱含着对我们的殷殷祝福和真诚期许。

让我感触最深的第二件事，是下午第一节课的班会。主题是"晒晒你的假期生活"。

李老师开了一个头，她讲述了一件事情，是这样的：假期里，有一位她教过的学生，给她打了电话，还到她家里去聊天了，那个学生如今已经上了大学。但小时候他在班级里，成绩不是最好的，属于中下等；还很淘，在上课时玩过悠悠球，从不认真听讲。但是，初中、高中，他下了很多功夫，也吃了比别人更多的苦，终于考上了"二本"。这很让李老师意外和惊喜！他问了李老师这样一个问题——"老师工资多少，我可以做老师吗？"李老师如实回答了他的问题，然后那个学生就说："哦，太少了，我不能干。"……这位同学提的问题，让我的心里咯噔一下。我就想，这么说的话，做老师的工资确实很少啊，还这么辛苦，李老师却一直坚持，还干得很出色，我更敬佩李老师了，我更感到因为有李老师教我，我真的很幸福。李老师接着讲了她通过这件事的想法，不出我意料，李老师让我们好好学习，不负韶华；还安慰后进学生，不要气馁，要加油，要一直努力。

这个班会，我只在意两个点。一是李老师很伟大，不图名利，一心做好教育，我为有这样的老师教我而感到幸福。二是我一定要好好学习，不能辜负李老师，要做最好的自己，不断向上。当然，要做到心中向阳，尊师孝亲也是最基本的。

这个学期，这份感触，是最有意义的。如果说，刚开学，刚走进校园那一刹那，我的心情还说不清楚的话；那现在，就是坚定、兴奋的决心，原来懵懂的，现已清楚明白。

一起努力，一起加油，一起阳光，一起快乐，一起向上。

六年级一班　张桐依

2016 年 2 月 29 日

做一个有根的人

尊敬的刘校长：

您好！

我是一名来自六年级六班的学生，听完您开学典礼上的讲话，我感触颇深！

"尊师孝亲、心向阳光、做有根的人"，这是您在开学典礼上赠予我们的话，我将它铭记于心，作为我人生的座右铭，时时刻刻鞭策我。

"尊师孝亲"，对啊！"随风潜入夜，润物细无声"这句诗是赞扬教师这一职业的。就如诗句所说的那样，教师就如同春雨般滋润着干裂的大地，默默无闻，不求名利，不图回报，只为了大地上的果树可以结出丰硕的果实。这样可尊可亲的教师难道不值得我们尊敬吗？"谁言寸草心，报得三春晖。"是谁带我们来到这五彩斑斓的世界？是谁一直用辛勤的汗水哺育我们？是她，是他！是我们的父母！我们如此微弱的孝心，怎够报答慈母慈父的恩情啊！"孝"是我国从古至今的美德，我们要学会报答，学会感恩！"孝"是做"人"的根本！

"心向阳光、做有根的人。"何为心向阳光呢？我们有一个阳光的"大家庭"，我们的心自然也是向阳而生的！无论做什么事情都不要让乌云遮住阳光，不要让"放弃""气馁"充斥我们的心灵！"山重水复疑无路，柳暗花明又一村"，只要坚持就一定会看到阳光。"尊师""孝亲""心向阳光"，集良好品质于一身的人才是真正有根的人。

被评为礼仪模范的赫泊语，在学校国旗班中他总是那样英姿飒爽，表现出我校的气魄；在训练时他坚持自我、勤学苦练；在生活中他热爱阅读，尊师孝亲。他就是有根的人！

亲爱的刘校长，是您，让整个校园洒满阳光！是您，让整个校园充满欢声笑语！是您，让整个校园多姿多彩！

祝您工作顺心，事事如意！

六年级六班　孙小茜

2016 年 3 月 30 日

您的笑，如盛夏的徐风

亲爱的刘校长：

您好！

花开花又谢，春去春又归。"一纸墨痕，记录着童年成长的足印。"又是一年毕业季，与老师同学们相处的快乐时光是那么短暂、难忘。在这弹指一挥的6年里，对我影响最大的、也是我最应该感谢的人就是您——我们亲爱的"阳光校长"。

在一年级时，青涩稚嫩的我初入校园，在欢迎新生的开学典礼上，您铿锵有力的讲话使我倍感亲切。就是在那时，我喜欢上了您这位活力满满的校长。

还记得二年级时的我吗？小小的我在下课时来到了您的办公室，忐忑不安地敲响了门，并送给您一幅我自己画的画。画并不漂亮，我有些不安，但是您的笑容鼓励了我，使我一下子充满了信心。那笑容就像阳春的繁花、盛夏的徐风、金秋的明月、寒冬的暖阳，在我心中生了根、发了芽、开了花，最终结出了一颗饱满的自信之果。

转眼到了四年级，我终于穿上了梦寐以求的军装。军训之后，心血来潮的我文思如泉涌，写了一篇《难忘的军训时光》，被《视听之友》采用了。兴奋的我拿着报纸找到了您，想在全校校会上朗诵它。当时您可能已经安排好了校会的出席人选，但还是答应了我的请求。您是一校之长，却无半点架子，还常常跟大家开个小玩笑。您那时完全可以婉拒我的请求，却因不愿我伤心而答应下来。事隔多年，每每想起，仍是感动如初。那时，我便下定决心，一定要将文章写得更好。

6年过去了，我的文章在您的鼓励与指导下进步很大。一天，您看完了我写的《爱》，向我要来了电子版，帮我把它投到了《意林》上。在4月24日那天，在意林的小作者征文栏目里，我看到了自己的文章。我高兴地将文章送给您看时，收获了一个更大的惊喜：当年我送给您的那幅画，您竟然一直留着！您对我说："这是我收到的最珍贵的礼物之一，我要永远地珍藏着它。"在欣喜若狂的同时，我不禁心中感叹："我该是有多么幸运才能遇到您这么优秀的校长啊！有您这样关心学生的校长，我是多么幸福啊！"那已经不仅仅是一幅画了，它更是一座连接师生爱的桥梁，一段温馨时光的见证。

　　如果没有您对我的鼓励，我就不会有勇气向您请教作文、分享快乐，也就没有现在的我。亲爱的刘校长，您用您的博学多才、开朗热情、关怀备至征服了无数迎秋学子。您成为我们心中最明媚的一束阳光，"阳光校长"这个尊称您当之无愧！

　　饮水思源，母校情深；转眼六年，只如初见。您在我成长路上对我的关爱、叮咛与谆谆教诲我都将铭记在心。2015年9月1日的开学典礼，是我一生中最美的相遇！

　　祝您

健康快乐，桃李满园！

您的学生：李佳禾
2021年4月26日

（李佳禾，2021届毕业生。）

桃李不言　下自成蹊

敬爱的校长：

　　您好！

　　在周一，您抽出了宝贵的时间，为我们详细讲述了如何做一名优秀的学生。

　　您告诉我们，做人要"慎独"，要做好生活中的点点滴滴，并向着温暖的阳光努力地成长，脚踏实地地成为一个有志气、有目标的顶天立地的大"人"。在学校里要尊敬老师，在家里要孝敬父母。"静水流深"，我们要静下心来，在安静的环境里默默地成长，把自己最好的一面展示给大家，要无时无刻地做着那个最好、最棒的自己！

　　"不逼自己一把，你就不知道自己有多优秀！"离我们的小学毕业考试已经越来越近了，我们要抓紧时间，努力学习，突破自己，为自己6年的学习生活画上一个圆满的句号。不久，我们将离开这个欢乐、和谐的校园，我们一定会珍惜现在美好的学习生活，挑战自我，考出好成绩！

　　回忆起第一次与您见面，当时我心里有一些小紧张，因为我认为校长应该是严肃的、令人望而生畏的。而当我走进您的办公室，看到您的笑脸，并与您亲切地交谈时，我渐渐放松下来，感觉您是一个和蔼、充满智慧的好校长，同时也让我感受到了这个学校的魅力，并很高兴自己成为一名迎秋学子！

　　而这次，您的讲话仍是那么振奋人心，令人受益匪浅。您一直默默地用爱浇灌着我们。"桃李不言，下自成蹊"，您的教诲我将时刻铭记于心，并努力地学习，争取取得好成绩！

　　此致

敬礼！

六年级六班　王紫一
2016年3月21日

第一次登上主席台

亲爱的校长：

  您好！

  我是六年级六班的张笑妍。首先要对您表示感谢，感谢您给我这样一个锻炼自我的机会，让我能够在电视机前的3000多名迎秋学子的面前讲话。我并不是一个外向的人，甚至有些木讷，可就在今天，我第一次在全校师生面前大声而又自信地喊出自己的名字，也是第一次发现自己的声音竟然如此澄澈与响亮。

  您说我是六年级女生的榜样，其实我也有不足的地方，比如我经常熬夜读书，可事实证明这样不但读书质量不能保证，还会影响睡眠的质量，导致第二天没有良好的学习状态。所以，我会慢慢改变自己，让自己的翅膀更强壮，飞得高，看得远。

  同时，今天您的讲话也使我受益匪浅。就拿"捡纸"这件事来说，以前我看到路边的纸会主动捡起来，可并不知道如果看到有扔纸的人应当即时制止。以前我会认为管好自己就行了，管别人就是"多管闲事"了；现在，我想，光靠自己的善良还不足以改变世界，只有通过自己与他人的沟通才能感染更多的人一起行善。如果每个人都在为世界作贡献，这个世界将会到处充满爱。

  另外，我还要在吃饭时主动为老人或长辈添饭、在上下学时注意安全。我希望，未来我会成为更好的自己。

  祝您

身体健康，万事如意！

六年六班 张笑妍

2019年3月18日

我和我的校长

尊敬的清文校长：

您好！

非常荣幸能给您写信，您在我心中一直是很有威信、让我深深敬重的人。

我先来做个自我介绍吧，我叫赵思如，是五年级一班的一名普通同学，是因您今天走进了我们的教室，为我们讲了您小时候的事才让我有了给您写这封充满我真情实感的信的想法。不知您是否还记得当时的情境？

今天，第一节课时我们正在答题，而您恰巧进入了我们的班里。您，我们可亲又可敬的清文校长来了，大家不约而同放下了手中的笔，因为我们知道，您又会给我们带来课本中没有的、却更重要的人生道理。而这些人生道理从您的口中说出，变得更通俗易懂、入心入脑。

"同学们，见字知人，今天我要来看看你们的字漂不漂亮！"这是您在进入班级后说的第一句话。在您的期许和鼓励下，我不知不觉写得更认真、更仔细了。您的话更像是一条法则，牢牢地永远刻在我的心中。您可能忘了我，您说我的字很俊秀，这对我是很大的鼓舞，您还激励我要写得更漂亮、再漂亮，成为真正的"小小书法家"！

今天，您还给我们讲了您小时候生活条件虽艰苦但仍刻苦学习的故事。

在您小时候，孩子们若能吃上一顿饱饭，必定是父母经年辛苦劳作且节衣缩食，才有那么一点可能。我不禁想到我们，衣来伸手，饭来张口，还要追求那所谓"至高无上"的生活。我顿时感到无比幸福。您在那样艰苦的环境下，依然拥有优秀的品质。而我们呢？正因如此，我下定决心要认真学习，写出真正的漂亮字，走出不凡的人生路。

我似乎难以表达出自己心里对您的那种深厚、诚挚的感情。但我明白，我必须做好每一件事，以此报答我的父母、老师，还有我敬爱的清文校长！

衷心地祝您：

身体健康！

心想事成！

工作顺利!

永远年轻!

此致

敬礼!

您的孩子：赵思如

2016 年

（赵思如，2017 届毕业生，自信向上、热爱学习、全面发展，优秀少年军人。）

爱 的 传 递

尊敬的刘校长：

您好！

听完了您的讲课，让我心有所感。

一是与学习结缘。其实校长您知道吗？我从四年级就有一个愿望，但我不敢对别人说，今天我来告诉您，我的愿望是当一个大学的音乐教师。校长从我认识您开始，您就教育我多读书，我按照发的单子读书，有时从图书馆挑几本我喜欢的书。现在我把沈石溪的《神奇的警犬》刚读完，如今正读《哈利·波特与魔法石》，又从图书馆借来了《昆虫记》。如今我从书中能得到快乐！谢谢您！校长。

二是热爱学习。还有不到两个月的时间，小学生涯便会关上大门。听了您小时候的趣事，使我更加有了自信。两个月的时间，我给自己加油、鼓劲！回到家我在自己的床头柜上贴了标语："坚持就行，拼搏就能赢！"希望时时刻刻提醒自己努力学习！

三是要学会做人，不管是在社会还是在学校，都要做一个顶天立地的人。您教会我不要做小人，要做对社会有用的人。总之校长，我要感谢您！

在以后，我希望咱们经常用书信来沟通！（这是秘密哦！）

您的学生：周新洋

2013 年 4 月 23 日

爱 的 回 流

亲爱的新洋小朋友：

你好！读了你的来信，我的心情特别激动，为国家多了一位愿意坚守讲台的年轻人而无比欣慰……

新洋你知道吗？自从我前年来到咱们学校，支持与帮助我的重要人物就是：你、你妈妈和你爸爸。你们一家三口人代表了学校的三个层面角色——优秀学子、优秀干部、优秀教师。我从你妈妈的每一次微笑、每一次下发信息、每一项具体工作看出她是一位热爱生活、热爱工作、关心他人的好老师、好助手、好女人、好母亲。每天清晨，我走进三楼都会不由自主地来到音乐教室，感悟一种校园最美的声音，这种声音，每天都会感染我、鼓舞我……

2011年10月，日本访问团来学校。我第一次见到你铿锵有力的指挥，一下子被你打动：新洋小朋友真棒！这是我给你的第一次鼓励。从那天起，每每在校园、在校门口、在教室、在你妈妈的办公室，我都会与你对接眼神、传递能量，渐渐地，你变成了我生活中的一部分，你我成了最好的朋友。

在来信中，你谈到读书，我很赞成，因为我就是靠读书改变了命运，有了今天的成功，有了高贵的生命颜色。饭可一顿不吃，觉可一夜不睡，但书不可一日不读啊！我希望你做好阅读计划，选择人文类、科普类、励志类、名著类等不同类图书，边阅读、边思考、边积累，慢慢地丰富头脑、滋润心灵。让我们一同把阅读当成一种习惯，当成生活中的一部分。

再有50多天，你就将关上小学学业的大门。你在信中谈到，听了我的故事，你有自信：坚持就行，拼搏就可能赢。我希望你把每一次作业当成考试，做一个与命题人对话的学生，成为学业优秀的学子，以优异成绩来回答六年的收获，回报父母师长的培育之情。相信你能！

儿童时代是人生最美的时代！美好人生从这里奠基。新洋，通过努力，我认为你已经养成了很好的习惯，初步形成了很好的做人做事的能力。希望你在未来的路上，勤奋学习、快乐生活，朝着自己的目标——大学音乐教授不断迈步前行。

我是阳光，你是帆，迎秋里实验学校是我们共同的港湾！让我们的手相牵、心相连，共同进步、一起成长。你一定是学校的骄傲，我们的自豪！

爱你的校长：刘清文

2013 年 5 月

王姿燕小学毕业写给刘校长的一封信

敬爱的刘校长：

您好！

当我拿起笔给您写这封信的时候，这洁白的信纸，这小小的字迹，架起了我们心灵沟通的桥梁，拉近了我们彼此心与心的距离。此刻我感觉像是在给一位相交很久的朋友写信，千言万语凝聚笔端，催我一吐为快。

我每天都看到您真诚的笑脸，让我感到那么亲切。您给我们上过特殊的"爱的一课"，您给家长和学生的一封信深深地感动了我，您每学期都给我们推荐必读的图书，您给我们安排各种社团活动，让我们多才多艺，您曾亲自给我们批阅考试卷，给干净整洁的试卷上打上一个大大的"A+"，您曾亲自给我们优秀学生颁发奖状，您曾鼓励我在早操时在全校师生面前大胆唱出《感恩的歌》，您曾在我给您敬礼时回给我一个大大的拥抱……我从内心深处把您当成了朋友，我们有的是朋友与朋友之间的沟通，这是情的自然流露，这是心的真诚沟通。

6年的小学生活即将结束，我从一名懵懂无知的小不点成为一名掌握和了解多门学科知识的小学毕业生，即将告别生活、学习和成长了6年的母校，告别曾亲密相伴的老师和同学，还有亲爱的刘校长，我的心里充满了不舍和感激之情。俗语说："一个好校长就是一所好学校。"衷心地祝愿我们的学校在您的领导下，走向更辉煌的明天！

最后真诚地说一声：刘校长，保重身体！

六年级三班 王姿燕
2018年10月13日

写给最爱的启蒙校长

敬爱的刘校长：

  您好！

  时光忽逝，转眼，我离开母校已经3年。3年的耕耘在6月收获，我顺利考入理想的高中，在此向您和教过我的各位老师报喜！

  今天又一次听姥姥读起我六年级时给您的信，您对我的关怀给我的感动仍然鲜明，永不褪色！因为您要我在全校师生前演唱《向善的力量》，现在我每次唱歌时胸中涌动的自信才更加明亮；感谢您在课堂上声情并茂的讲解，我对厚重的中华文化才萌发出一种幼小心灵的、纯真的景仰……

  世界真大！旅行者飞船向太阳系的边缘跋涉而去，地球的各个角落都可能发现早已刻进人类基因的古文明密码。出门的时候还总是想着老师讲的早已湮灭却铸进人类文化血脉的神秘国度，转过某个熟悉的街角，恍然惊觉已站到了母校的荫旁，心里突然冒出的念头是：学校的玉兰又该开了吧！我们正昂首挺胸迈向那个大世界，但总也忘不了我们出发的这个小世界。伴随着繁星一样美好的记忆，我们自己的世界从这里生长起来。您与老师们的教诲在这里认真聆听，许多美好的品质在这里初次体悟……这一切，都让我永远感恩这里。

  敬爱的刘校长，如今您已退休，有更多的时间与家人为伴，与书香为伴，与笔墨为伴。"以人育人，享受七彩阳光。"衷心感谢您和老师们的培育，我将永远感激并躬行你们的教诲！

  此致

敬礼！

您的学生：王姿燕

2022年7月7日

云中锦书／家校共育

沟　　通

学校教育离不开社会、家庭的配合。家校合作，互相沟通，形成教育合力，教育效果才可能是加法。

尊敬的清文校长：

您好！

我是来自二年级五班的一位家长。孩子融入迎秋这个大家庭已经快两年了，每天孩子回家提到最多的就是阳光校长、老师妈妈。新的学期要开始了，我冒昧地给您写这封信，想和您聊聊孩子，也想向您请教一些教育问题。

我的孩子第一天入学时，您的发言就给我留下了深刻的印象。您开朗的性格，积极的人生态度，灵活的教学理念，以及令人叹服的工作热情，让我相信您领导下的教师队伍也一定是生机勃勃、令人信任的。在这样的学校里生活，孩子就像走进了一个开心的乐园，我非常放心。虽然孩子们是来学习的，但是学习怎样做人，也同样重要。我一直认为一个人的生活态度会影响其一生的生活质量，不管环境有多苦，积极的生活态度仍可以让生活有滋有味。因此我期盼自己的孩子在这里能拥有良好的品德、开朗的性格、宽广的胸怀、坚韧的精神、积极向上的人生态度，就像您一样。

因为工作的原因，我没有太多的时间给孩子，所以每当寒暑假看到您给孩子们的一封信，看到您这位大朋友对孩子们热情洋溢的鼓励、面面俱到的叮嘱以及深切的关怀，作为家长，我自愧不如。孩子的班主任老师也是一位非常有能力、严谨务实的老师。对于我的孩子来说，老师的话就是"圣旨"，她能积极地按老师的要求去做，也经常拿老师的话来教育我们。班主任老师的工作细致入微，大到学习、纪律，小到行为习惯。这让我们家长对孩子的教育也清晰了很多，这也是最让我欣慰的地方。

因此，在这里，我要真诚地感谢您的倾心付出和老师们的辛勤劳动。在过去的一年半时间里，班主任老师的辛苦可在给家长们近5万字的短信留言中略见一斑。谢谢你们，谢谢你们对孩子的关心和培养。

在孩子的学习过程中，有很多问题我都是让孩子自己去解决，我可以给她解释，但解决问题的过程我基本不参与，因为我的孩子交流能力有点差，我希望通过这种方式去锻炼她的表达能力，因为能与自己的老师和同学流畅地交流也是一种快乐。但现在有一个问题，是我在孩子长期的学习过程中发现的，对于我本人而言也有疑惑，现在跟您请教一下。

从小学一年级开始，咱们学校就开设了书法课。刚开始我并没有在意，但后来我发现孩子在写字时出现横不平、竖不直的情况，写出来的字有点儿难看，感觉还不如上幼儿园时写的字。我曾经问过她为什么这样写，她说这是书法老师教的，说横要写得向上斜一点儿才好看。其实我明白这并不是书法老师的问题，而是孩子对这个问题没有能力去正确地理解。我个人的观点，学习书法，年龄不宜太小，刚开始学写字的孩子并不适合学习书法。根据汉字的特点，应该让孩子首先学会横平竖直，学会汉字的结构，写方块字。书法是一种技巧性很高的艺术，字要写得漂亮且具有艺术性，不是一件容易的事，这需要一定的理解力和审美能力。小学一二年级的学生，理解力较弱，我觉得从三年级开始学习书法就会好很多，因为这个年龄的孩子已适应学校生活，识字量也大大增加，理解能力也大大提高，对文字的领会也较深刻，手上肌群的发育也基本成熟。我不知道一二年级的学生是否必须要开设书法课，如果学校必须要在一二年级开设书法课，能不能在教学内容上有所改进？

当然我的观点也不一定对，只是一个建议而已。但我觉得学校有必要请相关专家探讨这类问题，相信对孩子的书写有益无害。

最后，祝您在新的一年里工作顺利，保持您令人羡慕的热情，幸福快乐地生活！

二年级五班学生家长

2016 年 3 月

传　　承

现代教育日新月异，传统文化博大精深。创新与传承相辅相成，学校教育应博采众长。

尊敬的刘校长：

　　您好！

　　看到您给家长的一封信，很是感动。作为一年级小学生的家长，为我的孩子能来到迎秋里实验学校就读深感荣幸。众所周知，迎秋里实验学校有良好的学习氛围，老师们很敬业，学生们也很努力，每年都会输送出很多优秀的人才。来之前，我们更多的是看中了咱们学校的口碑和教育理念。事实证明，孩子在这个学期里的各种表现，没有让我们家长失望。作为贵校的一名学生家长，我们所能做的就是尽力配合好学校，保证孩子的身心健康，让孩子在学校好好学习。

　　还记得新学期返校的那天早晨，您站在校门口笑容满面地迎接每个孩子，那么亲切，那么和蔼。那一刻，我们家长的心都是暖暖的，何况喜爱您的孩子们呢！每学期结束您都要给孩子们写一封长长的书信，字里行间都是满满的爱，叮嘱得比我们家长还细致！您呕心沥血地工作，对学校注入了满腔热忱，把学校管理得井井有条，让我们家长看到了希望，这个学校决不同于其他学校！

　　每天早晨，孩子们都要诵读《弟子规》，这让我非常高兴！"没有规矩不成方圆。"孩子就要从小立规矩！新学期每周升旗时，孩子们都要背《少年中国说》，这更让我感动！——它弥补了我学生时代，国学在学校教育中缺失的遗憾。而我本人更为重视中国优秀的传统文化对孩子品德教育和习惯养成的影响。一直以来，社会上对教育都是一切向"分"看；但作为家长，我们还是希望学校能够更多地强调孩子的学习态度，弱化考试和成绩的概念。在孩子的学习生活中增加国学教育，让孩子从小懂得礼数。我们要求孩子用功学习，不是为了和别的孩子比，满足自己的虚荣心；而是要让孩子将来拥有选择的权利，敢于担当、明辨是非，选择有意义的生活方式，有尊严、有成就感，快乐地工作和生活。

相信在您的领导下，我们的孩子会学到更多的知识，更具有人格魅力，更健康地成长，成为对社会、对家庭负责任的人。

最后，谢谢校长及李老师的辛勤奉献。

新一年祝您身体安康，阖家幸福！

一年级七班学生家长

2015 年 3 月 7 日

感　　谢

做教育的初心，就是培养圣贤之人。教书育人、立德树人永远是教育人的使命。家长由衷的感谢就是下一次努力的起点。

敬爱的清文校长：

您好！感谢您在百忙之中阅读此信。

又一个学期结束了，中午孩子兴奋地把您写给他们的长信交到我的手中。读着读着我感动了，这哪是一封简单的书信，这是您对教育的热爱、对孩子的期望。作为家长，我们真高兴孩子能遇到您这样一位仁爱的校长，和蔼可亲、平易近人。信里您的很多思想都是教育孩子方面的经验之谈，值得我们家长思考实践。

在信中，您强调了孩子假期的重要性，这一点我也十分赞同。假期是一段培养孩子学习兴趣的好时光。我平时也常常鼓励孩子多读些书，让孩子喜爱阅读，从而增强他对于基础知识的兴趣。渐渐地，他乐于读书了，说能够从书中获取多方面的知识。的确，文学、历史、科学、地理他都有涉猎，这些对于他平时待人接物、与人交流都有好处。学校的图书馆、漂流书吧、流动图书包更是让他如获至宝，书的世界给了孩子们充满想象、好奇的内心。一书在手，乐以忘忧。孩子们在您的帮助下，在书的世界中树立起了远大的理想。

读了您的信后，孩子在假期里也开始主动做起了一些力所能及的家务，倒垃圾、摆餐具等。每天早上都是自己整理床铺，收拾书桌，我们大人也不再像以前一样挑三拣四，而是积极地鼓励他。我们相信坚持做下去对培养孩子独立自主的性格与责任感一定很有好处。

寒假是漫长的，也是宝贵的。孩子在您的教诲下养成的良好的生活习惯，认真的学习态度，将使他受益一生！时间是最好的见证者，现在我的孩子能自己管理好时间，保证充足的睡眠，认真完成作业，还做到了每天坚持阅读。

清文校长，感谢您对孩子的引导，感谢您"责任尽到家"的办学理念，让我们家长少了一份担忧，多了一份安心。从您的身上，我们看到了"与时俱进，奋勇争先"的精神，看到了孩子们灿烂美好的未来。校长，您也要多注意身体，新的一年祝您工作顺利！阖家幸福！

一年级六班王钧泽的家长
刘丽丽
2015年2月15日

刘校长：

您好，在新年来临之际，感谢您为孩子们辛苦操劳；同时，感谢三七班董倩老师为孩子们的无私奉献。

我是三七班闫欣彤的妈妈，和董老师一起走过了5个学期，眼前总浮现起董老师为孩子无私奉献的点点滴滴。孩子从不知道上学是为了什么，只知道每天开心地和小朋友们玩耍，到现在知道自己是一名小学生了。期间董老师细致入微的关怀和不厌其烦的引导使孩子获得了开心向上的力量，孩子更是渴望能穿军装的四年级的到来。

董老师拥有一流的沟通能力，为每一位家长准确传递学校信息，搭建一座又一座联系的桥梁。她凝聚起了三七班团结的力量，不断给孩子们创造接触社会、给家长们创造家长之间联系的机会。成长在三七班，孩子们真正享受着一个大家庭的幸福快乐。

董老师每天仔细地批改作业，忙碌到深夜，甚至在自己孩子生病时也不曾松懈，真心感动；她细致到为孩子改正每一个汉字的笔画，真心佩服。孩子能遇上这么一位细致入微地关爱她的老师，真是孩子的幸福。有一次，孩子回来说她把董老师喊成了妈妈。孩子心底是多么爱董老师啊。

纵是千言万语也说不完董老师无私奉献的日日夜夜。最终只能化作一句真心感谢和祝福，感谢英明的校长带给三七班这么优秀的老师。

祝：新的一年全家幸福安康、笑口常开、飞黄腾达！

学生家长：闫欣彤妈妈
2015年1月10日

信　　任

信任是一种力量，信任是一种快乐。得到家长的信任是我们工作最大的动力！

敬爱的校长：

　　您好！

　　我是迎秋里实验学校一年七班的学生家长，我的孩子在这所学校已经学习生活半年了。我和其他学生家长的心情一样，对学校的环境和教育十分满意，对孩子的未来充满期待、充满憧憬。回望过去的日子，我们由衷地感到庆幸，庆幸迎秋里实验学校有一支非常敬业、诲人不倦的教师团队，把我们的孩子当作自己的孩子，给予悉心关怀和教育，培育他们茁壮成长。在此，请允许我代表全体家长，向为了孩子们的成长倾注了爱心与热情、汗水与智慧的老师们表示由衷的感谢！尤其是对本班的李老师致以特别的谢意！

　　现代社会竞争日益激烈，在孩子进入社会前，如果能有一个比较高的起点，就有可能使孩子更充分地实现自我价值。多年的社会打拼，使我深刻地认识到：孩子素质的培养远远重于对分数的要求，具有对事物探索的精神和自己动手实践的能力是非常重要的。而咱们学校提倡的素质教育、鼓励孩子自己探索的教育方法，正好给我们的孩子提供了这样一个平台。我的孩子在这里读了半年书，我欣喜地发现孩子变了：在性格上，孩子变得开朗了，喜欢展示自己、表达自己了；在学校生活中，孩子逐渐发现了自己的闪光点，变得更自信了；在学习上，孩子变得勤奋了；在日常生活中，孩子变得主动了，能积极完成力所能及的家务了；在家里，尊老爱幼，变得更有礼貌了。我和家人都欣喜地看到了孩子的变化。孩子在长大，能力在提高，这与老师的教育是分不开的，与迎秋里实验学校领导的先进办学理念是分不开的。学校的教育大大激发了孩子的上进心，让我的孩子产生了巨大的变化。我们家长对你们的辛勤劳动和无私奉献，表示深深的谢意！在这里我想说一声：老师们，你们辛苦了，谢谢你们！

未来的路还很长，但是只要我们坚信，没有比脚更长的路，没有比人更高的山，只要在求知的道路上，乘风破浪，披荆斩棘，就一定能够创造人生的辉煌。同时我希望所有的孩子在学业上，取得更大的成绩！迎秋里实验学校在未来的育人道路上，创造更大的辉煌！

祝您

身体健康、工作顺意、新年快乐！

二年级七班学生家长

陪　　伴

陪伴永远是最长情的告白，家长的陪伴是孩子成长中最大的底气，也是他们最幸福的记忆。

收到清文校长的来信，既是一份意外，更是一份收获，我们全家围坐，共同阅读了这封来信。信中字里行间流露了一位教育者对生活的热爱、对教育的责任、对孩子的期盼。

当孩子背起书包走进校园，崭新的学习、生活就开始了。如果说学习是一种能力，那么生活便是一种本领。家长不是天生的教育家，却也担负着教育孩子的重要任务。教育是门深深的学问，值得家长更多地学习、思考。积极健康的家校沟通就是家长教育理念提升的一门课程。清文校长以书信的形式，告诉孩子置身家庭、校园、社会应该如何做；班主任老师也经常会推荐家庭教育方面的文章给家长。作为家长，我非常感谢学校能够进行不拘书本的亲切教育，这些都充分体现了培养孩子全面发展的初衷。我们会尽全力配合学校，珍惜与孩子共同成长的时光，将正面教育导向孩子，让孩子的心理与身体同步健康成长。

迎秋里实验学校播撒的教育种子一定可以遍地开花，桃李芬芳。

一位和孩子共同成长的家长

幸　　福

教育的艺术不在于传授本领，而在于激励、唤醒和鼓舞。

——（德国）第斯多惠

尊敬的刘校长：

您好！我是四年级四班的一位学生家长，今天怀着无比激动的心情给您写这封信。昨天孩子是哭着回来的，我赶紧问他"怎么啦？"孩子说是感动得哭了，因为校长抱他了，像妈妈一样的搂抱。我听了也哭了。这个孩子可怜啊，他爸爸在他3岁时因车祸去世了，他妈妈受了刺激，精神呆滞。我既要照顾孩子，还要照顾儿媳，那几年我都不知道自己是怎么挺过来的。现在孩子跟我生活，由于经历特殊，我也不忍打骂孩子，久而久之孩子就养成了娇宠蛮横的性格，经常一不顺心就"耍"，我拿他一点儿办法都没有。这一段时间，他又迷上了电脑游戏，常常半夜不睡，早晨叫他起床都特别费劲儿。有时候为了不去上学干脆撒谎。孩子这么小，不上学哪能行啊！于是，我就找到了班主任老师，求她帮忙。没想到老师那么爽快地就答应了。不但找孩子谈心，还安排孩子负责班里的多媒体维护。孩子对电脑特别感兴趣，这一下正中他的意，每天早早地去上学，擦拭电脑，清理垃圾。老师还给我拍了好多孩子维护电脑的照片。一个月的工夫，孩子的变化翻天覆地，我真不知道怎样感谢老师。我知道是您的以人育人的教育理念影响了老师，老师恰当的教育方法，让孩子真正享受到了童年的快乐。谢谢！谢谢！您在百忙之中，还去看望孩子，给他买了心爱的文具盒，像妈妈一样把他抱起来，您说孩子能不感动吗？

您常说教师在享受教育的幸福，我们家长何尝不是，我们也在享受教育的幸福啊！孩子能在迎秋里这个大家庭生活学习是他一辈子的幸福！是我们家长的幸运！衷心地感谢您及您优秀的教师队伍！愿我们迎秋校园永远硕果累累！

祝您工作顺利！桃李满天下！

四年级四班学生家长
2019年春

文　化

> 校园文化是一种氛围、一种精神，是学校发展的灵魂，对学生的人生观、价值观将产生深远的影响，这是任何课程都无法比拟的。

尊敬的清文校长：

您好！我是一年级新生的家长。您那天在开学典礼上慷慨激昂的演讲深深地打动了我。您的教育热情、教育理念以及对家长的细致提醒，都让我心折。回到家里我一直跟家里人说，我们选择迎秋里就对了，这是一所有温度、有灵气的学校，孩子在这样的学校学习6年，一定是阳光和健康的。

果不其然，开学第一天，学校的开笔礼和朱砂开智，让孩子们瞬间长大。他们一下子知道了上小学后的责任和规则意识。看着孩子回来眉飞色舞地讲述，我们都激动不已。爷爷是一位老党员，听了孙女描述的第一天，激动地说："迎秋里有前途，能够把中华优秀传统文化从小根植于孩子的心中，就是真正懂教育的，会教育的！那刘校长听说厉害，真厉害！"我觉得爷爷对您的点评是发自内心的，我们也是这样认为的。接下来一周，对学习习惯的培养更是细致入微、循序渐进。小到洗手穿衣，大到待人接物，孩子们学得可认真啦！回到家里，我们几个大人就是她的学生，她一一规范，逐一纠正。虽然看着孩子很逗乐，但是我们看到了孩子在老师引导下的成长，她在向一名优秀的小学生努力，这是最让我们家长欣慰的。我真心希望我们的孩子能较快地进入学习状态，积极向上地迎接一个又一个学习挑战。

另外，我有个不情之请，我想您这么爱孩子的校长一定会考虑。咱们学校女生的卫生间是开放式的，孩子年龄小，站上去会很害怕，能不能改善一下，比如加个把手之类的，让孩子更安全一些。也许是因为我初次做小学生的家长有点小忐忑，让您见笑了。很高兴您能看完我的信，谢谢您，校长朋友！

祝您工作顺利，身体健康，桃李满天下！

一年级新生家长
2020年9月

细 节

> 学校教育不能只拘泥于课本，而应该着眼于生活的方方面面。教育的细节能穿透灵魂，体现育人的智慧。

敬爱的刘校长：

您好！我是一位五年级女生的家长，昨天下午，我坐在教室认真地聆听了您长达两个小时的家长培训。您没有演讲稿，却满是激情，循循善诱，教育细节面面俱到，让我受益匪浅的同时，又深感汗颜。作为一个女孩子的家长，我从来没有这样细致地为孩子讲解过生理、心理的知识，而学校老师却走在了我们父母的前面，太贴心、太暖心了。所以，回家后我情不自禁地拿起纸笔给您写信，把我作为家长的一下午的收获和激动告诉您。

您说，作为一个女孩的妈妈首先要教给孩子安全意识。我一直以为我家孩子用不着：每天上下学有老人接送，手把手地，比我们父母还小心。没想到您的细节安全一下子惊到了我。您说女孩子的内衣要手洗，我做到了，但是没有做到您说的那么细致，总觉得孩子还小，所以根本没有引导孩子自己去洗，更别提洗的步骤和讲究了。外出时，您列举的那么多注意事项，我居然第一次听说，更别说告诉孩子了。此时我发现我好粗心啊，我就是个粗心的妈妈！您讲的这些我必须好好备课，然后生动地讲给孩子，郑重其事地对她培训。孩子是我们生活的全部，许多人盯着，总觉得一定是安全的，但是只有教育者的视觉才是敏锐的、专业的，我真佩服您！

您说，孩子成长中不可或缺的就是阅读和运动。我特别赞同您的"唯有读书和跑步不可辜负！"孩子在成长过程中只盯着书本，死学是绝对不行的。必须多阅读，开阔视野，加强积累。腹有诗书气自华！不错，读书可以改变命运，阅读可以增长见识。一个健康的体魄是一切成功的前提，所以我决定跟孩子一起制订一套严格的锻炼计划，互相监督，持之以恒，全家一起动起来。读书和运动我们一定都会坚持下去！

其实除了这些，我还有很多感触，我一定把它们都写在育儿日记里，好好珍藏。真心感谢您,为我们带来的这场精彩的教育盛宴,好看,好吃,又有营养!真棒!

真心感谢刘校长,感谢为了孩子们辛勤付出的老师们!

祝大家

新的学期开心、顺心、舒心!

一名五年级女生的家长
2020 年 9 月

留　恋

人总要慢慢地长大，慢慢地成熟。6年的时光弹指一挥间，有欢欣和骄傲，也有挫折和遗憾。而最怀念的还是这个校园，这间教室，这个老师，这班同学……

可亲可爱的刘校长：

您好！时间过得好快啊，一眨眼我们的孩子就要小学毕业了，6年的时间怎么这么快呢！昨天孩子跟我说："妈妈，我不想离开小学，不想离开我们的老师，更不想离开我们的阳光校长。"说着说着，孩子就哭了，弄得我心里也酸酸的。孩子走进这所学校，第一个认识的就是您。和蔼可亲、儒雅大方是您留给我们家长的第一印象。每次家长会您没有底稿的激情演讲，与时俱进的教育理念，风趣幽默的语言，都会让我们这些与会家长受益匪浅。

其实您留给孩子更多的是爱，从心底里的喜爱。彤彤总说，见到校长是校园里最开心的事儿。我说那是校长，你们不怕吗？女儿总是疑惑地说："为啥怕？我们看见校长可兴奋了，有时候还会跑过去拥抱她。"她说那次她跑得急了，有小鼻涕流出来了，您赶紧用手给孩子擦去了，还关切地叮嘱："多穿衣服，外面凉，感冒了可麻烦了！"孩子边说边学您的动作，小脸上满是幸福感！说真的，我小时候特别怕老师，更别说校长了，看见了得躲着走！所以足可以看出您的教育理念是多么正确。校园里是处处充满爱的，孩子就像小花，在学校爱的阳光下茁壮成长。作为家长，我们为孩子能在这样的学校学习倍感荣幸！

孩子说您不仅像妈妈一样爱他们，语文课还讲得那叫一个棒！上次杨老师生病了，您给孩子们代语文课，讲的是《圆明园的毁灭》。孩子说虽然课堂没有用课件，但是校长饱含深情的朗读和细致入微的分析，足可以打动他们，激发出那种蕴含在骨子里的爱国情感！最后诵读的《少年中国说》，她至今记忆犹新，因为是她哭着喊出来的！可见您的课有多么精彩，让孩子至今难忘。

6年的小学时光是令孩子难忘的、留恋的。孩子特别想在毕业之际送给您一个小礼物留作纪念。她从小学习书法，启蒙老师就是她爸爸，而且她爸爸又擅长绘画，所以她最后决定和爸爸一起为您创作一幅书画作品，取名《清谷幽兰》。她知道您喜欢兰花，您写的文章就像行云流水一样洒脱，所以偶然得名，希望您能喜欢。

  虽然孩子毕业了，但是她会永远记住爱他们的校长、老师，也希望我们迎秋会越来越好！

六年级七班　彤彤妈妈

责　任

没有使命感的教育是盲目的，没有责任担当的教育是轻薄的。真切的教育是不单要具有效率和效益，更要具有灵魂，具有坚定而明确的价值追求。

亲爱的刘校长：

您知道吗？当我从妈妈那儿看了您的信，我兴奋极了，可以说是热血沸腾！我的脑海里立刻浮现出您在校园门口迎接我们的身影，还有您给予我的深情拥抱。您的笑容是那么的甜美和亲切，使我每天的学校生活都无比快乐和幸福。

首先，我向您汇报一下这个学期的考试情况：数学96、语文91、英语99。爸爸说我发挥正常，但还有很大的进步空间。在寒假里，我制订了寒假计划，并且是在电脑上制作的。我会像您说的那样多去图书馆看书，加大自己的阅读量，同时预习一下三年级下学期的课程；平时在家多做一些力所能及的事情。我会按照您的要求，在假期里愉快学习，积极锻炼，快乐阅读，文明出行，做一个习惯良好、气质优雅的女孩。

最后，也祝愿您在寒假里过得开心。祝愿您和您的家人春节快乐！

永远爱您的学生
三年级一班　小田

敬爱的清文校长：

您好！

刚刚您看到的是女儿小慈写给您的信。这封信是她主动要求写的，而且用了不到10分钟就完成了。给您的信是她所写的作文中最流畅、最痛快的！而且带着满脸的幸福，满眼的想念。虽然放寒假才一周，她早已按捺不住了，就想去上学，想田老师的课堂，想您的笑容。她说家里没有学校温暖，老师比我对她温柔。您看看学校的魅力有多大！

其实您知道吗？吸引孩子的还有楼道里随手可取的书籍。这个孩子从小就喜欢读书，现在看过的书有上千册，但是她不喜欢记读书笔记。这个和老师的要求大相径庭，她一看到文字就忘了勾画好词佳句，忘了积累抄写。常常是看了半小时书，一个字也没写。每周的读书笔记是她最愁人的作业，因为这，我俩没少吵架。您说她读得不认真吧，她能侃侃而谈半天，可这只是读，不积累，作文素材还是匮乏，作文内容就空洞。您是专家，一定有这方面的经验和建议，希望您有时间教教我怎么说服她写读书笔记。

另外，我还有一个不情之请。孩子年龄还小，现在刚上三年级，近视度数就接近200度了。我知道这是平时没注意用眼卫生造成的，作为家长我肯定有责任。但是我们天天说，也只是隔靴搔痒，她不听啊！可是老师的话，她都当圣旨，能不能恳请您或者老师严厉地要求一下她：平时注意用眼卫生，养成良好的读书习惯。

您看看，我这又给您添麻烦了，谢谢您抽出宝贵的时间看我的来信。在新春到来之际，祝您新年快乐！幸福安康！祝所有的老师工作顺利，桃李满天下！

小田妈妈

2021年1月

教育故事／教育智慧

我和儿子的开学第一课

《开学第一课》是一个家喻户晓的节目，开学的第一个周末如期而至。今年暑期的开学第一课，中华文化依然是主旋律，董卿姐姐那尊重的一跪，是一个电视工作者职业素养的表现，网友、观众赞不绝口，这也是我和儿子在这一课最大的收获之一。

然而，我和壮壮的第一课已经在7天前开学的第一天就完成了。今年小伙子转到了新的小学，对于新的学习环境既充满了期待，又有一些忐忑。毕竟一个陌生的环境对于一个8岁的孩子来讲还是一个很大的挑战。当然，孩子的妈妈、我，也有一丝的期许和不安。但是，我们来到新小学的第一天，就获得了让人感动的尊重，这来自迎秋里实验学校的校长——刘校长。

与刘校长见面是在她的办公室。刚一进门，我就被办公室里的文化气息所感染，看到了让人敬佩的毛主席和教会我们尊师重教的孔夫子的摆件，满满一书柜的书……刘校长端坐于办公桌边，面带微笑邀请我们坐在对面，开始了和壮壮充满启迪意义的对话。

刘校长问孩子的第一个问题是："为什么读书？"突如其来的问题让壮壮迟疑了一下，答案也是不出意料的普通——"为了学知识。"问答接踵而至："除了学知识呢？""还可以长见识。""其他的呢？""还可以了解世界其他地方的知识。"……

关于"为什么读书"的问答，是我从这开学第一课中得到的最大的启发。作为家长，往往都是用"找到好工作""将来挣钱过好日子"之类的话对孩子进行教育，然而刘校长通过启迪的方式告诉孩子，读书不仅仅是为了知识，而是为了"提升自己，让自己更加完善"。我想起了浙大老校长竺可桢先生的一句话："诸位在校，有两个问题应该自己问问，第一，到浙大来做什么？第二，将来毕业后要做什么样的人？"刘校长的第一个问题可谓有异曲同工之妙。我想，壮壮在这样的学校读书，家长也应该安心了。简单的一个问题，道出人生第一课的大道理。

刘校长的第二个问题是："你紧张吗？"壮壮回答："有一点紧张。"刘校长说:"那就对了,你这个年龄,第一次在陌生的环境见校长,不紧张是不可能的,但是你已经表现得很好了。"多么美妙的一次沟通。一位校长,如此轻易就拉近了与学生的距离,给学生营造了自由发挥的轻松环境。我想,这也应该是迎秋里实验学校育人的过人之处。对于孩子来讲,面对这样一个能够理解、倾听他的老师,自然也会放松心情,愿意同老师沟通,同老师做朋友,更能沉浸于学习之中。从长远来讲,这理念尤为重要,能成为孩子的朋友,是每一个家长最大的心愿。

最后一个问题让我们明白了如何激发学习兴趣。不经意间刘校长问了这样一个问题:"你有了解过你的姓吗?"壮壮愣了一下,没能回答上来。然而刘校长解释道:"你的姓是羊+女,很多的名人都和你同姓,了解了这些你会知道你从哪里来和向哪里去。"我们的姓名,自己每天都会接触,然而作为家长,从没有想过如何去解读,并用于教育孩子。刘校长的这一问,不仅激发了孩子对某一方面知识的学习兴趣,更蕴含了国学道理,这不也正是我们看到的董卿版《开学第一课》的主旋律吗?也正是我们现在这一代孩子和他们的父母所缺乏的。在回家的路上,壮壮果真问起了关于"姜"姓的很多问题,不过做爸爸的我也是胸无点墨,不得不求助于"百度",汗颜!

40分钟,整整一堂课的时间,对于我和儿子来讲,这是真正的开学第一课,是一堂很有启发意义的课,启发我去思考学习的目的、如何尊重别人和自己、发掘自己的兴趣……一所好的学校是一个孩子成长的摇篮,一个好的老师是孩子成长的园丁,愿壮壮能在新的学校茁壮成长,更感谢老师们的辛勤付出。

这就是我们真正的开学第一课!

学生家生:姜小光

2017年9月2日

一 路 书 香

董智欣

文章有魅力，洛阳为之纸贵；韶乐有魅力，孔子三月不知肉味；师者有魅力，让颜渊喟然慨叹！所以，师者的魅力，真的可以力挽狂澜、持危扶颠吗？我曾有过这样的疑问。

认识张同学时，他正在读四年级，当时他的最好成绩是18分，直到我送他毕业，他送给我的是——33分。可以说没有多大进步，但我希望他带走的不仅是这33分，还应该有点儿别的什么。

听闻他很小的时候从楼上阳台摔了下来，致右手残疾，智力也受到了影响。"孩子命大，我们没有什么要求，快乐就好。"妈妈的理念我十分赞同，毕竟对于他来说，活着，就是奇迹。但我却总希望能在幽暗的深处发现逆光，否则他就永远在暗处，无心向阳。你看，上课时的他，最喜欢做的事是专心致志地吐泡泡；不吐泡泡时，他就像一条摇摇荡荡、晃晃悠悠的鳐鱼。大概他根本不在乎别人的目光，事实也确实如此。因为手部残疾，他写字困难，于是，我想为他打开另外一扇窗。

一次语文课上，我与孩子们分享了读书心得："在阅读文字的过程中，我吸收到了很多营养，我记得著名的文学家三毛说过一句话，她说：'书读多了，容颜自然改变！'哇，真的吗？读书还可以让人变漂亮吗？渐渐地我发现这是真的。你看，主持人董卿饱读诗书，我觉得她真漂亮！国学大师蒙曼的长相不是最美的，但是我也觉得她好漂亮！因为读书人身上都有着一种光环，一种让人敬佩的文人的光环！"同学们的眼神中透露着深信不疑。

我瞥了一眼张同学，他也在认真听，我想把他从孤独的自我世界中拽出来，走进书的万千世界。于是我把以前买的一个小葫芦送给他，带他走进了《宝葫芦的秘密》。全班同学共读这本书时，都争抢着借他的"宝葫芦"，仿佛握着它就真的有了魔力。我在班级里他的固定位置旁安放了一个小鱼缸，养了一些小鱼小虾，让同学们帮忙造景，带他走遍《海底两万里》，他还把自己的小潜水艇玩具放进鱼缸中当作"鹦鹉螺号"。日久天长,他找到了比吐泡泡还要快乐的快乐。在一次整本书阅读公开课上,我们走进了《小英雄雨来》,最后的环节是感受身边的英雄人物,并写出自己的心愿卡。他的心愿卡上歪歪扭扭地写着——想当作家。我为此欣慰,从他的身上我感到教师的荣光。

他不再像是一条鳐鱼了,而是更像一只水母,大多数时候,他是透明的,但他也会发光,灼灼有芒!

我没能送给他一个优异的成绩,但我希望能给他的人生带去一路书香。孩子正如草木,有时花开得迟,但不能静待,爱要趁早,能给予的都不要吝啬。对此,我信受奉行。

此刻、此处,自励、自勉!

爱 的 拥 抱

陈亚楠

很多老师吐槽"班主任真难做",认为当班主任是个累人的工作,宁可多上几节课也不愿意当班主任。可我却不这么认为。加入迎秋这个大家庭后,我一直担任班主任,我从中体会到了教育的快乐、与学生真诚相处的快乐。

记得那是我担任班主任工作的第四年,新又接手了一年级。我们班有个叫小姜的同学,平时和同学相处总不那么和谐,每天都有学生到我这里告状。说实话,有段时间我真觉得他有点让人生厌。有一次,他又打了班上一个学生。我把他叫到我的办公室。可面对我的教育,他只是沉默。因为当时还有其他紧急工作,所以我对他说:"你自己先冷静冷静,想一想自己的问题,想好了再找我。"就这样先打发他离开了。可没想到两分钟后,他流着眼泪、挂着鼻涕委屈地对我说:"陈老师,我想好了!"我有点诧异,赶紧放下手中的笔搬了张椅子让他坐下。在之后的一个半小时里,他把从幼儿园到小学受到的所有委屈一股脑地告诉了我。同学对他发音吐字的嘲笑,幼儿园老师对他的无视,妈妈对妹妹的偏心……那些故事像一幅幅画面浮现在我的眼前,看似生活中的琐碎小事却成了他心中不可磨灭的伤痛。所以,他要做一只刺猬,要武装自己,把曾经欺负过他的人全都刺伤。一时间,安慰的话我全都说不出,只能紧紧抱着痛哭的他。他哭了将近10分钟,我帮他擦干眼泪,问道:"这些话,你对别人说过吗?"他摇了摇头,十分委屈地说:"没有,因为没有人相信我。"没想到,本来准备把他匆匆打发走的我,却成了他最信任的人,孩子向我打开了紧闭的心门。

从那以后,我或多或少地对他有些"偏心",想方设法让他在班上的同学面前重新树立形象,还邀请他到我家吃饭,感受不一样的家庭温暖。同时,我还经常和他的父母沟通,希望父母转变对孩子的管教方法。经过一个学期,老师和同学们都惊讶于小姜的变化,他变得开朗、上进、阳光、善良,面对错误坦然接受,面对缺点积极改正。

一直记得我的小学班主任叶淑清老师说的那句话:"爱是最坚强的力量!"班主任的工作确实难做,因为我们要管的事情太多。可是,每当我看到一张张如花的笑脸向我涌来,每当孩子们冲过来紧紧抱住我,我的心就一下子变得阳光明媚了。

爱是教师最美丽的语言,我们教师应有博爱之心,用爱去对待学生、影响学生。

激发活力的"强心针"+ 促人成长的"镜子"

曹 艳

20年来，我一直工作在教育教学第一线。20年的班主任经历使我有机会和孩子们朝夕相处，体会他们的喜怒哀乐。一批批的学生从我的身边走过，而我的教育教学经验也随着孩子们的成长不断丰富和完善。

竞争，让孩子们懂得机会是平等的，能激活孩子们的创造力；竞争，又是一面镜子，能帮助孩子们看到他人之长，审视自己之短。

以前对班级干部的任命多凭老师的感觉，这样一来，一些班干部就有了强烈的优越感，认为自己端的是"铁饭碗"，牢不可破。而其他一些有能力的学生也就不能获得让他们发挥所长的机会。针对这种情况，我在班级各种干部的任免上都采取了竞争上岗制和岗位责任制，任何一名学生都有参与竞争的权利。这个举措极大地调动了学生的积极性，同时也为树立良好的班级风气奠定了基础。

记得刚接手现在这个班时，孩子们听到班干部要竞选上岗，个个摩拳擦掌，跃跃欲试。有20多个孩子自愿报名成为候选人。更让我意外的是，在竞选演说时，很多孩子都提到，如果自己落选了，应该怎样正确对待，不气馁，找差距，赶上来，力争在下次竞选中榜上有名。比如，崔笑然在周记中写道："我虽然名落孙山，但这次竞选让我看到了我和同学间的差距，我不如张维学习扎实，不如邱蒙蒙吃苦耐劳，不如司文静宽容大度，更不如姬云熙工作负责任……"看来，竞争不仅是"强心针"，激发了孩子们"比学赶超"的活力；又是一面镜子，让孩子们看到他人之长，审视自己之短，从而改进自己、完善自己。

竞争上岗的班级干部对工作充满了热情，因为他们知道全体同学的眼睛在看着他们，他们就是榜样，把工作做好就是自己实力的最好证明。有了这样的动力，他们做起工作来很有主动性，班级中的榜样也就越来越多。记得我们班级做操场卫生时，两名卫生委员周到细致地安排、井井有条地布置、身先士卒地带领，用高度的责任心影响着同学们，就连平时最偷懒最淘气的几个孩子也都主动拿起了扫把，工作有了效率，卫生做得又快又好。班干部成为学生身边零距离的榜样，他们最真切，也最具有感染力，最能打动孩子们的心。

除了在班干部的选拔上引入竞争机制，对学校开展的各项活动，我都以竞争的形式让学生参与。如科普知识竞赛：通过各组推荐，邱蒙蒙、王海洋脱颖而出。他们利用业余时间背题目，课间还经常一起交流心得，最终在竞赛中取得了全校第一名的好成绩。他们用自己的实力回报了同学们的推举和信任。

竞争机制给学生提供了更多机会参与到班级工作中来，使他们时刻意识到自己是班级中的一员，和班级荣辱与共，学生的集体荣誉感就这样得到了培养和升华。这对弘扬正气、形成良好的班风起到了极大的推动作用。

每个孩子都是与众不同的个体，作为一线的教育工作者，我会不断探索、与时俱进、用心用情做工作，努力书写出更多无愧于职责的教育故事，照亮每个孩子的人生。

执旗引航　担当使命

闫冬梅

在教育工作这条路上，我风风雨雨走过了18年。15年的班主任工作，18年的语文数学教育工作，让我感受到教育工作中的酸甜苦辣，但更多的是收获，也正是这些收获，让我真切地爱上了这崇高伟大的事业。

这一届学生是我从一年级一直带到五年级的，这个班有69名学生，男生比女生多9人。班里多动的孩子很多，其中有一个孩子个性超强，从来不承认自己的错误，每一个教他的老师都感到很困惑；还有一个感统神经失调的孩子，表现为特别随意，想做什么就做什么。这几个多动的孩子影响了班里的大多数孩子，班主任工作让我感觉力不从心，曾有几次都想要求换个岗位，但是每当一想到如果换了老师，可能对这几个孩子不了解，班级情况会更差，便打消了念头。

我深切地意识到，作为一名班主任，责任大于天，放弃学生就等于推卸责任。于是，我改变了自己，为了控制自己的情绪，我买了一个扩音器，因为使用扩音器的时候不能大声喊，这样就控制住了自己的情绪。后来发现，这样效果比大声呵斥要好得多，这使我明白了魏书生的那句话：你把孩子当作魔鬼，你就生活在地狱里；你把孩子当作天使，你就生活在天堂里。自那以后，我的情绪好了很多。

我每天静心观察那两个爱动的孩子，针对他们的性格采取不同的办法。例如，他们上课听讲精神不能集中，我就鼓励他们，只要每节课能回答我一个问题，我就奖励一面小红旗。他们听了很高兴，慢慢地，他们真的做到了。课间我怕他们跑出去跟同学打斗，就安排他们一个帮我收拾讲台，一个帮我把书送到办公室，他们很高兴，每天都乐此不疲地完成着他们的任务，偶尔想出去玩了，也是急忙帮我做完事情再出去，这样也缩短了他们玩的时间。自那以后，也很少听见有人哭着告他们的状了，他们也愿意跟我亲近了，有时课间干脆就在我身边等待我的命令，偶尔还能因此得到一面小旗，他们就更高兴了。

看到他们的进步，让我想起了校长说的那句话："做一个智慧的教师，让学生一生受益。"

最让我头疼的是班里个性超强的小高同学，所有教过的老师都拿他没办法。他不断地犯错误，还从不承认，关键是屡教不改。我作为班主任带他5年了，对他很是了解，他是因为爸爸对他教育不当造就了这样的性格。只要他犯错误就会挨打，家长不会静心跟孩子沟通。我也发现，每次他犯错误时嘴上不承认，但是眼里却含着眼泪。每当这时我就不忍心再批评，因为我很心疼，孩子的性格已经这样了，他毕竟还是个孩子。

怎么办？我想到了一个办法——"忽视"他。每次他犯错误，我不再大声批评，我也不再心急，我会让他在我身边冷静5分钟，等他的情绪稳定了，我让他自己说错在哪里了。每次我们都能愉快地解决问题。后来，他每次犯错误，不管是在哪位老师课上犯错，他都主动找我承认错误，因为他知道我不会批评他。虽然现在他仍然会犯错，但不需要我去批评，只需看他一眼，他就会改正。在所有学生当中，他是我唯一一个微信好友，他喜欢到家用微信问我问题，每次讲完题，他都跟我说"谢谢"，之后还不忘叮嘱我"早点休息"。每次听到这话，我都很感动，一个连家长都说无可救药的孩子，那么喜欢我这个经常批评他的老师，这是多么荣幸的事情啊。

没错，爱人者人恒爱之。一件件小小的教育故事，让我坚信：做一个仁爱包容的教师，是我一生的骄傲！

作为一名党员教师，我会牢记使命，在教育教学这条路上，我会不忘初心，继续前行！

（闫冬梅，小学高级教师，2000年毕业于昌黎师范学校，现就任于海港区迎秋里实验学校，18年来，一直坚守在教学一线，从事了15年的班主任工作、18年的语数教学教学工作。）

点石成金,春风化雨,搭建舞台,助力成长

郑海渤

在迎秋里实验学校的团队当中,大部分是风华正茂、朝气蓬勃的年轻人。而作为一校之长,刘清文校长高度重视对于青年教师的培养。她总是将殷切希望转化为丝丝细雨,洒向茁壮成长的年轻一代,为他们创造更广阔的空间,搭建更绚丽的舞台,让他们充分展示自己,不断历练,不断提升,在终身发展的道路上阔步前行。加入这个和谐、奋进团队快两年的我,深切感受到来自学校领导的亲切关怀和殷殷重托。

故事一:始见第一面,赠书话阅读

在2013年的3月,我从一所农村学校来到这所浸满书香的特色学校,正式成为其中的一员。见到刘清文校长的第一面,就被她的睿智和豁达所深深吸引。谈话间,爽朗的笑声不时萦绕在耳旁,刘校长熠熠生光的双眼中流露出对于我加入这个团队的欢迎。

在为时不长的交谈中,刘校长提及最多的,还是读书。刘校长说:"身为教师,我们的教育对象是活生生的人。所以,我们需要教育的'活水',而'活水'就在书海之间。"她详细询问我在读什么书,喜欢读什么文章。随后,刘校长送给我一本书,让我好好地读一读,并叮嘱我一定要让读书成为生活的一部分,做一个爱读书、会读书、享受读书的人。刘校长还简要谈了自己的读书经历,指出读书能让人保持平淡的心境,每当工作累了,读上一段,便能在浮躁的现实中寻得一份宁静平淡,这种感觉是做其他任何事情都难以比拟的。

刘校长送给我的书我一直放在身边,虽然已经读过几遍,但还是不时拿出来翻看。每次拿起这本书阅读时,都会想起刘校长的教诲,提醒自己要以刘校长为榜样,让书伴随我的左右。

故事二：再见于课堂，用爱为孩子插上理想的翅膀

刘校长平时工作很繁忙，但她总是会抽时间走进课堂，和孩子们一起享受这教育的七彩阳光。一天早上，我正在班里带着孩子们读词语卡片。这些卡片是我用毛笔在宣纸上书写后，用胶带粘贴好，再精心裁剪制作而成的。刘校长看到这些卡片，很是感动。她拿起卡片看了又看，对我说："这卡片词语里藏着的，是你那颗深爱孩子们的心啊！"刘校长又引用陶行知先生的话来表达内心的激动。她说："爱是一种伟大的力量，没有爱就没有教育。"刘校长肯定了我为孩子们所付出的一切，指出只要是为了孩子们的发展，我们所做的一切都是值得的。

随即，刘校长和孩子们开了个简短的班会。会上，刘校长亲切地与孩子们沟通，了解他们最近在学校、家里的学习情况，又逐个询问了孩子们的理想。刘校长对每个孩子都是那么地亲切、真诚，鼓励孩子们朝着自己的理想努力。在这间充满欢声笑语的教室里，校长和孩子们的思维在碰撞，在句句暖心的话语中，一个个理想插上了翅膀，孩子们拥有了属于自己的梦，相信他们会拥有无比精彩的明天。相信他们一定会记得，在他们的童年时代，有一位和蔼可亲、幽默风趣、帮他们树立理想、为他们成长保驾护航的好老师、好校长、好朋友——刘清文校长。而我，再一次被刘校长泉涌般的教育智慧和着眼于学生终身发展的教育观念所折服。

故事三：活动前被约见，似伯乐识才，委以重任

在2013年的"六一"儿童节到来之前，刘清文校长将我叫到她的办公室，问我是否主持过大型活动。当时，我愣了一下，没明白校长的用意。我如实地回复校长："我在农村小学工作时，确实也主持过学校的运动会，但那只是四、五百人参加的活动，要我面对三千余人，我还真没有这种经历。"刘校长又是爽朗地一笑："这里的舞台就是这么大！我相信你有这个实力主持三千人的活动。放下包袱，精心准备，抓住展示自己的机会！记住，机会只会眷顾有准备的人！"短短几句话，听得我热血沸腾。我多么荣幸，得遇这位伯乐校长，善于抓住我身上那么一点点的闪光，给予鼓励，创造机会，搭建展示的平台，帮助我不断战胜自己，一步步成长。我们团队中的青年教师也都和我一样，在

刘校长的鼓励下，逐渐建立了自信，每个人都挖掘出自己的特长，在不同岗位上、各种工作中历练自己，不断成长。因为有了刘校长，我们都是幸福的。

在这里成长的每一步，都包含了刘校长对我的鼓励和鞭策，正是刘校长的点金之手，使我这块朴实无华的石头不断地蜕变。相信终有一天我能脱胎换骨，成长为一名出类拔萃的学习型教师。

做一名幸福的教师

何晨阳

谈及幸福，久别重逢的好友会说，我的薪水很高，这是我的幸福；多年不见的同窗会说，我工作的环境很好，我很幸福；然而，当别人问起我，你的幸福是什么？我会说，我很幸福，因为我是一名教师。

2007年9月，我走上三尺讲台，成为一名教师。刚由学生角色转换为教师角色，我有很多困惑：我不理解身边的同事怎么那么敬业地工作，早来晚走，面对面地与学生谈心，批改作业，转变家长的教育观念。我在心里偷偷地问自己：我要像他们一样日复一日、年复一年地重复着这样的事，度过我的人生吗？这样的人生何谈精彩，何谈幸福！然而，工作中的一件件小事改变了我的看法。

2021年9月，是我参加工作的第十四个年头，负责教五年级七班的英语课并担任这个班的班主任。在每周一次的队会上，我说，同学们，你们要相信自己，因为你们每个人身上都有闪光点。紧接着，我列举了几名同学的优点。不想，下课后，一个小男孩跑过来问我："老师，我的闪光点是什么？"我仔细看了看这个孩子，想了想，竟一时不知该说什么。这时，这个孩子低着头走开了。我感觉到了孩子的失望，我真为一时的嘴笨感到懊悔，我怎么就没有及时说出他的闪光点呢？这个孩子是个平时学习比较吃力的孩子，不太愿意说话，分数经常在及格边缘徘徊，他有时会受到同学的嘲笑，他的内心是自卑的。此时，他低头离开的动作触动了我，使我意识到，我的一个无语的回答可能会给孩子的心理带来阴霾。于是，我找他谈了话，告诉他：一个总是低着头、弯着腰走路的孩子，他的骨骼必然会变得弯曲；孩子，你需要昂起头来走路，因为在老师的心里，你是最棒的！简单的几句话，让这个孩子的眼里有了光芒，我的心也为之一颤。

原来老师的一举手一投足，一句不经意的语言，或很细微的一个举动，都会给孩子带来很大的变化。顿时，我明白了我的同事们，为什么每天那么敬业！因为，孩子们需要我们，孩子们需要教师的呵护与引导。

  随着时间的推移，我欣喜地发现那个经常低着头走路，不知自己闪光点的孩子勇敢地举手发言了，尽管他所能答的问题还很浅显，但他能站起来，能主动发言就是一种进步！他的心里开始有阳光了。我相信，以后他不再是低头弯腰走路的孩子，而是一个抬头挺胸、坚强而快乐的孩子！

  你是幸福的，我是快乐的。"幸福"是一种心理感受，其实它无时不在、无处不在，只要我们能用一颗宽容的心、博爱的心去看待、处理工作和生活中的每一件事，我们就会成为一名幸福的老师。

  幸福更是一种责任，没有人能将自己所没有的奉献给别人。教师要给学生幸福，自己应先成为一个幸福的人，一个懂得创造幸福的人。为此，我们也要收藏生活与工作中的点点滴滴，慢慢品味其中幸福的味道。做幸福的教师，为学生一生的幸福奠基。

爱是沟通的桥梁，理解是信任的开始

孟 喆

从当老师的第一天起，我就是一名光荣的"班妈"，每天大部分时间都是待在班里，和孩子们共同学习，解决纷争，婆婆妈妈的小事就是我工作的全部。屈指算来，这样的日子已有20多年了，昔日的"老师姐姐"也熬成了孩子们口中的"老孟"甚至"老太太"。

今年我又新接了一个班，据说这个班的班级整体素质一般，成绩更是一般，班中特殊孩子居多，足有7个。他们不但不学习，经常捣乱，而且问题层出不穷。这不刚开学，麻烦就来了。今天下午一个同学从操场捡到一块电话手表，兴冲冲地交给了我，我及时询问了所有"班妈"寻找失主，但是没有任何音讯。马上就到放学时间了，我随手把手表放在了讲桌上，先组织学生们排队放学。在路上有个班的老师告诉我那是她班里一个孩子丢失的手表，我愉快地说明天让孩子找我认领吧。

可是当我回到教室的时候，却发现讲桌上的电话手表不翼而飞！谁，这么大胆！老师放在讲桌上的手表居然敢拿走？电话手表将近千元，竟然敢在老师眼皮子下"偷"走，这得有多大的胆子！我立刻查找今晚值日生的名单，小李？不会。小赵？也不会。那到底是谁呢？突然"小王"的名字跃入我的眼帘，她就是班里的特殊孩子之一。我努力地回想着学生和家长对她的评价，心中渐渐有了怀疑。可是孩子已经走了，若是她拿了，等到了家里也会转移，家长又会怎么看我？我凭什么怀疑人家孩子？我又有什么证据？此时我真是心急如焚！突然，我想到她放学后要去托教，还没回到家，我立刻火速赶到托教，可还是晚了一步，小王被妈妈接走学舞蹈去了！完了，彻底没戏了。我失望地往回走。

路上，我不停地回忆着这个孩子的点滴生活，虽然她不爱学习，但是还算听话，漂亮的大眼睛忽闪忽闪的，应该是个善良的孩子。就是因为父母离异，母亲独立抚养她，精力有限，再加上她自制力不强，久而久之落到了后面。是啊，这样的孩子真是可怜！但是我的直觉告诉我，她的嫌疑最大！怎么办？"不忘初心，方得始终！"孩子就是孩子，我必须想办法解决！于是，我拨通了小王妈妈的电话，我真诚地跟小王妈妈说："小王妈妈，我想请小王帮我一个忙，我有个棘手的事，希望得到她的帮助，您能帮我把她送回学校吗？"小王妈妈接到我的求助电话非常高兴，立刻说："老师，我们在去课外班的路上，您需要小王帮忙，她高兴还来不及呢！我们这就回去！"听到这儿我悬着的心落下了一半。20多分钟以后，小王妈妈气喘吁吁地来了，可是小王却没跟进来。小王妈妈说："小王在后面，她说去车里取点东西，待会儿进来。"我一听，顿感不妙，刚刚放下的心又悬起来了。我立刻和小王妈妈一起跑出校门找小王。此时的车边却没有小王的身影。我们分头寻找，终于在一个垃圾桶旁发现了她。孩子可怜巴巴地蹲在那，躲闪的眼神里写满了恐惧和故事。一头雾水的小王妈妈更是疑惑不解。

我轻轻地走过去，把孩子揽在怀里，向教室走去。一路上，抚摸着孩子瘦弱的肩膀，我的心酸酸的——单亲家庭的孩子真可怜！到了教室，我拉过小王，亲切地说："宝贝，谢谢你能回来帮老师解决问题！记得老师跟你说过——""做错了事不要紧，只要敢于承认，改了还是好学生！"小王抢先回答。我没说什么，她立刻如此反应，我心里似乎有了答案。我一把搂过孩子，亲切地说："老师说过那么多的话，你为什么偏要说这一句？你是有什么事要告诉老师吗？"孩子怯怯地看着我的眼睛，突然，哇的一声哭了，哽咽地说："老师，是我拿走了你讲桌上的电话手表。"多单纯的孩子啊！就是这样简单！我继续不动声色地说："老师知道你也有一块，是不是那块表和你的很像？你误拿了？""对，对，老师就是这样的。做值日时我以为是自己的丢了，所以顺手拿走了。老师，我错了，应该跟您说一声的。但是——"孩子越来越哽咽了，"可是，我拿回去发现它不是我的，密码不对，手表还老响——我害怕了，所以我把它扔垃圾桶了！"——怪不得孩子不进来，原来是去找手表了！

我站起身，走到小王妈妈面前，真诚地说："谢谢您帮助我！"此时的小王妈妈已经泣不成声，连连道歉："老师，太不好意思了，给您添麻烦了！都怪我没教育好孩子！……"我赶紧说："您教育得很好，孩子诚实就是最好的教育，只不过孩子还小，她还不会处理复杂的问题。今天这件事一定会让孩子成长！"

说真的，面对诚实的问题孩子，我此时是心疼的。孩子虽然犯了错误，但是能够去承认，去弥补，我觉得足矣！于是，我把孩子抱了过来，温和地说："老师真为你高兴，因为我又多了一个诚实的好孩子！如果你在学习方面也能认识到错误，老师就更高兴了！""老师您还相信我？"此时小王已经泪流满面，那双大眼睛却依旧明亮清澈！我使劲儿点了点头。孩子笑了，笑得可开心了。

小王妈妈在一旁不住地流泪，我拍着她的肩，说："我特理解您，都不容易！"小王妈妈拉着我的手说："老师，谢谢您这么相信孩子！我回家一定好好教育！"我连忙阻止，说："孩子在成长过程中哪有不犯错误的？功过要分着说，作为大人，我们要进行恰当的教育。多陪伴、多引导，了解孩子，慢慢地很多问题就会迎刃而解。"临走时，小王妈妈非要把电话手表的钱转给我，我拒绝了！

从那件事以后，小王真的变了，每天的作业都能认真写，尽管上面还有很多错误。上课时她也能自信地举起右手回答问题了，同学们常常不约而同地为她鼓掌！是啊，每一朵花都有它的花期，只不过需要慢慢等待。问题学生的确会有许多令人想不到的问题，作为老师，不要用一成不变的眼光看待他们；作为家长，不能一味地相信孩子，更不能劈头盖脸地批评孩子。孩子成长中会遇到各种各样的问题，我们要耐下心来，多陪伴、多引导，帮助孩子提高迎接挑战的能力，让他们自信起来。"爱是沟通的桥梁，理解是信任的开始。"家长和老师都是孩子成长中最重要的引路人，互相信任，互相配合，相信在爱的雨露下，孩子一定会乘风破浪驶向阳光的彼岸。

爸爸妈妈进课堂

李宣萱

"同学们好,我叫高鸿,是一名高级引航员,负责驾驶、引领船舶进出港口。"

今天的午读时间,五班显得格外安静。同学们腰板挺得直直的,小手放得好好的,眼睛瞪得大大的,都在听一个高个子叔叔给大家讲故事。路过的老师们都十分好奇,这是谁呢?

其实,这位叔叔大家都认识。他是高旌宸的爸爸,长得高,在接孩子的家长队伍中,他又总站在最前面,所以大家都叫他"高爸爸"。李老师说,班级最坚实的后盾就是爸爸妈妈们,他们中藏龙卧虎,有很多人才。而且,家长们都很渴望看看我们在学校中的样子,所以,李老师每周利用午读的时间请一位爸爸或妈妈来到课堂,给大家当 10 分钟的老师,为我们讲授课本上没有的知识。高爸爸是进课堂活动中来讲课的第一个家长,他可认真啦!

"你们知道我读了多少年书,才成了引航员吗?"

大家摇摇头,猜不出。

"30 年!"

"哇!"那么久,我们都惊叹了,一个个嘴巴张得大大的。

高爸爸很满意大家的反应,接着说:"30 年的积累,让我懂得了很多道理,今天我给同学们讲一个东汉名臣陈蕃的故事。"

话说陈蕃小时候,自己的房间总是杂乱不堪,别人问他,他就说大丈夫不拘小节。后来,父亲的朋友薛勤问他,一屋不扫何以扫天下?这使陈蕃明白了从小学会整理好细小的东西,养成认真的品质,长大了才能做大事的道理。

高爸爸说自己从没给这么多人讲过话,可是在讲台上,他侃侃而谈,十分从容,大家都听入了迷。

接着高爸爸问我们:"笔袋里有 10 支以上笔的同学请举手!"

有那么 10 多位同学举起了手,高爸爸问:"你们是不是总丢笔呀?"举手的同学有的重重地点了点头。

"笔袋里有5支以下笔的同学请举手!"

有几位同学举手了,高爸爸笑着说:"你们是不是总跟同学借笔用?"有的人不好意思地把手放下了。

"笔太多了,你不懂得珍惜,丢了也不心疼;笔少了,学习的时候不够用,总得跟人借。所以,学习用品和子弹一样,适度最好。做大事要从做好小事做起,希望同学们都能养成爱护、整理物品的好习惯,大家能不能做到这一点?"

"能!"同学们的劲头被高爸爸鼓得足足的,所有人一起响亮地回答。

10分钟过得真快,高爸爸的课上完了,大家不约而同地鼓起了掌,围着高爸爸,我们照了一张满是笑脸的照片。依依不舍和高爸爸道别的时候,我们看到他额头上布满了汗珠,都说:"叔叔辛苦了!我们喜欢您,欢迎您以后常来!"

后来,高爸爸给李老师留言——今天有幸来到迎秋里实验学校三年级五班,看到班外丰富多彩的文化墙,看到班内整洁的环境和一张张渴望知识、天真无邪的笑脸,心里非常高兴,情不自禁地就想把自己的一点点经验清晰明确地告诉他们,希望他们能从点滴做起、逐步积累,将来都能够学有所成!

李老师告诉我们——高爸爸原来有一个高旌宸,进了课堂之后,他有了61个"高旌宸"!以后,还会有更多的爸爸或妈妈来到课堂,我们的亲人也就一天比一天多!

下周会是谁来呢?我们已经开始期待啦!

淘气包大变身

李宣萱

课间，正在批改作业的时候，小班长后面跟着班里的几个淘气包来找我："老师，罗镕嘉、马万里他们在图书馆门前的书架那里打闹，图书馆的老师让我带着他们来找你。"盯着这几个垂头丧气的家伙，我重重地叹了口气。平时他们几个身上像安了弹簧，一刻也不消停，下课铃一响马上就会弹出座位追追打打。在教室和走廊里批评过他们几次，我还奇怪这段时间怎么没见他们折腾，原来是转移阵地了。陈鹏轩用眼角瞥了我一下，看见我正在盯着他，又迅速地把头低下去。我想他们知道错了，但这还不够。

我问："老师以前讲过，在图书馆里应该怎样做？"

"应该保持安静。"王业凯总是能积极承认自己的错误。

"应该不追逐打闹。"马万里也小声地说。

我追问："那你们为什么还去图书馆打闹？"

"因为别的班的也在那里玩儿，我们才去的。"陈鹏轩强调着，还一副理直气壮的样子。其他人也赶紧附和着点头。

我深吸一口气，压下怒意，想了想，说："看来，还有很多人需要教育，给你们个任务吧，今天回家每人都去找找图书馆文明规则，明天由你们来当小老师，给大家讲课！"

放学的时候，我把这件事告诉了几位淘气包的家长，家长们表示一定督促孩子完成任务。

第二天中午午读的时候，我先跟同学们讲了昨天的事情，接着请王业凯上台。只见他先礼貌地鞠了一躬，然后打开自己准备的稿子："图书馆文明规则：（1）进入馆中要举止文明、仪容整洁、爱护图书。（2）保持馆内安静，不能高声喧哗，不能随意打闹。（3）自觉维护馆内良好秩序，进出不推挤，不抢占座位。（4）保持馆内清洁，不能在馆内吃零食、扔垃圾。"

别说，平时身上安了弹簧一样总也静不下来的王业凯站在讲台上时，还挺像模像样的，讲完之后还不忘又给大家鞠了一躬。马万里也是，陈鹏轩也是，这几个淘气包一改往日的样子，严肃正经起来很是可爱。台下，同学们听得很认真，当我提议同学们感谢几位"小老师"的讲解时，教室里响起了热烈的掌声。掌声里，淘小子们抿着嘴羞涩地笑了。

下课，我带他们来到办公室后，告诉他们，他们能得到大家的掌声，是因为他们认真的准备，还有，做了好事就会赢得赞扬。我问他们，被赞扬的心情怎么样，他们都不好意思地说很好。

我又故意做出发愁的样子说："你们现在改好了，可是还有别的班的同学去图书馆门前打闹，这可怎么办好呢？我已经跟图书管理员张老师说好了，请你们去当志愿者，帮助老师管理，行吗？"原以为下课不能玩耍了的他们会不高兴，谁知他们却跃跃欲试起来，刚刚收获了掌声的他们心里涌动着正义的力量，争着抢着排出了"值班"日期。

就这样，上午第二节课下课后，值班的淘气包就准时去图书馆了。我派小班长去观察，得到的反馈是他们表现很好，张老师要聘请他们当小图书管理员呢！

第一天值班的是王业凯，他回来说，今天批评了三年级打闹的小弟弟；第二天值班的是罗镕嘉，他说他帮助整理书架上的书，张老师表扬他了；第三天值班的是马万里，他问能不能以后总去值班……

事情已经过去了两个多月，在这几个淘气包身上再也没发生打闹事件。他们在工作中、管理中获得了成就感，而这比打闹带来的乐趣要大得多。

接班"三连炮"

孟 喆

日子就这样一天一天地过去,我也送走了一届又一届的学生,屈指算来今年已经是我做班主任的第 25 个年头了。弹指一挥间,每天和学生在一起上课、谈心、批改作业,没想到自己已经是个年近半百的老教师了。

今年我又照例接了五年级三班,这是一个有故事的班级,我承受着巨大的心理压力,战战兢兢地接手了。很多同事都禁不住安慰我:差不多就行了,自己不年轻了,别因小失大。我明白同事的担心,但是我也有我的原则,"无规矩不成方圆",我相信真心换真心!

开学伊始,我的第一次演讲震撼了整个班级。孩子们诧异了:一个面相和蔼的老师怎么会如此严厉!随着我的一二三条班规陆续出台,要求严格执行、不得怠慢,着实让他们胆怯了。此时的教室安静得只能听到孩子们的喘气声。我知道我的"第一炮"打响了!果不其然,下课没有打闹的,站队也没有说话的,一上午都那么安静,静得我自己都觉得有点压抑!接着是我的语文课,虽然已有 20 多年的功底,但是每一堂课,我都认认真真地准备。无准备不进课堂,这是我的原则。亲和的语言,精彩的设计,新颖的课堂,一下子吸引了孩子们,气氛活跃起来了,他们纷纷举手,侃侃而谈,好不热闹!他们没想到那么严厉的老师,课堂是如此轻松,耐人寻味!渐渐地,他们企盼着能多上一节语文课。我知道我的"第二炮"也升空了!

你喜欢我,是喜欢我的语文课,爱听我说话,这些不外乎来自语言的魅力!怎样提高自己语言的魅力呢!一是阅读的积淀,二是口才的锻炼!接下来我开始培训我的第一个小弟子进行"课前一分钟演讲"。从选材出发——短小精悍;从语态指导——落落大方;从心理培训——我可以!第二天,班长第一个走向了讲台,开始班里史无前例的"课前一分钟演讲"。孩子们瞪大了新奇的眼睛,全神贯注地听着,一分钟转瞬即逝,孩子们却意犹未尽。就这样,第二个,第三个……每天都有学生迫不及待地走上讲台展示自己。经过一个学期的锻炼，孩子们的脸上自信满满，参加活动跃跃欲试，整个班级面貌一新。学期末我带着孩子们一起参加学校的语文大教研，孩子们精彩的演讲、伶俐的口齿震撼了所有的语文老师。"第三炮"，我成功啦！

20多年的教学，同样的课本，要有不同的教学方法，这是我对自己的要求。不同的班级，要有不同的管理，这也是我对自己的考验。人虽然老了，但是心不老！在班主任这条路上我会继续炸响"第四炮""第五炮"……

让教育充满爱

李爱玲

时光如水,生命如歌。转眼间我已经在教师这个平凡的岗位上耕耘了14个年头。回头想想自己并没有什么特别之处,有的只是一片热爱教育的诚心和一颗热爱学生的爱心。我用诚心浇灌教育这片净土,用爱心打开每个学生的心门。一句话,只要你心中充满爱,那么在你面前出现的就是学生们心灵的青青绿草地。

莎士比亚说:"爱是亘古长明的灯塔,它定睛望着风暴却兀不为动。"泰戈尔说:"爱就是充实了的生命,正如盛满了酒的酒杯。"

教育,因爱而美丽;尊重,成就爱的魅力。孩子的自尊、自信便在美丽的师爱中成长,孩子们学会了自爱,懂得了做人的尊严。这一切的一切,使得原本枯燥烦琐的教育工作,变得那么可贵、那么美丽!

曾记得几年前班里有一个小男孩是最令我头痛的一个学生,可以说,他对学习一点兴趣都没有,自然,成绩也是"稳稳地"排在最后。他甚至曾经自暴自弃地说过这样的话:"我去上课已经是很给老师面子了,下次再批评我,我就不去上了!反正我上不上都无所谓了。"课上不听讲、交作业拖拉就更是家常便饭。无论是苦口婆心的教育还是声色俱厉的批评对他来说均无济于事,任何时候他都是表现出一副"软硬不吃"的样子。在他的心里,他早就认定了这么一个想法:我是一个差生。一次次苦心策划的转化计划都宣告失败,我实在是无计可施了,但又不忍放弃,放弃不等于宣判"不可救药"了吗?一次偶然,我在杂志上看到了"成功教育"的方法之后,我想,何不试一试呢?于是,我试着去接近他,经常和他谈心。渐渐地,他对我由原来的排斥变得接近。由于他对学习不感兴趣,我就在提高他的学习兴趣上下功夫,千方百计地创造机会让他获得成就感,细心注意他哪怕是微小的进步,及时给予恰到好处的表扬。这一切,使他看到了自身的力量,获得了成功的喜悦与自信。有位哲人曾经说:"使人前进的最大一种刺激物,是一种成功的感觉。做了一点事的人，无论事情大小，只要他尝着一点成功的快乐，便会渴望再次成功的光荣。"终于我高兴地看到他逐渐有好转的迹象了：学习兴趣浓了、纪律好了，有时甚至能在我不在教室时自觉帮我督促教室的纪律了，作业书写进步了，字迹工整了许多，作业上交的速度加快了……总之，由于爱心＋细心＋耐心，这"孺子"居然可教了。

教师的工作，有说不尽的烦恼，可有大烦恼就有大智慧，有大智慧就有大成就。回眸静思走过的育人之路，我时常惊叹：平凡即伟大！教书育人的平凡中往往蕴藏着一种震撼人心的力量！这教育也就成为难以用语言描述的美丽！

"捣蛋大王"的纸条

李 茜

燕子去了,有再来的时候,杨柳枯了,有再青的时候,岁月却是如流水一样一去不复返了。多年来为人师表,在讲台上不断上演着自己的教育教学故事,许多都已随着时日的流失而渐渐淡忘,可也有一些就如同树根,深深地植入了我的心,虽不曾惊天动地,但仍历历在目,感悟至深。

记得我刚参加工作时,心里总有这种感觉:学生会怕我这个新老师吗?常言道,"棍棒底下出孝子""严师出高徒",我必须严厉点,镇住他们。当时班里有一个出了名的"捣蛋大王"。他学习成绩差,经常欺负同学,全班学生都怕他,暗地里还被起了个"了不起"的绰号——"捣蛋大王"。一次,他又打了班里的同学,我火冒三丈,毫不留情地将他揪到办公室,当着所有老师的面,狠狠地对他进行批评。没想到他不但不服气,还理直气壮地顶撞我,后来骂骂咧咧地冲出了办公室。当时我被气急了,觉得自己受到了莫大的羞辱。

这件事之后,我对他冷若冰霜,而他上课再也不听我讲课,经常变着花样给我捣乱。下课后,他变本加厉地欺负同学。当时我对这个孩子既"恨之入骨",又无计可施。

可后来的一件事情改变了他,也警醒了我。有一天,我打开讲台桌子的抽屉,拿出课本,发现抽屉里有一张纸条,上面写道:"老师,你一定非常讨厌我、恨我吧,但我不讨厌您,因为我知道您恨我这块铁不能成钢,可我讨厌您在办公室对我毫不留情地训斥,当着所有老师的面批评我。"课下,我把这张纸条读了一遍又一遍,内心深处有一种说不出的滋味。这张纸条警醒了我,总想给学生下马威的我,到了应该好好反思的时候了。我决定找这位"捣蛋大王"好好谈一谈。

那天放学后,我找这个我一直讨厌的学生和颜悦色地谈了一次话。我首先向他道歉:不该用粗暴的语言伤害他。面对我的"新面孔",他有些不自在,又好像有点儿受宠若惊,一改往日的蛮横态度,向我承认了自己的错误,说自己捣乱、欺负同学都是故意的，原因就是对我不满、想报复我。他很真诚地表示以后不会这样了，还十分诚恳地对我说，老师，我喜欢今天的您，相信我也会喜欢以后的您。他最后还问我："老师，我给您惹了那么多麻烦，您还会喜欢我吗？"当时我毫不犹豫地回答："我会，我会把你当成我最好的朋友。"

这件事已经过去多年，但它一直珍藏在我心底。这张给了我教育的纸条，我也一直珍藏着。它时刻提醒我，"最可恶"的孩子也有他最可爱的一面。每个孩子都是鲜活灵动的，都有着独特的性格。作为一名班主任，应该用和颜悦色、用亲切的目光、用慈爱的双手，给每一个学生以自尊、自信、关爱与鼓励。只有这样，学生才会亲其师、信其道。

作为教师，我要以火热的情怀辛勤工作，以平等尊重和真诚的爱心去打开每一个孩子的心门，不让任何一个孩子留下人生的遗憾，尊重和善待我身边的每一个学生，因为只有充满爱的教育才是真正的教育。

一棵树的幸福

李宣萱

圣人说,师者,传道授业解惑也;专家说,捧着一颗心来,不带半根草去;前辈说,三尺讲台,满天桃李;而我说,就让我做一棵树吧,不尊贵,不甜美,幸福地守候在生命的春天里……

从教12年,我始终记得刚走上工作岗位时的一件事。那是一个再普通不过的课间,孩子们都去了厕所。就在他们回来的路上,突然,天降大雨,雨来得那么急,雨点又那么大,孩子们惊叫着往回跑。我担心有胆小的学生被阻在厕所不敢出来,就跑进去看了看,当我想返回的时候,雨已经更大了,我踌躇在厕所门口。这时,一个已经跑回了楼里的小男孩看到了我,他先是愣了一下,然后毫不犹豫地跑进雨里向我冲来,一边挥手一边大喊着:"救救老师,救救老师!"一下子,孩子们都跑来了,他们都喊着:"救救老师!"最后,为了"救我"的他们和为了阻止他们的我,都被雨淋湿了。但这场幸福的雨却永久地烙在了我的心里,我永不会忘记在雨中孩子们拥住我的那一瞬间!也由此而明白了为什么会"捧着一颗心来,不带半根草去"!

前年,我新接了一个班,一进教室就看到一个大个子坐在班里的第一排,能有如此特殊待遇的,必定是大家口中的"小倔牛"了。那天,他脚下有一大块脏纸,我看到了,就提醒他说:"李浩然,把地下的纸捡一下。"他先是看了看我,然后一转身,竟置若罔闻、晃晃悠悠地走了。做了多年教师,从未受过如此冷遇的我,愣在了那里。当时真的感受到了——如果说孩子们都是幼苗的话,李浩然绝对是一棵"小铁树"。我头脑里闪过好几个念头,我该维护老师的权威吗?我该狠狠地批评他一顿吗?后来,我想起一句话:有时候,教育就是一种等待。此后,他脚下再有废纸的时候,我会自己走过去,弯腰捡起,放到垃圾桶。时间长了,他从视而不见变成了我弯腰的时候他能动动腿,给我让让地方。直到有一天,当我的视线落到他脚下,他以迅雷之势捡起了地上的纸,飞快地塞到了桌斗里。然后,他朝我傻傻地笑了笑,我朝他竖起了大拇指。那一刻，此时无声胜有声。

苏霍姆林斯基说："在每个孩子心中最隐秘的一角，都有一根独特的琴弦，拨动它就会发出特有的音响。要使孩子的心同我讲的话发生共鸣，我自身就需要同孩子的心弦对准音调。"当孩子不愿意的时候，不强求，用自己的言行给他做示范，这是我感化"小铁树"的第一招。

李浩然性子倔、不服输，总与伙伴发生口角。每次他都是一脸的不服气，歪理十八条，条条都是别人的不是。有一次他和体育班长吵了架，来到我面前时，我先阻止了他们的争辩，请他俩逐个陈述事情的经过。了解情况后，我告诉他们，能吵起架来，就说明两个人都有问题。我特意先指出了体育班长的不足，请他为自己的错误道歉。李浩然见我没有偏袒，平时管着他的小领导也向他鞠躬道了歉，他的眼神立刻柔和了，也讪讪地承认了自己的不足。此后几次都是这样，我不急于给他"定罪"，他也能对自己的错误直言不讳。现在，已经足有一年时间我没再为他解决打架事件了。看着他和其他伙伴勾肩搭背称兄道弟的样子，我知道，他已经学会了不用武力去解决问题。不给差生贴标签，给他们公平，这公平本身，就是对孩子弯曲枝丫最好的修剪。

去年教师节，李浩然把一支康乃馨立在桌上晃来晃去，我笑着问他："是送我的吗？"他有些羞涩地把花递给了我，我接过花的那一刻，班里响起了热烈的掌声。大家都知道，我们班的"小铁树"终于开了花！

"教育的本质意味着：一棵树摇动一棵树，一朵云推动一朵云，一个灵魂唤醒一个灵魂。"我不是教育林海中最高大挺拔的那一棵，却愿用自己的教育智慧滋润、推动一棵棵幼苗的成长。无论眼前的他们，将来会长成参天大树还是葱郁的小草，我都坚信，他们生命的翠绿将为世界带来一抹美丽的诗意，每一个生命都值得我们用心去哺育！

上课的时候，我喜欢看孩子们的眼睛，望着他们的眼睛，我知道，今天操场上奔跑着的追皮球的娃娃也许明天会站在世界冠军的领奖台上，今天音乐厅中传出的稚嫩童声也许明天会响彻世界音乐的殿堂。一个孩子就是一个希望——民族的希望，世界的希望，人类的希望！

就让我站在教育的沃土之上成为一棵树吧，我深入大地的根须，是坚定不变的信念；我唰唰作响的枝叶，是在为孩子们欢呼；在我身边通向远方的路，是我默默给他们的指引；在我耳畔吹过的风，是我一次又一次为他们目送。我想，一定会有人读懂我的目光，因为——那目光中写满了一棵树的幸福……

三尺讲台育桃李芬芳　默默耕耘献大爱无疆

李金凤

"三尺讲台，育桃李芬芳；默默耕耘，献大爱无疆"，这是迎秋里实验学校李金凤老师从教生活的真实写照。

恪尽职守，挥洒青春写忠诚

我叫李金凤，1999年7月参加工作。从业以来一直坚守教师职业道德规范，忠诚党的教育事业，默默耕耘，恪尽职守，乐业奉献，用爱心抒写了教育人的赤诚情怀。从教21年，我一直担任班主任工作、小学语文教学工作。无论在哪个工作岗位，我都严于律己，敬业爱岗，做好学校分配的工作。

有人说教师是太阳底下最光辉的职业，是人类灵魂的工程师；也有人说教师是辛勤的园丁，是燃烧的蜡烛。这些美好的比喻都体现出教师的敬业精神和奉献品格。小时候，我就有着一个教师梦，几乎每天放学后都会拿着一支粉笔在自家月台上，一边写一边学着老师的样子讲述。成为教师后，我一直努力让自己成为学生喜欢的老师。我时刻勉励自己，鞭策自己。"教育中不能没有爱，就像池塘里不能没有水一样。"我用一颗真挚的爱心与无悔的青春，从事着热爱的教育事业，以真诚滋润这一片稚嫩的土地，以爱心感染这一棵棵天真的幼苗，以热情浇灌这一群群活泼的生命体！我的行囊里已准备了一切：迷人的书香，澎湃的激情，宽容的胸襟，对大山的仰止，对教海的探航！

2006年暑假后，我调入迎秋里实验学校，担任了三年级语文教学和班主任工作。初到新单位，环境的陌生，同事的不熟悉，工作要求的极大变化，带给我诸多的不适。为了提早适应新的育人环境，返校当天我伴随着小鸟啾啾的啼鸣声早早步入校园，亲自清洗拖布打扫教室，清理楼梯，以饱满的热情为学生营造良好的学习氛围。白天精心做好每件事，晚上躺在床上，放电影一样思绪蔓延起来，想一天工作的得失，为第二天的工作谋篇布局。就这样，我的体重一周之内快速掉了7斤，家人见状对我无比心疼。尽管如此，我对工作的热情丝毫未减。为了快速认识每一个孩子，我将学生名单带回家，哪怕在做饭也要抽空记几个孩子的名字。一周之内70多个孩子的名字我熟记于心。孩子们惊讶于我的记忆，对我平添了更多的敬畏与羡慕。这让我的育人教学工作得以顺利开展。记得当初蒋校长见到我后关切地问："班级这些孩子带得顺手吗，师生间得熟悉一段时间吧？"我当时是这样回答的："姐，因为学生人数较多，我们之间怎么也得需要个把月的磨合。"我说到也做到了。这既得感谢前任班主任的精心管理，同时也离不开我对工作的执着，比常人多用的心思。从事教育工作20多年来，我以一种敬业、乐业、奉献的精神，默默耕耘，始终把培养下一代作为至高无上的事业。"言传身教"是我作为领路人一贯奉行的工作作风。作为一名教师，我时时以教师职业道德规范为标准来衡量自己，做学生的表率。人们常说，学校无小事，事事皆教育；教师无小节，处处是楷模。我想：作为一名班主任教师，应"不以善小而不为"，应从我们亲自弯腰拾起地上的一张废纸做起。"身教重于言教，榜样的力量是无穷的。"我要求学生做的，我务必先做到，不允许学生做的，我坚决不做。在日常生活中规范自己的言行，以良好的道德风范，对学生实施教育，时时处处起到表率作用。这样，孩子们不但品德优秀了，而且成绩也一直名列前茅。

严谨治学，孜孜以求钻业务

在教学一线，我深知"问渠那得清如许，为有源头活水来"的道理。因此，我追求做一名学习型和反思型的教师。除了阅读大量的教育教学著作外，还翻阅了大量的专业报刊，学习好的经验和先进的教学方法，及时更新教育理念，提升自己的业务能力。我坚持不懈地学习现代化教育、教学理论方面的书刊，认真备课、钻研教材教法，高效地上好每节课，及时面批学生作业，发现问题及时纠正。我高度重视课后反思，从反思中发现不足，制订具有可操作性的改进措施。

作为语文教师，我深知本学科传承中国优秀传统文化的复杂性，所以将学科知识的教学和能力的培养与提升渗透到每节课、每名学生。班级里的每个孩子都像我自己的孩子，一个会心的眼神传递给他们，让他们感受到老师的关爱；亲昵的抚摸一下孩子们的头，让他们感受到老师对他们的爱护；轻声呼唤他们的乳名，让他们不为陌生的环境和老师而担忧。迄今为止，那些升入中学的67个孩子的乳名我清晰记得。我知道，关爱才能拉近学生与老师的距离、学生与学科的距离，因此我对学生的爱是一种把全部心灵和才智献给孩子们的真诚。这种爱是无私的，毫无保留地献给所有学生；这种爱是深沉的，蕴含在为所有学生做的每一件事当中；这种爱是神圣的，汇成水乳交融的情谊。我对教育赤诚的爱赢得了学生的尊重和家长的信任。2019年6月23日是我终生难忘的日子，因为那天是我带了6年的孩子们进行小学毕业考试的日子。当最后一科考完，满满不舍地一番叮咛过后，我像往常那样护送学生们离校。远远地，我看到朝夕相处了6年的家长朋友们有的手捧鲜花，有的手举"李老师，我们永远爱您"的牌子，仿佛在迎接凯旋的战士一样。我心头一颤，鼻子一酸，眼泪不争气地夺眶而出。6年前因孩子与家长结缘，6年中出现的事故早已变成了美好的故事，得到了家长们的认可，因孩子我们又成为好朋友。孩子们在背地里偷偷创建了"六一班李老师粉丝后援团"。小时候文化水平不高的母亲会教育我"人过留名，雁过留声"。那时候我不明白这句话的真谛，带了几轮学生之后，家长朋友们口口相传对我的美誉足以见证这一点。

我深感一个学困生对班级的影响，更清楚转化学困生的重要性。例如班上有个叫王××的学生，他的学习基础很差。经过访谈，我了解到孩子的父母都在做生意，每天早出晚归，根本顾不上他的学习。根据这些状况我采取了以下措施：首先给他调整了座位，课间在学习上给予更多的辅导，指定专人帮助他学习，然后再和家长沟通思想，要求家校及时联系，每天晚上抽出时间监督和辅导孩子，保质保量地完成家庭作业。再根据他头脑灵活的特点，给他创造表现自我的机会，课堂上经常鼓励他发言回答问题，使他对学习有了自信心。一有时间我就和他谈心，跟踪了解他的进展。初学作文的他，尽管文笔稚嫩，却倾吐了对我莫大的感激。通过一学期的努力，该生在各方面均取得了好成绩。孩子的成绩提升了，对学习有了更大的兴趣。即便多年后，家长对我的感激之情仍然让我念念不忘。这让我深深地感受到，工作虽辛苦，却得到孩子与家长的认可，这是什么都换不来的。就这样一个带一个，一组带一组，起到了以点带面的作用。现在，我的语文课堂已呈现出了百花齐放的状态。

在培养孩子们的能力方面，我提倡创新，打破以往惯例。以选拔班干部为例，我要求学生毛遂自荐，鼓励他们要敢于挑战自我，超越自我，树立良好的自信心，使孩子们相信自己，对各项活动跃跃欲试。通过这样的形式，我捕捉到了孩子们身上的闪光点，也为日后开展其他工作积累了第一手资料。正是这样勤勤恳恳、全心全意地为学生服务，我得到了领导的好评，多次被授予区级"嘉奖"。我带的学生无论是步入七中还是十六中的校园，多数都被委以重任，他们是各校的学习精英，如今被重点大学录取的孩子比比皆是。

敬业奉献，兢兢业业展风采

"学高为师，身正为范"是教师的从业规范、职业操守。二十年如一日，我对待工作从未懈怠。2011年应区进修学校要求为全区语文教师引领做课，我校指派我做了一节诗词课。经多日的准备，几番磨课，我一句怨言没有，最终得到了进校各位领导和全区老师一致好评，我做的这节课也被授予"优质课"。2013年春，身体圆润的母亲突然消瘦，而且晚上也因乳房疼痛无法入睡，兄嫂带着母亲去妇幼医院检查，最后得到了如霹雳般的结果：母亲患了乳腺癌！"癌"这个字眼虽在当今屡见不鲜，但真的发生在至亲的家人身上真的无法接受！我们在母亲身前强颜欢笑，背后偷偷抹泪。手术治疗的日子确定下来后，刘校长特批了我和嫂子两周假期（嫂子也是本单位一线教师），见我痛哭不止，便耐心开导我，告诉我如何处理当下的一些事情，要学会长大。手术结束，刘校长在业务繁忙的情况下亲自去医院探望我的母亲，陪伴她老人家一上午，用自己的独特的魅力和语言风格让母亲走出病痛的阴霾和恐惧。我和家人都感恩遇到了这样的好校长！我永远也忘不了敬爱的刘校长对此事的关切！值得庆幸的是手术很成功！两天后，母亲能正常下床行动了，嫂子把我叫到跟前说："咱们两个人都是班主任，又都是一年级教师，学校老师太紧缺，学校这么照顾咱们，咱们也得为学校整体工作考虑，不能咱姐俩同时休这么长时间的假，咱俩中有一个人留在这里，一个回去上班，你上班是最合适的！"就这样，两天后我回到了学校，白天照常工作，晚上下班抽空去医院。爱人也是鼎力支持我的工作，他一有空就跑去医院照顾母亲。每当想起这些，眼泪就忍不住在眼眶打转。我感恩遇到好领导，我感恩家人对我工作的理解，这才有我对工作大展身手的空间。

重学校教育与家庭教育的结合。我热情为学生服务的同时，积极与家长联系，了解学生在家的表现，将它们融入自己的班级管理中。听取学校领导、家长的建议，为学生成长创建和谐美好的氛围。

作为一名教育工作者，我在平凡的岗位上只讲奉献、不求回报，用平凡书写伟大，用普通孕育职业的崇高。2010年，我被评为海港区优秀教师。但我没有停止奋斗的脚步，两次被教育局授予"优秀班主任"称号，我所带的班级表现突出荣获"雏鹰中队"称号，因此我被授予"优秀少先队辅导员"称号。2005年、2006年、2008年、2015年，我先后四年被评为优秀，授予区政府嘉奖。2019年我有幸被评为"市级师德标兵"。我孜孜以求、默默奉献，用自己的实际行动教育和影响着一届又一届学生，用爱心感染着身边的同行及家长，被誉为家长心中的好教师，学生心中的母亲，同行心中的榜样。

"爱在左，责任在右，走在生命之路的两旁，随时撒种，随时开花，将这一径长途点缀得花香弥漫，使穿枝拂叶的莘莘学子，踏着荆棘，不觉得痛苦，有泪可流，却觉得幸福。"为能一直激励我，我改了冰心作品里的这段话。每每走进教室，都时刻提醒自己，教室里的每个孩子都是家长的整个世界，要尽职尽责地为学生铺就一条成功和发展的希望之路。让每个选择了我的孩子会因我而幸福，都能拥有一个梦想的未来！把爱带给每位学生，用千百倍的耕耘，换来桃李满园香。双手扶持千木茂，慈怀灌注万花稠！

化作春泥更护花

刘洪云

"落红不是无情物,化作春泥更护花。"这是千千万万个教师神圣而无声的誓言,它也是我的座右铭,一直激励着我在教育这条路上不断前行。

2003年的那一天,至今难忘。我手里紧紧攥着化验单走出医院,医生的话语还在我耳边回荡,"这么年轻就得了这样的病,一定要注意少生气,不要太累,你的职业是老师?班主任?建议你最好换一个轻松些的工作,好好注意病情,这要控制不好,身体透支可就不是你现在这样的状态了……"妈妈哭红了眼,跟我商量着:"跟学校领导说一声吧,别再干班主任了。"我沉默,心却如乱絮在飞,我握着妈妈的手,说:"妈,您放心,我能照顾好'它'和工作,因为这里有我太多太多的放不下,放不下在我的严与爱的要求下,逐渐成长的孩子们;放不下朝夕相伴,依恋着的讲台;放不下和孩子们一起为班级荣誉拼搏时的苦与乐。这些就是我人生最大的追求与安慰。"

经历了病痛带给我的身心考验,我更加懂得了生命的可贵,也更加坚定了自己的想法:要用有限的生命去爱身边的每一个人,发现爱,传递爱,让生活变得更加多姿多彩。18年的教育生涯中,我尽心尽力地去做好每一件事,享受着工作带来的种种快乐。

用爱赢得爱

由于要控制病情,不敢过多摄入食物,营养跟不上,长期严重的低血压,影响了记忆力,备课时其他老师很容易记住的知识点,我却要看很多遍,写很多遍。每一节课我都不敢放松对自己的要求,因为我知道62个孩子的时间不会重来,他们的成长不会等我再讲一次。"谁爱孩子,孩子才能更爱谁,只有爱孩子的人,他才能教育孩子。"当把师生之间这种细腻绵长的爱,作为自己事业的基础的时候,那种情感是难以割舍的。上学期临近期末考试,一向引以为荣的嗓子突然失声，本可以请假在家休息，我却又担心期末复习时代课老师因不了解孩子们的情况而导致孩子们达不到理想的复习效果。我嘴里含着清嗓子的含片又走进了教室。当我用嘶哑的嗓音讲课时，从孩子们的眼神和课堂表现上，我看到了他们对老师的关心。第二天，讲桌上放了很多盒含片和纸条，"刘老师，妈妈说多喝水，嗓子会好得快些，祝您早日康复！""刘老师，嗓子快好起来吧，带我们一起冲刺期末。""刘老师，别着急，我们一定会好好学习的，相信我们！"看着这一张张充满爱的纸条，我哽咽道："孩子们，谢谢你们，含片都拿回去，纸条刘老师收下，这些才是最好的治嗓子的药。"这是多么真挚的情感交流，这是多么珍贵的人间真情！这里没有虚伪、没有功利，只有爱与爱的交流，情与情的相融。这，怎能不让我感动呢？

我和"贾贾"有个约定

从教多年，我最深的感悟是，除了有高尚的师德，一名好教师还必须有一颗金子般的爱心，只有真诚的爱，才能触动学生的心弦。2012 年，送走毕业班后，我又重新带一年级。开学的第一天，我见到 62 名天真无邪的孩子，其中一个眼里透着丝丝"邪气"的小男孩引起了我的注意，我记住了他的姓名——贾贾。我心里暗暗发愁，真不知他以后会给班级管理带来多少麻烦。不出我所料，开学才一个星期，"贾贾"这个名字的点击率就成了班级里最高的。"老师，贾贾把某某某打哭了。""刘老师，贾贾上课揪我的小辫儿。""刘老师，贾贾用小石子砸我脑袋了。""刘老师，我不想和贾贾一桌，他每天都偷偷地掐我，还在我书本上乱画。"……我无数次跟他的家长沟通，与他谈心，每次都答应得好好的，可事后依然我行我素。孩子们都躲着他，不愿意和他坐一桌，甚至因为他的存在，有胆小的孩子哭着不来上学，其他孩子的家长频频找我告状。就这样我和他作了足足两个月充满挫败感的"斗争"，对他的耐心终于在一个学生的爸爸生气地控诉贾贾欺负他家女儿的种种恶行后而达到了极限。我把他拽到身边，大声吼道："你想怎样？你这样总是欺负同学，还会有人和你坐一桌学习吗？还会有人跟你做朋友吗？"我以为他会很伤心地哭泣，可他却用愤恨的眼神看着我，冷冷地说："我不需要朋友，也不需要同桌，我讨厌所有人，您就让我自己一个人坐一桌吧！"我愣住了，这是一个 7 岁孩子该说的话吗？他在想些什么？到底是哪里出现了问题？真的让他一个人坐一桌吗？

远离同学们，这的确省了不少的麻烦，可是真的要放弃他，让其自生自灭？我不愿意这样做，因为那所谓的"雅座"伤害了多少孩子，让他们变得越来越不合群，心理发展也更加不健全。静下心来，我分析了他的家庭情况：父亲长期在外工作，母亲忙于工作疏于管他，他和爷爷住在一起，爷爷的溺爱导致了他的蛮横无理，他不知道如何与他人相处。第二天，我把他叫到办公室，拉着他的手说："贾贾，老师知道你特别想和同学们一起玩，是不是？只不过不知道怎样才能引起同学的关注，所以才会去做招惹他们的事情，是吗？"他眼里含着泪没有说话，我接着说："没关系，从今天开始老师帮助你、提醒你改掉那些不好的习惯，好吗？"他点了点头，我从抽屉里拿出一个日记本，在上面写上"我和贾贾有个约定"，对他说："每天咱们都把你做的好的与不好的事情记在这个本子上，比一比一天中是好的事比较多呢，还是不好的事多？老师相信你通过努力，好的事会越来越多，不好的事会越来越少。"每天我们都坚持记录着他的表现，我也不断地鼓励他，在班里表扬他、关心他，留意他成长的每一个足迹，把更多的爱给了这个孩子。随着时间的流逝，本子上记录的不好的事越来越少。直到升入二年级，我欣喜地发现，已经好久没有他欺负同学的记录了。贾贾的身边也多了不少好朋友，他的眼神变得清澈纯净，而我的讲桌上也时不时地会收到一幅漂亮的画，一只彩色的千纸鹤抑或是用刀很用心地刻画出来的南瓜灯……此刻我才真正明白：教师只有热爱学生、尊重学生，才能去精心地培养学生；只有爱得深，才能更认真、更耐心、更细心地对学生进行教育。"爱"源于高尚的师德，"爱"意味着无私的奉献。

13年的病史，13年的乐观拼搏，13年的班主任爱的播撒，铸就了一曲生命的赞歌，成就了为师者的尊严，成全了茁壮成长的孩子们，我知道这一切的美好、奇迹都源于爱的涌动。古人云："士不可以不弘毅。"而我却要说，师不可以不德高。没有高尚的品德，岂能安贫乐道？没有高尚的品德，岂能"化作春泥更护花"？ 我愿做甘泉，浇灌学生的心田；我更愿化为春泥，以爱为根、以德为本，用我的热血，谱写学生们美好的未来！

一片冰心在玉壶

马 琳

教育是充满阳光、充满幸福的职业。2002年，我带着拳拳爱心走上了三尺讲台。10年时间转瞬即逝，教育教学第一线的工作经历，使我有机会和孩子们朝夕相处，从中体会他们的喜怒哀乐。我的教育教学经验也随之丰富和完善。

有爱才有教育，智慧开启心灵

班级就像围成的一个圆圈，老师就要做这个圆的圆心，到每个学生的"半径"都相等，不能长一分，更不能短一厘。

任何一位班主任，都会遇到几个比较"个别"的学生。我曾遇到一个男孩，父母离异，缺少母爱的温暖，父亲又比较严厉，二年级时没禁得住诱惑，拿了班中同学的电话卡，但被我发现后他还是很快承认了错误，他说他妈妈原来喜欢收集电话卡。我想，生活环境使他比别的孩子早熟、敏感，但他能够明辨是非对错，并勇敢面对错误，还是十分可贵的。从这件事后，我就更多地关注他，课间与他聊天，天冷了提醒他多穿衣服，在同学面前找机会表扬他，还建议同学们把废弃的电话卡送给他收藏。后来类似的错误他再也未犯过。

除了细致关心每一个学生，我常用"赏识"这个"武器"。

班里有些孩子的自我约束力比较差，每次集会、站队总有人在队里斗闹，告状声每天都不少。我教育了他们几次，效果都不明显。后来我交给他们一些任务，如在上操、放学时负责提醒同学们快速出班、开窗、锁门。领到任务后，他们热情地投入了"工作"。现在，他们的业务已经相当熟练了，有提醒同学们快速出班、带好东西的，有麻利地拉窗帘、开窗的，有检查确认班中无人后锁好门的。我经常表扬他们细心、负责，他们的工作经验也越来越多。他们把原本用于斗闹的时间用在了每天的工作中，感到自己有了价值，有了用武之地。

我还利用班会总结表扬在不同方面表现出众的孩子，为手抄报办得好的孩子照相留念，把他们用心学习时的样子和正确的姿势拍下来，并把这些照片发到班级邮箱，让他们和爸爸妈妈一起分享自己的进步。

我想，班主任多赞赏，就会点燃心灯；班主任要高举起心灯，照亮学生进步的道路。

教书先教人，润物细无声

对任何教师而言，最伟大的成就不是培养成绩出众的学优生，而是培养学生的健全人格和良好习惯。我时常读起教育家苏霍姆林斯基的话："请你记住，你不仅是自己学科的教员，而且是学生的教育者，生活的导师和道德引路人。"

记得去年圣诞节前，孩子们好像商量好了似的，纷纷送我巧克力、糖果，面对孩子们真诚的笑脸，我想：这该怎么办呢？后来我想到一个办法，何不利用这个机会来教孩子们学会分享。圣诞节那天下午放学前，我将孩子们送我的巧克力分给了大家一起吃。"孩子们，你们看，你们送给我的一份祝福现在变成了60份，一份快乐也变成了60份，分享最令人快乐。"放学时，我发现有不少孩子手里还留有一部分巧克力和糖果，我问他们怎么没吃，他们的答案是：不舍得都吃了，打算到家分给爸爸妈妈吃。那天我班里正好有一个孩子生病没来，我就为她留了一份，打算让住在她家附近的一个叫李秉杰的男孩，也就是他的同桌捎给她。当我把自己的想法告诉李秉杰时，这个小男孩笑着说："老师，不用了，我从我那份里给她留出来了。"这天下午虽然每个孩子分到的糖果并不多，品尝的时间也很短，但从孩子们咧开的嘴角，兴奋的眼神，放学时的反馈，我看到了教育的成功。

我至今还记得刚走上工作岗位的那一年，有一次我在校门口值班，一个约莫一二年级的小女孩走进校门后，拐到我面前，站定，深深地鞠了一躬，说："老师好。"我冲她微笑并点了一下头，可她不走，我愣了，忽然反应过来，微笑着对她说："你好。"她蹦蹦跳跳地走了。这次经历让我时常提醒自己，教育别人就是教育自己。我们每个人都是不断完善中的人。不能因为自己是教师就认为自己处处都比学生优秀，比学生高尚，只对学生指手画脚、不严格要求自己。所以，当孩子向我问好时，我会回答他一句"你好"；当孩子帮我的忙后，我会真诚地说"谢谢"；当孩子们上课起立向我问好时，我会做那个站姿最标准的"样板"；当要求孩子仪表整洁时，我会每天检查自己的形象是否得体；当孩子们站在寒风中升国旗时，我也会亮出双手陪他们一起"享受"寒风；当不小心踩到孩子的脚时，我会温柔地说："哟，对不起，踩着你了！"……我把"育人"的过程，当作"育己"的过程，脚踏实地、身体力行地去培养学生的良好习惯，用自己的改变带动学生的改变。用陶行知老先生的话说就是"要学生做的事，教职员躬亲共做；要学生学的知识，教职员躬亲共学；要学生守的规则，教职员躬亲共守"。

我认为教师的职业不应该仅像蜡烛，更应该像泥土，使每一颗种子都能从中汲取丰富的营养而健康成长。"人格之于人，恰如花香之于花。"我的目标就是用高尚的人格征服学生的心，教书先教人，润物细无声。

教写规范字，为儿童的幸福奠基

汉字和汉字文化作为传承中华民族文明的载体，以其独特的形态，深刻的内涵，享誉世界语林，是我们祖先智慧的结晶，是我们中华传统文化的瑰宝，是我们民族的骄傲。教育学生继承汉字文化和汉字书写文化是学校教育的基本任务之一，也是教师身担的责任之一。小时候练字的经历和成人后从中所获得的益处让我对这一点认识得尤为深刻。

教育贵在熏习，而课堂是落实课程目标、实现课程价值的主要空间。写字教育与课程建设相结合，才能丰富课程内涵，滋润学生品行，提升学生素养。在平时的教学中，我通过语文课渗透、板书示范、写字教学、作业评语等方式引导学生探寻汉字字源，明晰造字情理，掌握汉字结构，教孩子们欣赏汉字、鉴赏美，"端端正正写字，堂堂正正做人"。我将有关书法的小知识、小故事融入课堂教学，于是，孩子知道了笔墨纸砚的来历，了解了书法艺术源远流长的历史；认识了古代著名的大书法家，并从他们练字的故事中受到了启发。在二年级学习"容易"的"易"字时，我向学生讲述了自己小时候坚持练习了138遍才写好"易"字的故事。学生们明白了原来笔画少的字更难写，要想写好字必须肯吃苦，但只要不放弃就能成功的道理。

小时候练字时，我姥爷总是在不断地表扬我，让我始终沉浸在成功的喜悦中，长大后收拾自己以前写的作品，才发现那一幅幅被姥爷称作佳作、视为调节心情的灵丹妙药的作品有多么幼稚、有多少毛病。但我的字确确实实在姥爷的表扬声中越写越好了。我将姥爷的做法用在了我的学生身上，尽可能地表扬，让孩子们看到自己写字的变化。在书法课上，学生练习写字时我巡视指导，在每个学生的本子上标出最漂亮的字，写得好的多标几个，要求高一点；写得不太好的就尽量寻找最好的字；实在没有的就表扬他写得好的一笔。我喜欢在学生的本子上写评语：对优秀作业狠狠表扬；对中等作业表扬的同时提出希望；对写得差点的作业努力发现其优点，比如表扬其中哪几个字写得好，或引导他和前几天的作业进行对比，看到自己的进步和能力。虽然这样做费些时间，但效果还是挺明显的。几年下来，学生的书写有了明显的进步，更可喜的是，在写字教育中我发现学生的习惯发生了悄然的变化。

教育是一种可贵的坚持，作为一名小学班主任，要保持淡然的心境，踏踏实实去工作，要在心田种植幸福花，要用心体会幸福的感觉，并在学生心中悄悄埋下幸福的种子。尚且年轻的我在教育之路上才刚刚出发，但我会立足脚下，凭我所有，尽力做好自己的工作，在平凡中孕育属于自己的美丽，真正收获教育的幸福。

三次握手的神奇

陈亚楠

小陈是我刚当班主任时遇到的一个"调皮鬼",惹祸、捣乱、起哄样样在行。我这个新手班主任简直像个消防员,天天都要冲向被小陈"点燃的火场"。可批评、检讨、叫家长这三样"法宝"统统失效。小陈不仅不认错,扯着嗓子公开叫板的声音比我还大,气得我血压飙升。南风效应提醒我,既然暴风骤雨行不通,那就试试春风化雨吧!

找到小陈,我一改往常的严厉训斥,聊了聊我对教育他的"束手无策"。他竟没有了辩驳顶撞和充满敌意的眼神,深深低着头沉默不语。"怀柔政策"果真奏效!我和他握了个手,说:"谢谢你理解老师的难处。"和"调皮鬼"的第一次握手,让我明白了良好的师生关系是教育的前提。

此后,小陈果然痛改前非。我不禁暗自得意:"看来,以后就不用操心喽!"可还没高兴几天,这个"调皮鬼"又原形毕露,惹祸、违纪一如从前。这可怎么办?我的话在上次与他交谈时都说完了,要不听听他的心声吧。

"老师,别人的批评、指责会让我很没面子。""学习上我是没有十分用力,但成绩不也还可以吗?""我发现小李的新发型很像半个西瓜……"唉!这个活泼好动的"调皮鬼"好像还怪可爱的,原来高自尊、高智商、善观察的内在品质都藏在他"调皮鬼"的外表下。打开新视角后的我不禁心头一热:"其实你有很多优点,能教到如此优秀的学生,老师感谢与你的相遇!"和他的第二次握手,让我开始关注一个学生鲜活的全部。

小陈不好意思地挠挠头,然后打开了话匣子:"那我再告诉您一个小秘密,让您头疼的小何、小志,别看他们成绩不好,但暗地里都想把学习提上去。"那信誓旦旦的眼神告诉我,他比我这个班主任还了解同学。当我们束手无策时,为何不向学生求助呢?这个聪明的"调皮鬼",不就比我有智慧得多吗?于是,我和小陈一起为班级做了 SWOT 分析,共同制订了学习团队计划,小陈主动申请担任队长。自信满满的他竟然主动向我伸出了手:"老师,放心吧，我能行！"学习团队成立后，课间到处是小陈忙着检查任务、给同学讲题的身影。他不仅定期召开例会，还针对每个同学的个性爱好制订了不同的奖励措施：热爱美食的小何作业变工整了，随即获得一根棒棒糖；喜欢运动的小志领略了小陈的足球秘籍后，试卷上的分数大幅度提升。

从"调皮鬼"到"小领袖"，那个在我初登讲台时碰到的最头疼的学生，竟然也是第一个教我做老师的学生。原来，教育是一种相互成就。

之后，我接手的新班级里依旧不乏顽皮的学生，可他们在我眼里不再是调皮鬼，而是"故事大王""表演天才"……看见学生，而不是看见学生的问题，发自内心地尊重才能发现学生身上的光芒。

神奇的"班牌"

李宣萱

学校给每个班都做了班牌，上面写着班级的名字，放学的时候一个孩子举着它走在班级队伍的最前面。有一次搭朋友的车，车上有3个小学生，其中刚上一年级的淘小子十分羡慕地对哥哥说："我也想举班牌！"这个小男孩平时天不怕地不怕，极难管束，我好几次看到他被老师带到办公室去谈话。他话语中的渴望引起了我的注意，经常听老师们念叨，现在的鼓励形式单一——小红花每班都有，可是时间一长，孩子们就失去了兴趣；奖状虽好，却只能表扬一时一事，而且总写奖状也占用老师的精力。何不利用孩子们渴望出风头、想当领袖的心理去对他们进行指引呢？

我抱着试试看的想法，在周一的班会课上公布："同学们，大家都觉得放学路队举班牌是一件很光荣的事，老师也觉得只有可以做'榜样'的人才有资格举起我们班的班牌！如果你能超越自己的某一个方面，改正自己的某一个缺点，做更好的自己，那么，咱们就选择这样的人来做我们的'榜样'，来举起我们班的班牌！"

话音一落，孩子们就瞪大了眼睛，一下课，七八个孩子就把我围住了，争先恐后地要超越自己。在书法班写得一手好字，作业却不具有同等水平的李海轮抢着说："老师，我以后写作业的时候也要认真写字，像写书法一样！"上课总是爱跟同桌说话的李抒郢也急忙表白："我以后上课不跟同桌说话了，我要好好听讲，多多回答问题……"她话音未落，班里个子最高、坐最后面、最爱课上开小差的燕翔宇大声道："老师，我也要多多回答问题，我要改正自己不听讲的坏习惯！"路队里总跟同学逗来逗去的王友慈表示以后要好好站队；有"火爆妞儿"之称的张丹宁表示以后不再跟同学们发脾气了；爱摆弄东西，一个小玩意儿能玩半天的罗镕嘉说他以后上课要小手放好不乱动……大家都在七嘴八舌的时候，学习劳动哪里都好，却话极多，上午刚刚因为上课跟同桌随便说话而被批评的陈玥彤却安静地站在一边，见我看着她，眼圈儿立刻红了，小声说："老师，以后上课我保证不再随便说话了，我就想超越自己的这一点！"话说完，她低下头，眼泪就出来了。

没想到孩子们会这样热情，他们对自己不足的了然更出乎我的意料。看着他们渴望而迫切的样子，我告诉他们，一个好习惯的养成需要时间，从现在开始，大家都努力吧，谁能说到做到，谁就举班牌，做班级一个星期的"小榜样"！

原本只想试试看，却引起了班里小小的轰动，这让我感受到，平时翻来覆去的教导，不如用合适的方法激发孩子潜在的动力，化外在的他人指导为内在的自我调整，这改变的过程就是成长的过程。在他们的毛遂自荐中，我听到了成长拔节的声音！

后来的日子，这块每天陪伴我们放学的班牌像一个魔法棒，在孩子们中间悄悄地施起了魔法……

改变最大的是陈玥彤，从前她上课动不动就转头和同桌眉飞色舞地说话，完全无视老师一再的警告。现在，她每节课都腰板笔直，抢着和同学回答问题。即使偶尔忘记了，刚想说什么，老师一个眼神看过去，她马上就能意识到并立刻坐好。课堂上时不时的悄悄话，变成了回答问题时自信的侃侃而谈。于是，陈玥彤担任了班级第一周的"小榜样"。当她高举着班牌走出校园时，精气神十足，充满了成长的力量。直到现在，陈玥彤都保持着良好的学习状态，从前那个"小麻雀"已经一去不复返了。

第二周的"小榜样"是李海轮，她作业的字写得越来越漂亮了；第三周是孙璟昊，曾经因为课间在楼梯上乱跑天天挨说的他，开始劝说别人别在危险的地方玩儿了；然后是燕翔宇、李抒郢、雷涵宇、王友慈……

班牌在孩子们手中流转着，变化也在他们身上悄然发生着，一块普通的牌子由此而神奇起来了！每到新的星期，总有孩子来找我"超越"自己，想提高自己成绩的赵美希，想课上变胆大的藏宇鑫……小小的班牌成为孩子们的一个可以实现进步的目标，成了孩子们自我改善和成长的动力。看着他们积极改变、超越自己的样子，我不由地想：还有什么可以神奇起来呢？

巧克力——爱的味道

苏 芳

爱散发着很多味道，就像阳光散射着许多颜色。阳光有七彩，赤橙黄绿青蓝紫；爱也有五味，酸甜苦辣咸。做了16年的班主任，在这16年的岁月里品尝过孩子们为我创造的各种滋味，艰辛过、彷徨过、激动过、更幸福过……每每回忆起那些我用心爱过的孩子们，一幅幅笑靥就会叠加出绵长的画卷不停地浮现在我的眼前，但最特别的，还是那幅画在纸上的巧克力的味道。

记得在那年4月12日的时候，我讲了《可贵的沉默》一课，其中有段内容是查身份证可以了解爸爸妈妈的生日。为了使学生了解在身份证上怎样查生日，我把我的身份证放在了实物投影上，让他们看。也凑巧，我正好是4月份生日，当时还没过，没想到一星期后的周二，我生日那天，刚一进班，很多同学纷纷拿着自己制作的写着生日祝福的小卡片祝我生日快乐！还有的同学说下午要买花祝老师生日快乐。那一刻，我被满满的幸福包围了，平日里对孩子们的疼爱凝聚成这一刻无比的感动和感慨。我本是讲授知识的无心之举，却收到这些有心的孩子的最好祝福。那一节课，孩子们喜盈盈地看着我，听我讲课，我知道，他们内心一定充满了祝福；那一节课，我美滋滋地对着我可爱的孩子们说话，内心无比地激动和温暖！下课铃声响了，我满载着幸福离开教室。快到办公室的时候，突然冒出一个身影，递过来一个神秘的信封，没等我反应过来他就一溜烟没了人影——是那个所有老师都拿他没办法、没礼貌、纪律差、人缘差、作业很少完成的班里最让人头疼的赵健豪。当时我就想，信封里是什么？我在心里画了个大大的问号，当我迫不及待地打开信封后，我彻底惊讶了——一张纸上画了个心形的巧克力礼盒，笔画并不娴熟，我能看出他用心地涂了色彩，读着那非常不好看的歪歪扭扭的文字"老师，生日快乐！我还记得巧克力的味道！"泪水瞬间模糊了我的双眼。这，在别人眼里不足为奇，是的，它只是一张卡片，一张自制的画着巧克力的图片，没有什么特别的，但对于我，却足以让我的内心涌动着一股股暖流。

因为我知道，知道他为什么会送我"巧克力"。

那是他上三年级的时候的事情了。

很多科任老师都反映我班的赵健豪比较懒，别人都写，他不动笔，做任何事情都很随性，我行我素。确实，期中考试前两周的语文单元测试他就因为懒得动笔没写作文，导致不及格。我就想怎样才能使他转变呢？怎样能让他每天都有一个积极的状态呢？我想，我应该努力创造和发现时机。正巧，在期中复习时，有一次简单的词语听写，他居然得了满分。我赶忙抓住这个机会，在班里大张旗鼓地对他进行表扬，提议全班同学为他鼓掌，并让他拿着自己的百分本子站到前面，接受同学的肯定和鼓励，还给他拍照留念。我发现这招对他特好使，他在众星捧月的氛围中渐渐发生着变化，像换了一个人一样：早晨到校后早早拿出书来诵读，下课后即使不是他值日，他也主动擦黑板、倒垃圾，作业都能按时完成了。看到他这样良好的学习状态和在班里的表现，我知道自己的心血没有白费，尊重、关注和爱在他身上得到了最好的诠释。为了不让他的劣行回头，让他继续稳定发展，期中考试也能保持良好的状态认真答题，在答语文卷前15分钟，我把他悄悄地叫到跟前，拿出来2块巧克力，并认真地对他说："这第一块是对你最近表现好的肯定，第二块是对你这次考试认真答题的期望，你能让老师放心吗？"他欣喜地接过来并坚定地点点头，只说了一个字"能"。看着他紧紧地攥着巧克力，小心地放到口袋里，挺着胸自信地走进考场，我的心顿时轻松了一些。果然，他没让我失望，期中考试，他语文取得了82.5分的好成绩，对于他来说，这简直是一个飞跃。一个人只要体验一次成功的欢乐，便会激起追求无休止的成功的力量和信心。的确，自从那次期中考试之后，他真的融入了正常的学习之中，并怀着积极的心态面对学习和生活，不再是一个让所有老师头疼的赵剑豪了。

16年的班主任生涯，让我深深觉得：每个孩子的成长都有精彩的可能性，关键在于我们要在最合适的时候，用最恰当的方式，牵着他们的手共同走过。我们用欣赏的姿态、心情在给孩子们缔造成长的"精彩"时，也同时把自己带进了幸福的教育"天堂"：相信每一个被爱插上翅膀的孩子都能自信地飞翔。

如今，赵健豪已经上六年级了。可直到现在，我还珍藏着那张巧克力礼盒卡片。它没有广告宣传图片的色彩艳丽、光滑诱人，它也没有味道，但是每次把它拿出来端详时，我却总能闻到它独有的淡淡幽香，那是只有我能品味到的——巧克力的味道。

读书润心灵　书香伴成长

苏　芳

"最是书香能致远，读书之乐乐无穷。"好书，像长者，谆谆教导；似导师，循循善诱；如朋友，心心相印。它能让人积累语言、丰富知识，而且能陶冶情操，使人受益终生。为进一步激发学生的读书热情，使其增长知识，积淀班级文化底蕴，营造清风缕缕的书香氛围，我们班开展了如下读书活动：

（1）合理利用晨读时间，进教室就诵读经典。"入室即坐，入座即读，入读即思"是我们的目标。具体做法是，每天的领读班长组织诵读，学生先跟读，再通过齐读，"开火车"读，男女生对读等多种形式，激发学生的朗读兴趣。同学们每日从清晨便进入了角色，琅琅的书声，伴随着孩子开始新的一天，真正让读书成为孩子们的一种不可或缺的习惯。

（2）召开主题班会，不断把读书活动推向深入。结合语文园地中"快乐读书吧"专题内容，组织开展"背古诗我最棒""讲故事比赛"等系列主题班会，既提高了学生的语言组织能力，又增长了学生的知识。

（3）定期开展好书交流会。每一阶段都结合教学内容推荐阅读书目，指导阅读方法，开展好书交流。在交流会上，学生畅所欲言，气氛活跃。通过交流，同学们互取所长，学到了更多有关读书的知识和方法。

（4）倡导亲子阅读，鼓励家长与孩子同读一本书，并且和孩子交流读书心得体会。让学生从各方面汲取知识的营养，拓宽视野。

（5）精心设计完成采蜜集。每次口语交际课后，让学生采用图文并茂的形式完成采蜜集作业，这不仅能提高写画能力，还能培养审美情趣，为孩子留下成长的足迹。

通过多种形式的读书活动，孩子们的读书兴趣明显提高。他们徜徉在书海中，明白了事理，积累了知识，提升了素养。班级中形成了良好的阅读风气，促进了学风的良性发展。"小荷才露尖尖角"，我们的读书征程只是跨出了一小步。以后的路还很长，愿同孩子们能够让阅读成为习惯，就像呼吸一样自然，让班级书香像花香一样弥漫！

如何与家长有效沟通

苏 芳

作为一名教师尤其是一名班主任，我们经常要和家长打交道。现就如何有效地与家长进行沟通，我谈一谈自己的具体做法。

首先，我用点滴的行动赢得家长的信任。例如我十分注重记录孩子生活的每个精彩瞬间，注重班主任工作痕迹的保留。像刚入学时孩子们的坐姿、笔姿，第一次做操、健康体检、运动会、跳绳比赛、足球训练、环岛赏花、优秀作业等，只要是有意义的，我都会用手机拍照，及时通过QQ群和微信群反馈给家长，让他们及时了解孩子在校学习生活的情况，同时也能体会到老师的付出，从而更加认可班主任所做的工作。

印象最深的是，去年刚刚接手一年级，在开学第一天，我就请马琳老师在黑板上写了"我们上学了！"并配上了图画，然后把全班学生分成8组，让他们摆出自己认为最美的造型合影留念。今年9月份开学，我又在黑板上写上"我上二年级了！"参照着手机里一年级时的照片，按照同样的位置拍照留念，同时配上文字说明："同样的人物，不同的感觉……还记得一年级刚入学时你们天真稚嫩的笑脸，萌萌哒！今天，你们高兴地升入二年级，脸上虽然稚气未脱，眼神却越发坚毅，棒棒哒！亲爱的宝贝们，老师会一直做你们的大朋友，陪伴在你们身边，见证你们成长路上的点点滴滴！"把照片和文字发到班级群后，赞扬声一片，"用心陪伴孩子的好老师！""辛苦了，苏老师！""谢谢您，苏老师！""很幸运遇见您这么好的老师妈妈！"……品读着家长的反馈，我觉得这就是家长在认可我的工作。家长通过这些照片能感受到老师的事业心和责任感，从而更加相信你，觉得把孩子放在你的班里放心，以后有事也会更加支持你。

其次，在与家长沟通时，我以时刻关心学生为突破点，赢得家长的充分信任。在日常的班务管理和与学生交往的过程中，我们要努力让学生和家长感受到自己是关心他们的，让家长知道你对他的孩子特别重视。比如学生发烧，家长用微信留言请假，我从来都是这样回复："让孩子多喝水，好好休息！"像遇到病情严重需要休息3～5天的情况，期间我都会打电话或发信息询问一下孩子的情况，以示关心。每当此时，家长往往会很受感动，感激班主任对他孩子的关心。家长的信任和支持也就自然产生了。

再比如，孩子在集体活动中有时手或头碰破一点皮儿，家长接孩子时十分惊讶、十分心痛是肯定的，这时咱们要了解父母的角色，要换位思考，体谅家长的爱子之心。如果你此时表现得若无其事，认为家长大惊小怪，那么，这一件小事立即会使家长觉得老师对自己的孩子不够关心，对工作不够负责，进而影响家长与老师的关系，给以后的沟通设置了障碍。遇到这样的情况，我一般都会先放下架子，坦诚地对家长说："都是我没看护好，让孩子受伤了，我看着都心疼，心里特别过意不去。"这时，家长就是有气也发不出来了，反而过来安慰我说："当老师多不容易呀，要管那么多学生，出点意外是很正常的，没事的。"这样，解开了家长的心结，后续的沟通就会非常顺畅。

最后，要巧妙地运用语言艺术与不同类型的家长进行沟通。

对于素质比较高的家长，我就直言不讳，坦率地将学生的表现如实向家长反映，并适时提出自己的看法，和学生家长一起，同心协力，共同做好对学生的教育工作。

对于溺爱型的家庭，我就先扬后抑，交谈时，先肯定学生的长处，对学生的良好表现予以真诚的赞赏和表扬，然后再适时指出学生的不足，使对方在心理上能接纳你的意见。前几天，我班的李昱昊上学没带笔袋，中午放学时我刚一提这件事，他妈妈赶紧说："老师，这事都赖我，昨天学书法下课晚了，我就给忘装了。"我一听呀，这是怕孩子给老师留下不好的印象呗，赶紧往自己身上揽责任。这时，我摸摸孩子的头，亲切地问："平时都是谁收拾书包呀？""妈妈。""你看，你的字写得那么漂亮，每天见到老师主动问好，老师那么喜欢你，要是你能做到自己的事情自己做，每天主动整理好书包，老师就更喜欢你了！"又对妈妈说："放手试试，他会做好的。"几天后，妈妈跟我反馈："从那以后再也不让我收拾书包了，在家里还主动帮我做事了，谢谢老师！"我们交谈时恰当使用语言技巧，就会便于沟通。

对于放任不管型的家庭，把责任推给学校和老师的家长，我就多报喜，少报忧，满足家长欣赏孩子优点的荣誉感，提高家长对孩子的期望值，从而吸引他们主动参与到教育孩子的活动中来。同时，还要委婉地向家长指出放任不管对孩子的影响，从而增强家长对子女的关心程度，加强家长与子女间的感情。

在教学中难免会遇到讲不通道理的家长，特别是有些家长提出一些不符合教育行为及规律的观点和要求，或是不理解学校的一些工作安排。遇到他们时，我往往先沉住气，先让家长说完，发完脾气和牢骚，并对家长的这种心情表示理解，然后再耐心地以平静的语气与家长解释、分析事情的利弊和对错，以理服人，并体现出自己的宽容大度，赢得家长的好感，从而得到家长的理解和支持。11月初，我班里一个纪律特别好的孩子在上课间操时，无端地被前面一个调皮的孩子打到了门牙，造成轻微松动，我把两位家长叫到一起解决问题。被打孩子的家长得理不饶人，发泄一顿后提出许多无理要求，其中一条是让打人的孩子家长写出保证书，保证他们家孩子以后再也不打人了。我一听这个气呀！真想跟她理论一番，但是不能那么做。听她说完后，我心平气和地和她解释道："这样的事谁也不愿意发生，但既然发生了，我们就要坦然面对，您看，孩子以后不打人，谁也保证不了，但作为老师，我愿意尽力教育好孩子，让他与同学友好相处。"同时让打人的孩子真诚地道歉，这时，这位家长的气也消得差不多了，后来就坐下来把问题解决了。

对于后进生的家长，我们应尽量挖掘其孩子的闪光点和特长，让家长看到孩子的长处和进步，对孩子的缺点适时地每次说一点，语气要委婉，并提出帮助孩子改正缺点的措施，重新燃起家长对孩子的希望，使家长对孩子充满信心。只有这样，家长才会主动地与我们交流孩子的情况，配合我们共同教育好孩子。

总之，教师在与家长沟通交流时要真诚友好，把自己对学生的那份浓浓的爱心、耐心和责任心充分地流露给家长，让家长深切地感受到教师是真心实意地关心爱护他的孩子的，老师所做的一切都是为了让孩子能够健康成长和发展的。这样，他才会相信你，理解并支持你的工作。

以上只是我对与家长沟通的一点粗浅见解，有不妥之处，请大家多提宝贵意见。

爱，在平凡的岗位涌动

世界上没有伟大的岗位，只有成就伟大岗位的人。我从1997年踏上教育这片热土的第一天起，就担任了班主任工作。这17年来，我一直用深情、用激情、用真情实践着人生信仰。我把对事业的追求，对理想的憧憬，全部融汇为对孩子们无私的爱，默默而执着地做学生成长历程的引路人。我作为班主任，离学生是那么近，每天都能看到他们的成长变化，这让我感到幸福。

我是一个平常的人

教育是一项重要的工作，关乎每个孩子和家庭的幸福，关乎国家和民族的未来；但教育又是一份普通的工作，没有轰轰烈烈、惊天动地的伟业，有的只是教师的一种境界，需要用爱心、责任与智慧去铸就。我喜欢这份平常，也懂得享受这份平常。每天和学生们谈谈心，虽然内容浅显，但春风化雨，孩子们的心变得如小溪般澄澈纯净，我觉得快乐；经常和家长聊一聊，用真心，动真情，拨云见日，使家长配合更默契，我觉得快乐；精心备课，使课堂精彩纷呈，妙趣横生，让孩子们在书香中获得真知，我觉得快乐！

"不登高山不知山之高，不临深渊不知地之厚。"我经常参加各种学习、培训，学得越广，见得越多，我就越觉得自己平凡普通。和教育精英比，发现自己才疏学浅、方法简单；和边远地区的教师比，才知道自己得到的太多、付出的太少……自己不是最累的，更不是最优秀的，而是最平常的。

选择做教师，虽然没有推杯换盏的热闹，没有门庭若市的火爆……但没有聚合的快乐，就没有分别的苦恼；没有门庭若市的喧闹，也就没有门可罗雀的落寞。我认为只要在平凡的岗位上，与爱同行，就定会拥有最富有的精神家园，实现用平凡铸就的最美梦想！

我是一个简单的人

我的生活很简单，每天基本就是备课讲课、管理班级、组织活动、读书学习。也许有人觉得我的生活枯燥乏味，但我从中品出了无穷的乐趣：讲过好多遍的课文，再去备课，有了新的发现和感悟，我会欣喜若狂，好像发现了宝藏；班级管理自主化充分激发了学生的主人翁意识，挖掘出每个孩子的潜能，这使我情绪高昂，好像找到了点石成金的魔棒；我还像导演一样，通过开展丰富多彩的活动，锻炼学生的能力，滋养他们的心灵，演绎丰富的童年；平静的夜晚，读一本好书，细细品味，犹如点燃了心灵的熏香……我把大部分精力和时间都用到了工作之中，拥有一份简单的快乐。

我的世界很简单，简单到几乎只有学生。学生就是我情绪的晴雨表，是我生活的指挥棒。我爱班级的每一个孩子，全身心地走近他们，努力去发现每个学生的"闪光点"，赋予他们自信的力量，爱而不溺，严而有格。我每天来到教室，会体察每个孩子的状态：早上是否都吃过早餐，学习用品是否都带齐，情绪是否饱满；遇到天气变化的时候，提醒孩子们及时增减衣物、注意身体……我像妈妈一样，努力呵护孩子们幼小的心灵。我的生活被学生填满，心灵的土地没有杂草生长的空间，于是我有了一份忙碌的安宁！

我的追求很简单。我的理想是"饭吃得香，觉睡得着，笑容灿烂"。我告诉孩子们："好身体是锻炼出来的，不是养出来的；好心态是历练出来的，不是说出来的。出力才能长力，用智才能增智。"作为班主任，办公室、教室、操场是我的主阵地。学生进行体育锻炼，我也和孩子们一起运动，既沟通感情，又自然而然地练就了一副好身体；语文教学，我主张以教科书为主，以大量课外读物为辅，提出"课堂教学有效化，课外阅读大量化，让学生在读中开发潜能，在读中自我教育"的大语文观。学生背诵、我也背诵，学生读书、我也读书，不知不觉，我变得渊博睿智起来。学生的教育管理，需要艺术和智慧，我愿意做孩子们心灵的引领者，我进修学习，精进业务，渴望用自己的专业素养和拳拳爱心叩开学生的心扉，引领学生健康成长。

我全身心地陪伴孩子们，换来了好身体、好心态和梦稳心安的幸福生活。

我是一个特别的人

我特别尊重学生。一名学生考试作弊，我问学生："你作弊了吗？"学生说："没有。"我高兴地说："太好了！请你总结一下进步的经验，和同学们分享。"学生脸红了，吞吞吐吐地认错，我语重心长地告诉他："知道自己为什么难过吗？因为你是好人。好人是不能撒谎的，撒谎会很痛苦。要想快乐，唯一的办法是做好事，做好人。"学生郑重地点点头，说明白了。我相信一个更优秀的人诞生了！我尊重学生，相信他们都是可塑之材，结果他们真的很优秀，我带的班级连年被评为优秀班集体。

我特别理解学生。一个叫小刚的孩子最近上课总是无精打采，作业书写潦草，错题不断。他的妈妈一向是认真负责、严格要求的。到底怎么了？我没有惊动家长，而是布置了一项作业，写写心里话。第二天，我迫不及待地打开小刚的日记本，他这样写道：我的奶奶这几天一直处于病危状态，爸爸妈妈天天在医院照顾奶奶。昨天，我见了奶奶最后一面，我好伤心！奶奶再也不能陪我下棋，给我讲故事了。我想，人要是不死，该有多好！就不会让亲人们伤心了……我的视线模糊了，多么善良的孩子，不能让他稚嫩的心灵独自承受失去亲人的痛楚！于是我召开班会，号召全班学生为小刚的奶奶祈祷祝福！同时告诉孩子们：人的生老病死是很自然的事情，人老了，身体的各个零件都老化了，就会停止工作。如果人类不这样轮回，我们的地球怎么能放得下呢？同时劝慰小刚：如果奶奶能看到你回到从前那样，上课精神饱满，作业工整准确，一定会高兴的！记得每逢清明节，你要去看望奶奶，送上你可喜的成绩！

我虽然对工作付出了很多的时间和心血，但我并不是教育的苦行僧。我觉得自己充满热情，十分快乐。我热爱我的事业，热爱孩子们。我最喜欢的一句话是：守一份恬淡，不因飞尘而丧失清雅；守一份自信，不因喧嚣而泯灭从容。我一直坚定地告诉自己——继续奋斗吧，选择无悔！

一花一世界，一树一菩提

陶冬梅

不知道你是否读过这样一首诗："一粒沙里藏着一个世界，一滴水里拥有一片海洋，所有的树叶并没有不同，整个大地是一朵花。"这是诗人聂鲁达的诗歌《统一》里的诗句。《华严经》中也曾说：一花一世界，一叶一如来。《华严经》中讲，这个世界无所谓缺陷，即使是有缺陷，也是美的。我认为爱就是弥补缺陷的良药。

爱可以使沉睡的人苏醒，可以使迷途的人知返。爱是人类最伟大的语言，也是一座架在人们心灵之巅的渡桥，使陌生的人相识，使有隔阂的人相知，使认识的人心灵相通；它是拉近彼此心灵的纽带，它是师生相濡以沫的桥梁，它是……

我从事的就是这爱的事业，从踏上讲台的那一刻起，我就要为之奉献自己的一生乃至生命。回忆起这 14 年的班主任工作，一个个可爱的面容浮现在我眼前，他们的一颦一笑、一点一滴都融注了我所有的泪水和笑容，成为我记忆长河中永恒的画面。

如果说："人生是花，而爱是蜜。"那丝丝的甜会让你回味……

案例一：韩露莹是班里 74 个孩子中最特殊的一个，她妈妈带她去北京做过全面的检查，知道孩子有多动症，并且左脑思维迟缓。所以，只要你一眼没看到她，她就会和班里的同学动手打架。你可别小瞧她，打起架来男孩子都未必是她的对手。班里每天都有人告她的状，甚至其他班的同学也来告她的状。

我就成为她的"跟屁虫"，在课余时间与她形影不离，每天连上厕所都是一块去，剩下的时间就是一遍遍地给她补课。这招还真灵，她没时间欺负同学了，成绩也上来了。虽然累，但我们之间也产生了深厚的感情。每到节假日，电话的那头总会有个叫韩露莹的小女孩给我送来祝福……

案例二：班里的王迪是一个性格内向，不敢大声说话的孩子。于是我就鼓励她参加健身操比赛。孩子从开始的胆怯，到能在一次次展示自我的活动中，面对全校师生，面对摄像机镜头自信而又自如的表演，这是多么大的转变呀！连家长都不敢相信他们自己的眼睛了。

案例三：班里王文伯的姥爷去世，孩子晚上没人照顾，我便把他接到自己家里，虽然只照顾了一个晚上，可孩子在第二天却偷偷塞给我一张纸条，上面写着："谢谢您，妈妈！"短短几个字却表达了孩子对老师的情谊。

爱不仅仅是付出，情到浓时溢芳香！教育，因爱而美丽；尊重，成就爱的魅力。孩子的自尊、自信便在美丽的师爱中成长，孩子们学会了自爱，懂得了做人的尊严。这一切的一切，使得原本枯燥烦琐的教育工作，变得多么可贵、多么美丽！

班主任是世界上级别最低的"主任"，但班主任又是世界上最重要的"主任"。我们的工作，有说不尽的烦恼，可是我总是这样勉励自己：做个有爱的教师，温暖教育，呵护成长。在平凡中成长，在成长中历练，在历练中享受。爱的事业就会永远熠熠生辉！

爱是教育最温暖的底色

田 颖

"岁月如歌"这个词真是不错,就在岁月不经意地一唱一和中,我已从教22个春秋了。学生们来了又走,走了又来,不经意间,我也已经当了22年的班主任了。这22年中,孩子们给了我很多东西,他们让我笑过,让我哭过,也让我感动过。

让记忆穿过四季,回到我们这支队伍出发时的起点:那是2014年秋季开学,我认识了这群"子弟兵",而且已经是他们的第三任班主任了。这个班班级纪律松懈,学习浮躁。怎样形成良好的班风学风?怎样创建一个团结向上的集体?学生在观望着,学校领导在期待着,家长们也在关注着。在众多复杂的目光中,我站到了这支队伍的前面,用爱开启了我们一路欢歌、一路风雨、一路成长的征程跋涉!

在这支队伍中,有这样一个小可怜——三年级的时候生了一场重病,休学住院治疗,做了开颅手术。病好以后,四年级时插班到我的班级。因为术后的他不能受到刺激,不能过度劳累,所以父母对他百依百顺。仔细地打量一番,他中等个头,小脸儿又黑又瘦,单眼皮里装的是满眼的倔强与叛逆。刚开学,班级里就转来了他这样一个问题人物,每天闯祸最多,人见人厌,而且无论你怎样说服他,他也不会说一句"我错了"。他对待任何一个老师的态度都是高昂起头,用不信任的眼光看你,对我也是一样。他的这种态度真的把我气得不得了,有时我想:这哪里是个孩子?分明是块顽石。每当科任老师对我说他太难管的时候,我只能苦笑。软硬不吃,好坏不分,我真的对他是无能为力了。就在我不知所措时,我惊异地发现了他的闪光点:他写字工整,也很爱劳动,爱打抱不平,又拥有体育强项、手工特长。从此,我每一天都用爱的目光去迎视他的漠然,给他提供展示特长的舞台。渐渐地,他的漠然淡了,也许他感受到了老师不嫌弃他,有时也很喜爱他,甚至对他比对别人还好。没吃早饭,我自掏腰包给他买早点;学习有困难,我又挤时间为他补课;和同学之间有矛盾,我出面讲和，解决他和同学之间的交流障碍，让他有了更多的朋友……久而久之，他感受到了爱，感受到了温暖，也愿意敞开心扉与他人交流，愿意为同学和老师服务。直到有一天，他又犯错了，我轻轻地摸着他的头，说："宝贝，你又犯错了，老师知道你不是故意的，只是有时管不住自己，是吗？只要你能知错就改，老师是不会嫌弃你的。"此时，他不说话，把头埋得很低，眼角也湿润了，但是他的倔强，使他强忍着不让眼泪流出来。过了好一会儿，他轻轻地说："老师，我错了！"就在这一刻，我的眼泪止不住地流了下来。一年多了，我终于等到了这句话，这是多么不容易呀！从此以后，他能够认错了，虽然经常是改了犯，犯了改，但是我很知足，只因他最后能够诚恳地听我的劝告了。我坚信我所给他的每一份叮咛、每一份鼓励都将使他向正确的人生路上靠近。

如今，我又认识了一群可爱的小豆丁，成为他们心心念念的"田妈妈"。从一年级开始，我就给他们提供展示的平台，锻炼他们的胆量和能力。从一节节班会的主持，到精彩的"课前一分钟演讲"；从一场场朗读比赛，到绘声绘色的讲故事活动；从课堂上扮演"小老师"，到人人当小干部管理班级；从联欢会上表演节目，到盛大的颁奖典礼……所有的一切，我都精心为孩子们拍照修图，编辑文字，制作美篇和影集，给他们留下童年最美好的回忆。每每重温那曾带给我们快乐的影像资料，我仿佛看到花开的绚丽，听到拔节的声音。"看似寻常最奇崛，成如容易却艰辛。"教育是细节累积的成功，是爱心铸就的幸福。

三尺讲台，舞台虽小，但我手捧师爱，憧憬明天；一间教室，视野虽短，但我热爱学生，无悔青春。22载苗圃耕作，让我顿悟：拥有，我承担着职责；奉献，我体验着喜悦；创造，我感悟着生命；育人，我享受着幸福！

老师们，善存于心，爱在于行！让我们用爱心搭起桥梁，用关心凝成温暖，用真心传递幸福，用时光铸就"爱能改变一切"的金色长城！让爱成为教育最温暖的底色！

手捧师爱　憧憬明天

夏　茶

学生时代，我的一名初中老师让我第一次产生了职业崇拜。8 年前，当我怀着对教师职业的满腔热忱，首次站在三尺讲台之上时，我便立志，不仅要做授业解惑之人，更要做孩子们的良师益友和精神榜样。

记得去年下半年，班上林林同学由于生病呕吐不止，不但吐到了地上，还吐到了旁边同学的书包上。学生们见状捂着鼻子，躲在一边，我急忙拿起扫把、簸箕收拾起来。一个学生过来问我："老师，你不嫌恶心吗？"我认真地说："学校就像我们的家一样，家人生病了，我们当然要照顾他；家里地脏了，不管是不是自己弄脏了，我们也要收拾干净啊。"听了我的话，好几个同学立刻就过来帮我一起收拾。慢慢地，越来越多的学生会主动捡起发现的垃圾，教室一天比一天干净了！原来同学们和我一样，把教室当成家来守护！

苏霍姆林斯基说："在每个孩子心中最隐秘的一角，都有一根独特的琴弦，拨动它就会发出特有的音响，要使孩子的心同我讲的话发生共鸣，我自身就需要同孩子的心弦对准音调。"当孩子不愿意的时候，不强求，用自己的言行给他做示范。

我想，老师们都与我感同身受吧！爱每一个学生，用心来打动他们，用行动来感化他们，在他们身上倾注我点点滴滴的爱：帮调皮捣蛋的小子克服学习困难；帮自卑的小丫头树立信心；帮羞涩的小男孩敞开心怀……上课的时候，我喜欢看孩子们的眼睛，望着他们的眼睛，我知道，今天操场上奔跑着的追皮球的娃娃也许明天会站在世界冠军的领奖台上，今天音乐厅中传出的稚嫩童声也许明天会响彻世界音乐的殿堂。一个孩子就是一个希望——民族的希望，国家的希望，人类的希望！

班里 55 个孩子都牵动着我的心，很多时候我都忘了自己是两个孩子的母亲。工作的责任使我每天到校很早，离校最晚。老大上幼儿园期间，我接送的次数屈指可数，孩子奶奶向我说过很多次，孩子说想让妈妈接，可是为了那个"大家庭",我只能一次次辜负孩子的期望;为班级学生组织活动无数,自己孩子的活动却无法参加,听着孩子的抱怨,我只能强忍着泪水走向班级继续默默工作。我还承担了校办的一些工作,学校师生众多,办公室工作琐碎,工作强度非常大,但是我仍然坚持担任班主任。因为我不仅仅是学校这个大家庭的一员,更是二年级八班的大家长,孩子们舍不得我,我更舍不得他们。

三尺讲台,舞台虽小,但我手捧师爱,憧憬明天;一间教室,视野虽短,但我热爱学生,无悔青春。

匠心以恒　笃学致远

陈亚楠

如果说："几乎每一个人的人生中，都有一段诗意盎然的岁月。"那么，我在迎秋的这些年，可谓备受熏陶和滋养。从前，总以为诗意是海子"面朝大海"的愿想，是张爱玲悲春伤秋的小思绪，是戴望舒油纸伞下结着愁怨的柔情。来到迎秋，慢慢地，我才恍然，迎秋人的大海与星辰从来不单单局限于文艺青年式的怀想，对于我们而言，诗意更多的是背后的那份责任与担当，我们更愿意把它叫作情怀，一种对教育教学矢志不渝的情怀。

一、角色转变，努力前行

2011年，在走过人生第二十六个春天之后，我圆了自己的梦——成为一名光荣的人民教师。白天，我像一位农夫，以黑板为泥，粉笔为犁，耕耘在教学园地中；晚上，我像一位渔夫，以书本为舟，钢笔为桨，泛舟于学海。我暗下决心：要用盎然的青春，用充盈的爱心描绘出人生的春天。

择一事，终一生。立足讲台，不知不觉已是我走入教师生涯的第十一个年头。风起菊黄枫叶落，正是硕果累累时。2007年秋，毕业于天津师范大学教育管理专业，在其他岗位已然打拼4年的我，毅然决定参加教师招聘考试。经过不断的努力，终于在2011年夏天，考入山海关长城小学，开启了我的教育生涯。2013年3月，我来到了大美迎秋。初来乍到，我被安排担任二年级六班的语文教学并兼任班主任。我顿觉压力山大，心情五味杂陈，兴奋、茫然和些许的忐忑萦绕心间。孩子们能否认可，他们在试探……家长能否认可，他们在观察……老师们能否认可，他们在拭目以待……我暗下决心，用实力说话！

于是，我带领孩子们扎实地学、快乐地玩，摸索着上观摩课，贴近时代、贴近孩子生理心理特点举行班队活动。我深知，"经师易得，人师难求"，教书育人的核心是育人。为此，我一头扎进班级管理之中，逐渐摸索出育人之道——"让每个孩子都闪出亮点"。我认为,作为启蒙老师,不能过早地给孩子划分"好中差",孩子都有个性差异,每个学生都有他的亮点,启蒙老师应该做研究者、发现者、引导者。应懂得欣赏"每朵花儿的美",教育者的关键是善于抓住切入点,挖掘出孩子最大的潜力。

在习惯养成上,我总是不遗余力地表扬学生。学生的每一点进步,好习惯的每一点保持,如认真听讲、课本放得整齐,甚至某个字的一撇一捺写得好,都值得发现、肯定、夸奖,以促其成型。因为我知道,老师是孩子的"引路人",应该抓住每个学生身上任何值得肯定的细节,给予认同,让学生知道这是个好习惯,应该坚持下去。在学习上,孩子们在我的带动和指导下,能扎扎实实地写好字,绘声绘色地读好文,情真意切地习好作。功夫不负有心人,经过一年的打磨,我所带的班级无论是学习成绩还是班级管理方面都排在前列,同时也得到了学生、家长、老师们的认可。虽然很辛苦,但看到孩子们那一张张真挚的笑脸,我很欣慰。

二、不断挑战,成长自我

常言道:要给学生一杯水,自己就要成为一条流动的河。迈稳了班级管理的第一步,我又开始了对教学的"千锤百炼"。我刻苦锤炼自己的基本功,从每一个字的发音、每一笔画的书写到每堂课的设计,都着眼于学生的终身发展,毫不懈怠。我要求自己朝"智慧型"教师的方向发展,做教学的探索者、研究者。

一有时间,我就钻研教材,探索教法,渗透学法。虚心地向前辈、同事请教,与他们一起交流教学方法,一起学习教育理论,一起研讨教学内容,一起组织课堂教学,一起分享教学经验。每个学期都会积极参加区级优质课、示范课、基本功比赛。经过数年的积累,我在教学上积累了一些经验,通过不懈努力,我在2018年担任语文教研组长,在2019年担任年级组长,在2020年又被任命为德育副主任,负责家长学校、心理健康和校园文化等工作。虽然身兼数职,工作越来越忙碌,但我享受这种充实的快乐。

"路漫漫其修远兮,吾将上下而求索。"在求索的途中,个人的努力付出也获得了相应的回报:多次获得市区级优质课奖项;市基本功大赛获三等奖;获海港区"骨干教师"称号;获区"优秀德育工作者"称号;班主任工作案例、班主任征文获得区级奖项;2019年获校"优秀共产党员"称号;2016年4月作为主要成员参与省级课题"以信息化评价体系推进学生素质教育的实践与研究"并顺利结项;2019年6月作为主要成员参与的区级课题"海港区董家口研学资源开发研究"顺利结题;2020年8月作为主持人主持省级课题"睿课堂教学促进学生个性化学习的实践研究"已进入结题论证阶段;在省、国家级期刊上发表论文多篇……虽然现在我取得了一些成绩,但在漫长的教育之路上我只能算刚刚起步,面对当今日新月异的变化,我没有理由停下前进的脚步,毕竟,古人尚且说"吾生也有涯,而知也无涯"。

三、不忘初心 追求卓越

一个偶然的机遇,让我有幸聆听了陈燕老师的讲座,深邃的理论阐述、知行合一的实践引领给我留下了深刻的印象,成为影响我教育思想的重要一刻。这也是我想加入陈燕老师工作室的原因之一。在教育信息化时代,教师的成长已经突破传统研修方式,以学习共同体为平台,团队合作,共同进步成为新时代教师专业化成长的主要途径。名师工作室就是一个引领年轻教师让其快速成长、行之更远的舞台。在名师的带领下,能够学习到最前沿的教育教学理念,把其浸透在课堂中,可以提高教育教学质量,这也是对学生、对学校、对社会的最好回报。学然后知不足,教然后知困。在迎秋里,我是一名青年教师,也是一名骨干教师,我将以"空杯"心态"从头去成长",希望能加入陈燕老师的工作室后,开启再学习成长之路。

四、学为人师 一直在路上

教育是唤醒潜能、启迪智慧、润泽生命的心灵活动。教师只有不断发展自身,不断提高自己的专业素养,不断学习新的知识,不断探索研究新的教学理念,才能在教育事业上不断走向成熟,才能更好地干好教育事业。要形成自己的教育特色,使自己成为一道风景,就要有清晰的规划。

(一)自我定位与自我发展

要提高自我身心素质,就要全面看待自己、看待学生,提升师德修养,用健康的人格塑造学生的人格,抵制社会不良风气的影响,用自己的精神铸造学生的精神，以健康的体魄和健全的心理适应教师工作，做一名快乐的教师。

（二）勤读书

作为教师，我觉得自己不仅是教者也应该是学者，因为我们的知识内存是有限的，我们要通过不断学习来储备知识，这样，我们在教师的岗位上才能得心应手。同时，作为语文教师，对于语文的最新动态、最新媒体设备的使用，对学生喜欢什么都应该随时关注，关注的过程就是我们学习的过程。有许多东西我们甚至要和学生共同学习，共同探讨。只有这样，我们才能自如地驾驭课堂，让课堂真正成为学生成长的乐园。所以，我们不能放松自己，要博观而约取，充实、滋养自己的精神世界。

（三）努力做一个有智慧的教学教研实践者

首先，我要精选教法，让学生快乐学习，提高自然常态下的语文教学实效。在教学中营造一种非常宽松、活泼、自由的氛围，以民主的态度，商量的口吻，指导学生进行学习活动。"珍视学生的独特感受，体验和理解"学生的感受，教学中少一些"一言霸权"，多一些"百家争鸣"；在教法上少一些墨守成规，多一些不拘一格。其次，虚心学习，借鉴经验，提高专业修养。除了认真研读和学习教育教学的先进理论书籍外，我也要虚心向身边有经验的老教师请教，学习他们的敬业精神，也学习他们长期积累下来的丰富经验和技法，以缩短自己的成熟期。

（四）以反思求发展

很欣赏一句话："我思，故我在。"反思是理性的思考，是低头走路后的抬头看路。这也是我一直忽略的教育行为。此后，我要笔耕不辍善反思，扬长避短求发展。做一名善思者，以批评的态度审视教育教学行为；以发展的思想总结教育教学过程；以深刻的笔触记录成功与失败。努力实现耕耘者与研究者的有机结合。

（五）积极投入教育教学课题研究

"科研兴校，科研兴师"这已成为不争的事实。一个优秀的教师，不但课要上得好，还应有一定的教育科研能力。我要积极参加教育科研培训，掌握教育科研的理论与方法，不断提高创新能力和科研素质。

在今后的工作中，我要从学生发展的高度积极探索课堂教学新思路。在教学实践探求中，不断感悟、反思，使我对学生们的爱更加理性、更加美好、更加永恒，让自己的语文教学工作走向更加成熟，形成自己独特的教学风格。

"小豆包"的变化

刘岩峰

人性中最深切的本质是被人赏识的渴望。孩子们都是独立的个体,有自己的思维和见解。他们渴望得到老师、家长、同学的赏识或理解,得到重视和信任,这就是你与他们心灵沟通的关键,更是支配其行为的航标灯。

2001年,我从中学转任小学,大部分时间任教信息技术学科,也已经习惯了副科老师的角色。记得2009年,我有幸第一次当了班主任,任教四年级语文,四年级是当时我从教经历中教过的年龄最小的学生。看着班里的"小豆包"们,说实话,真是心里直打鼓,不知道该怎样教。

第一次期中考试后,我的教育热情就被彻底打击了。我们班的最高分三科总成绩298分,而英然同学竟然有两科都只得了40多分。他学习成绩不佳,我早有心理准备,但没想竟会糟糕到如此地步。这孩子平时一点都不令人讨厌,他妈妈也很认真负责,我也对他下了不少功夫,但到期末考试的时候,他的成绩仍然没有一点儿进步,这使我陷入了沉思。

难道是我的方法不对?还是孩子是假努力?我原来没教过主科,担任班主任后,才真正知道了班主任的辛苦。对于英然这样的后进生,我从来没有放弃,更没有歧视。毫不夸张地说,我每次给他妈妈打电话,一聊就是半个多小时。孩子的妈妈很着急,她是一点办法都没有,边说边哭,她常挂在嘴边的一句话就是"求求老师帮我想想办法,帮帮英然吧"。我何尝不想帮家长呀,但我本就教学经验不足,也得苦思解决策略啊。

寒假前,我又与英然妈妈在电话里聊了许久,告诉她不要气馁,利用假期带领孩子预习,帮助孩子树立自信,我相信孩子的成绩迟早会变好的。

寒假结束新学期开学了,第一节课讲的是《古诗词三首》,我高兴极了,因为英然居然主动把小手高高地举了起来,他声音洪亮、读得还很有感情,全班同学都不由自主地为他鼓掌,我马上给予了表扬和鼓励。接下来的几天,只要他举手,我就会叫他,他的学习积极性高了,回家跟他妈妈说"今天老师表扬我了"。

　　校运动会，他想报名跑 200 米，我心里明知他跑得并不快，但还是欣然地答应了。最终虽然他的比赛成绩不佳，但孩子已经很高兴了，因为他第一次代表班级参与了运动会的角逐。没过多久，校升旗手需要班里推荐进步大的学生，班级干部一致推荐英然，我也给他投了赞同的一票。当主席台上传出他的名字时，他以为自己听错了，他从来没想过自己也会成为一名光荣的升旗手。

　　自从他当了升旗手后，他学习的劲头更足了。有了自信心，他的学习也得法了。在一次批改作业时，我发现他的语文练习册上多了老师讲课的痕迹，一个句子中间竟然有一个拼音。他已经学会记笔记了，而且是随着老师的思路补充自己的不足。虽然是这么小的一个闪光点，但我还是在全班面前把它当成了一个良好的学习习惯进行推广，这不仅让大家受益了，英然也更自信了：我并不比别人差。从前，听写一个单元的 50 个词语，他的卷子上大多是空白，能有七八个对的就已经很不错了。每次他的卷子都是我单独发给他，怕被其他学生看见了，笑话他，让他在同学面前抬不起头。现在，他每次的听写只错 10 个左右，而且还追着我改错。他的进步我看在眼里，乐在心里。不仅仅是语文学科，各科老师都夸他有进步，成绩也从 40 多分提升到 70 多分。对此，家长用长长的短信感谢我给了孩子机会，让他找回了自信。那一刻，我心里有种说不出来的喜悦。这大概就是同行们说的内心的满足感吧。这时我感觉到当一名教师真好，做一名班主任很值得、很自豪。

　　英然"小豆包"的变化，让我深切感受到，如果孩子从小失去了信心，将来他肯定做不了什么大事，所以我要帮助学生们从小树立自信心。孩子是脆弱的，他们的心灵更需要爱的呵护，就像苏霍姆林斯基说的："我们要像对待荷叶上的露珠一样，小心翼翼地保护学生的心灵。"相信会收到神奇的效果。

　　鼓励，唤起自信，催人奋进。被赏识、被重视、被尊重，其背后潜在的力量是无穷的。正所谓"精诚所至，金石为开"。孩子们的收获是自己耕耘的结果，而老师的鼓励则是他们坚持耕耘的动力。

温 暖 相 伴

杨 蕊

这是一个普通的早晨,当其他孩子走进校园,我班的张朕玮却还在校园门口紧紧地拉着他爷爷的手,像是在等待着谁……7点30分,龙永新准时来到校门口,和张朕玮手拉着手走向班级,他俩的脸上洋溢着满满的笑容。

这让我不禁想起去年9月我第一次见到张朕玮时的情景。那时他自闭,还有比较严重的沟通障碍。张朕玮的妈妈在家长会后跟我单独沟通了孩子的情况。原来张朕玮得的是唐氏综合征,智力低下,且由于各种原因,父母双方也选择了分开,孩子现在跟着爸爸和爷爷奶奶生活。她希望孩子在学校时我可以多多照顾他。当时听完这件事,对于刚刚成为一个母亲的我来说,心里很难过,于是便想尽自己最大的可能给予他更多的爱与帮助,也希望班里的孩子们可以共同关心和照顾他。

于是,我在开学第一天以"团结友爱,我们是一家人"为主题展开了一次班队会。虽然孩子们刚入学,只有6岁,不明白什么是唐氏综合征,但是他们有双善于发现的眼睛,能够感受到张朕玮的与众不同,再加上我的正能量引导,以身作则,不以有色眼光看待张朕玮,对所有的孩子一视同仁,且在自己力所能及的情况下多多照顾和关心他。班里的孩子们并没有对他产生任何的反感。不仅如此,他还有了人生中的第一个好朋友——小男子汉龙永新!

龙永新是个爱笑的大男孩,他是我开完班会后第一个主动找张朕玮说话的孩子,且无论张朕玮做什么,都十分包容他。他用质朴的语言、真挚的情感打动了张朕玮,让张朕玮愿意跟着他走出教室,这并不是一件简单的事。龙永新的出现恰恰就像那暖暖的阳光,照进了张朕玮的心里,为他那小小孤独寂寞的世界打开了一扇窗户,让他看到了外面不一样的色彩,也感受到了与亲人不同的那份友爱,更让张朕玮的脸上渐渐漾起了笑意,使他那样的腼腆可爱。

在龙永新的带动和我的积极鼓励下,班里开始涌现出更多的孩子去关心和帮助张朕玮。其中就有他现在的同桌——曾雨泽。曾雨泽是个学习认真、温柔、可人的女孩子，在家里也是个懂事的大姐姐。她经常在课堂上提醒张朕玮该怎样做，渴了还会把自己的水给他喝，帮他收拾书包等，就像在家里帮妈妈照顾弟弟那样。慢慢地，张朕玮有了更多的变化，他的脸上时刻都泛着幸福的笑容，课堂上随意唱歌的情况不见了，也能拿本自己喜欢的书翻一翻了，而且对待其他同学也更友好了。我想，这都离不开他的好同桌在校园生活中对他的无微不至的照顾。

渐渐地，班里越来越多的孩子都围绕在张朕玮的身边，他们在课间给他讲故事，陪他读《三字经》《弟子规》，还拉着他下楼去操场上追逐打闹。最让我惊喜万分的就是张朕玮可以勇敢地走进更多人的视线中，他不再怯懦，也不再害怕，还能对其他没见过的老师作出反应，这都是我当初不敢想的。尤其是当他腼腆地笑着对其他老师说"我喜欢杨老师"，并在大课间时帮助同学们打扫卫生、擦黑板时，我想，成为一名教师，是多么幸福的一件事！

每一朵花，都有属于自己的花期，我们只需要耐心呵护、静待花开。正因为有了张朕玮，班里的孩子们才更懂得爱自己、爱身边的人；也正因为有了张朕玮，我们才感受到更多美好的事物。让我们继续温暖相伴，不离不弃，因为——我们是一家人！

如兰香溢《你·我·他》

杨一兰

"一兰",是我一直引以为傲的名字,它不仅赐予我独一无二的个性,而且或许也正因为它,让我独爱兰花那高洁脱俗的气质。很小,父亲就教我要做人如兰,淡泊自然。他引领我如一株幽兰,静静地生长,默默地开放。不争不抢,不急于解释自己,也不甘于落人身后。"兰为王者香,芬馥清风里",不论做什么,都履行自己如兰花般的誓言。特别是我的十八年笔墨春秋,书写了我教书育人的如兰品格。我用充满敬畏之心,用心地做教育,做教育工作者,做有满身正气、如兰芬芳的师德践行者。

我不是伟人,也不是学者,但我仍然可以自豪地说:我是光荣的小学教师,我尝试用真情感染真情,用能量撒播能量,用爱点燃爱。我坚持自己如兰的理念,不急不躁,心平气和,我乐于把我所在意的所有点滴故事,随心记录,也真心喜欢把它们一颗颗地用心串成一串珍珠项链,自由地闪亮。世界上所有的成功,皆源于无限的热爱。因为爱,你选择靠近我;因为爱,我愿意理解他;因为爱,他最终没有放弃自己。我的《你·我·他》系列就此诞生……

《你·我·他》系列之一——进步奖

其实,小翔是基础最弱、成绩最差的一个学生。可是,他同样有着自己该有的骄傲。周二早上发过奖状之后,她哭了:"老师,小翔笑我……"撅起的小嘴像颗小樱桃,满脸的委屈。我侧过头去,分明看到他自豪的灿烂笑脸,像一朵盛开的凤仙花。

说实话,与同龄孩子比,他的智商确实不算高。他笑过,他笑过那么多次,不过那些笑无非是玩得开心的笑。这次不同,这次人家自己得了个奖状呢——进步奖!他在笑她一个奖状都没得到,这回他也有"取笑"别人的机会了——在他看来。我没有批评他,索性留给这个特殊的孩子一些自己的空间吧？我想。

"其实你是非常有实力的，你等着，你一努力了，准能特别强。"对这个委屈得已经趴在桌上哭泣的女孩子，我如是说。"嗯！"但她又趴下去继续难过。也是，平时表现得挺努力，这次考试没考好又能证明什么？我一直否认考试能考出孩子的能力。"这是你的奖状！学习进步奖！刚才老师忘记拿了，把它落在办公桌上了。"这是我快速跑回办公室又临时写的一张。

"嗯，行！"看到奖状，她突然就停止了悲伤，平平整整地把它放在了桌斗里。身体坐得笔直！一张奖状，一个笑脸，一句"谎言"，一份信任，一颗爱心……

《你·我·他》系列之二——特定的钥匙

曾经，我在想：我是没有办法打开他的心扉了，不单单源于我对自己自信心的丢失，更重要的是，我看到他把自己包裹得好严实，他的心始终处于牢固的封闭状态。但现在，我却改变了这个看法！

一位文弱女生破天荒地向我打小报告："老师，洋洋咬了我！"咬人？这还了得？经初步走访调查及口头询问，答案是肯定的，他确是"嫌疑犯"。在教室，我问："刚才你咬谁了？"他竟用眼瞥我一下，不屑地回答："没咬谁……""那好，你，和你，走！"我指着他和她，潇洒地摆手，疾行至办公室。非得找个可以让你承认的地方。

开始，他用闭紧嘴巴、问而不答等方式表达着他的反抗。随即，我改变"对敌"策略，夸大其造成后果的严重程度以及再不承认错误就要喊妈妈来商量商量了，加上我"催人泪下""感人肺腑"的真挚言谈，苦口婆心的劝说，终于慢慢地触动了他那根最脆弱最隐秘的神经。他声泪俱下，大声承认："我是咬她了！啊……"这眼泪，真如断了线的珠子，我收不住。"我错了老师！……""那你把人咬了怎么办？""我，我认错……""好，你认错，她要答应原谅你了才行。"……接下来他听从我的安排，顺从地拉起她的手，擦干眼泪奔向教室。

从孩子入学，就听他的妈妈讲他在幼儿园如何让老师发愁，不高兴了任凭你说什么他都不搭理你。现在也确实让我感受到了他那极强的个性，封闭的内心，而这也极大地影响了他课上的集中听讲。之前，我试过各种办法，但最终没能打开他的心扉,甚至有一点点要放弃了。可经过昨天的事件,在今天上课时我就发现了他明显的变化:能听讲,愿意举手回答问题,会和同学一起商量难点,我的鼓励能让他兴奋半天。

也许,每个人的心门都有一把特定的钥匙,只有找到正确的开启方法才能打开它。有时需要恒心,有时需要巧妙,有时需要重复,有时需要感觉。而这一切都离不开坚持,秉持"不抛弃不放弃"的信念来对待每一个人和每一颗心,我们就会有意想不到的收获!

《你·我·他》系列之三—— 一句话的力量

小佳是个瘦弱、文静又乖巧的女孩,她给人的最深印象绝对是那种刺眼的颜色——白。脸上、手上、身上,都是。用"苍白"来形容也不为过。从她最初的"什么都不爱吃,也吃不下"的状况,到后来一顿饭能主动吃下一大碗米饭,让我兴奋的是我说过的一句话:"小佳,老师今天给你再留一项特殊的作业,你愿意完成吗?这项作业就是今天晚上必须吃完一大碗饭。我会给你妈妈打电话询问她你完成作业的情况哦!"她不好意思地扭过头去笑了,"行!"……

其实,给她布置完作业后我还在想有没有更好的办法解决她不愿意吃饭的问题。可晚上我竟收到小佳妈妈发来的短信:"谢谢您杨老师,不知道您和小佳说了什么,她竟然惊人地吃了一大碗饭。她说这是您和她的约定。真的太神奇了!小佳有您这样的好老师,真的很幸福!这句话是小佳说的!"第二天,我看到小佳,不知怎么,我感觉她的脸色红润多了……

我在想:微不足道的一句话,有时却能显现无穷的力量,并不在这句话的本身到底有多少能量,其迸发的是人与人之间的信任、关爱,以及心灵上的沟通与体念。我们在教育学生时,要多鼓励、少批评,不吝惜优美赞辞、豪言壮语,让孩子昂首阔步地走在成长的道路上。千万不要忽略这一句话的力量,因为有时,一句话有足够的潜力影响一个人的人生轨迹!

《你·我·他》系列之四——惦念

"老师,天冷了,您记得多添加衣服。"

"杨老师,这几天雾霾天,出门一定要戴口罩啊。"

"杨妈妈，我想您了，尤其今天，特别想。永远忘不了您对我的倾心照顾，您多保重身体！"

"老师我在初中挺好的，尤其是语文成绩很不错，演讲比赛还得了一等奖呢。您替我高兴吗？"

……

陪伴了他们6年的我，离开了共同学习生活了6年的他们，当又一个九月一日到来之时，我释放了我所有的情感，一个人哭得稀里哗啦……面对已毕业了的他们的所有的惦念，我只想说：这辈子当老师，我值！

你、我、他的故事仍在每天发生，《你·我·他》系列沉淀了青春里太多奋斗的记忆，我会一如既往，使它越来越耀眼。现在的我，每天忙忙碌碌，认真备课、上课，不放过任何一个教育细节，几十年如一日地坚持每天阅读，让自己的教育生命永远满格，无限放大自身魅力。我坚信：没有永远的幸运，但一定有坚持得来的硕果。身为一名小学教师，我有我的执念。"德行"满分过关，才足够让人称为"老师"。我想说："我走的这条路，白天洒满阳光，晚上流淌月色。在这条路上有人超越，有人落后，有人停留，甚至有人离开。我走得不快，但我在走。"这条路上，带不走风景，就带走记忆；留不住人生，就留下痕迹。我愿用我如兰的芳香，留下只有我能刻画的痕迹，溢满孩子们灵动丰富的内心！

你若"盛开","清风"自来

孟 喆

一段时间以来,网上一直在热烈地议论一个话题:世界上没有教不好的学生,只有不会教的老师!当著名儿童教育家陈鹤琴教授把这句话抛出来的时候,整个教育界一片哗然:家长拍案叫绝,老师叫苦不迭。其实这句话是陈教授对自己一生教育责任的自励,而不是教育评价的标准。没有"教不好的学生"反映的是学生观——学生都是可以教好的,"好"的标准有很多,不一定就是指学习成绩;"只有不会教的老师"是对教师教育担当的激励,要不断地提高教育水平,不能裹足不前!一句话从不同的角度分析,就有不同的结论。孩子的教育也是这样,从多方面观察,因材施教,或许都是"可塑之才"!20多年的一线教学经验,使我一直坚信:你若"盛开","清风"自来!

一、你若有"方","树"自挺拔

"打铁还需自身硬!"作为一名教师,尤其是一名班主任,班级管理和教学知识都要讲求一定的方法,因材施教、因班施法,走近学生,切准脉搏,方能掌控全局,得心应手。

一个老师,能让学生佩服,无外乎是因为你的课堂和人品。平时只有潜心钻研教学,提升自己的教学水平,让学生爱上你的课堂,你才会在学生心中有分量。久而久之,他们的崇敬之心就会油然而生,那么你说的每一句话也就是"圣旨"。我们常说,学生们千奇百怪犹如孙悟空手下的泼猴,所以作为班主任,必须深入学生中间,了解他们每个人,知晓他们的心声,利用一切可利用的契机管理班级,才能有意想不到的收获。这么多年的高年级教学,我的班级都是让学生自主管理。但是这里的自主,可不是随意,班规是学生自己讨论制定的,班干部是民主选举出来的,一切惩罚措施都是他们民意调查的结果。自己的班级自己管理,班级荣辱关系每个学生,这样学生们的积极性就被调动起来了。其中最有特色的要数班级"学大代表",他们负责了解民生,反映呼声。我们班的"周五畅聊日""周六游戏联赛""周日手机拜拜日"都是这些"学大代表"发现并提交议题、全体同学利用班会讨论制定的,这一举措大大解决了当前最头疼的两大难题:家长们的手机管控和同学们的手机依恋。在规定的时间畅聊畅玩,在预定的时间上交,谁也不能违反,互相监督,否则丧失手机拥有权,交于班主任管理。所以,孩子们大了,越来越有自己的主见,如果强加干涉,势必适得其反。让他们担负起自己的责任,在规则范围内自己的事情自己办,势必会大大调动学生的积极性。组织运动会报名、参加德育处活动、参与各类比赛,我们班都有专人负责;班级的每个学生有什么特长、擅长哪方面技能,班委会都有"小台账"。这样的一班生机勃勃的小树苗何愁不挺拔?这样"悠闲自在"的班主任怎能不幸福?

二、你若"自律","草"也精彩

一提起"自律",我们这些教师就很自然地把标签贴给了学生,让学生遵守纪律,让学生认真完成作业……其实这个"自律"我想应该先要求我们自己。"榜样具有良好的感染力!"如果我们闲暇时主动阅读,孩子看到了,也会悄悄拿起书;如果我们主动拾起地上的纸屑,孩子们也会学着捡起;如果我们的课本上满是备课的痕迹,孩子们也会专心听讲、记笔记……

其实缺乏自律的孩子大多都是缺少一个影响他的榜样。我们班有个男孩子,由于家庭原因,缺少应有的教育,别说每天主动完成作业,就是坚持上学对于他都是难题。这么小的孩子就天天迟到,做什么事情都没有兴趣,浑浑噩噩地过日子怎么行?得管!可是无论你是语重心长地与他谈话还是正言厉色地对他批评,对于他似乎都是不以为然,他每天到学校就是为了找个玩伴。观察了几天以后,我索性不管他了。我每天早晨按时到校后,坦然地坐在他的座位上和同学们早读,他来了,我也不让开,直到上课。而且每天我让他们组的同学把认真完成的作业本都放到他的桌子上,由他送给我面批。就这样,他每天亲眼看着我早到朗读,批改一本本优秀的作业,这里面唯独没有他的。慢慢地,他也开始早到了,和我抢起了座位,小组的作业里也慢慢多了一本错误很多的作业本。我没有声张,依旧坚持,他坐到座位了,我就搬个椅子坐在旁边,他的作业哪怕只对了一道题,我都给个红"★"。期末考试,他破天荒地考了 83 分！这个班级的"小草"终于焕发了生机和活力，我真开心！所以，用我们的"自律"影响他们，何愁"小草"不能笼盖四野！

三、你若有"爱"，"花"必盛开

热爱学生，是教师必备的道德品质。教师的天职就是教书育人，爱孩子则是教育的灵魂！教师的爱在"严爱"与"宽爱"之间，既要有父母般的细心，又要不失师者的严厉。陶行知老先生曾告诫我们：你的教鞭下有瓦特，你的冷眼里有牛顿，你的讥笑里有爱迪生！所以做一个睿智的教师是当今最时尚的，也是最难的。

20 多年的教学生涯，让我遇到过形形色色的孩子，他们真如天上的星星，每一个都不一样，但是如果你的爱感染了他，他们又会不约而同地把所有的爱加倍回馈于你，那么纯真，那么热烈。2019 年，突如其来的新冠肺炎疫情，让我们改变了原有的课堂教学，网课成了我们的主要学习方式。为了孩子们能快速适应，我们在群里不停呼唤孩子，和他们互动。尽管这样，还是有些孩子懈怠了。不能让一个孩子掉队！在规定的时间里我们按时直播、做练习、批改作业……提交不及时，我就打电话、连视频和这个孩子聊天谈心，端正他们的学习态度，并虚心采纳孩子们的建议，不断调整网课形式，讨论、辩论、考试，一个学期的网课我们上出了花样儿，居然没有一个学生掉队！终于我们迎来了线下毕业考试，当考试结束的铃声响起，孩子们居然没有一人离座。突然一名学生高唱："我来自偶然，像一颗尘土……感恩的心，感谢有您！……"全班的孩子不约而同地摘下口罩，向我比心。就在那一刻，我的双眼模糊了，泪如泉涌。我爱他们，他们更爱我！毕业考试我们班的成绩相当优秀，所以只要我们这些园丁用真爱去培育和浇灌花儿，他们一定会竞相开放、姹紫嫣红！

三毛说，你若盛开，清风自来。心若浮沉，浅笑安然。孩子们是一个个鲜活的个体，有思想，有感情，会观察，能效仿。所以我们不能只是一味静待花开，更不能急于百花齐放。只有先让我们自己足够优秀，有知识、有能力、懂方法，会管理，胸有成竹了，成熟自信了，你期待的"清风"也就自来了！

花开满径尘染香　倾听花语伴馨香

白玉双

"古今之成大事业、大学问者必经过三种境界：'昨夜西风凋碧树。独上高楼，望尽天涯路。'此第一境也。'衣带渐宽终不悔，为伊消得人憔悴。'此第二境也。'众里寻他千百度，蓦然回首，那人却在，灯火阑珊处。'此第三境也。"作为一名中年教师，我一直向往着达到这样的三重境界。在日常教学中，我以此来鞭策自己、勉励自己，在教学一线，用自己赤诚的心、坚定的信念、顽强的精神、无私的行动，执着地追求着。

自1996年6月大学毕业至今，我一直担任语文教学工作，从教24年来，有22年担任班主任工作。杏坛春秋，书写了我教书育人的喜怒哀乐；讲台岁月，浸透着我不懈追求的挚爱深情。我深深地爱着自己所从事的神圣事业，我把自己的爱与责任，把自己的满腔热情都倾注在了教育事业上。

一、爱生乐教，引领方向

回眸我从教的历程，坦白说毫无壮举，但我踏踏实实地工作着，在平凡的岗位上，用自己的坚守和执着，以"爱生乐教"为己任，捧着一颗真诚的心去护卫着花一样灿烂的生命。教育教学中，我努力让每个学生都能从我的身上感受一种力量，一种期待；校园活动中，我精心组织认真策划，让每一个学生都能在活动中快乐地成长，充分发挥自身的潜力。我用爱心履行一名教师的职责，默默地教书育人，言传身教，这种师表形象作用是不可估量的。比如，在一次上课前，我走进教室，教室里乱糟糟的，纸屑到处都是，真像一个菜市场。当时，我没有大声训学生，只是深深地看了大家一眼，然后拿起扫把扫起来。我的这一举动，引起了学生们的注意，顿时教室里鸦雀无声，学生们默默地捡起自己座位下的纸屑垃圾。此时真是无声胜有声。为了教育学生在庄严的升旗仪式上做到安静严肃，我每次在升旗仪式前先在教室做好提示，在升旗时我就会笔直地站在队伍前,面向国旗肃立敬礼,学生们也会自觉地安静站好,向国旗行队礼。我想,这就是师德的力量。"身教重于言教,榜样的力量是无穷的。"我要求学生做到的,自己必须先做到,不允许学生做的,自己坚决不做。在日常生活中规范自己的言行,以良好的道德风范,对学生实施教育,以身作则,时时处处起到表率作用。

二、默默耕耘,无私奉献

作为一个中年女人,上有老下有小,他们需要我的照顾;作为一名小学班主任,还有一群孩子需要我的呵护!然而,两者不能兼顾时,我选择了学生。我在42岁时孕育了第二个宝宝,但是在语文教师并兼任班主任这个繁重的工作岗位上,我一直坚持工作到生产前的两个月。作为一名高龄产妇,我在怀孕期间有很多不适,6个月以后,大腿和双脚浮肿严重,站着讲一节课后累得气喘吁吁,久坐也会腰酸腿疼。为了批改完那一摞又一摞一尺多高的作业,我只能坐一会再站一会儿,其中的辛苦只有自己知道。怀孕期间,除了正常产检,我没有请过一天假,也没耽误过孩子们一节课。

产假结束后不久,因为学校人员紧张,学校又安排我担任班主任工作。作为两个孩子的高龄妈妈,二宝刚刚一周岁,唯一能帮我带孩子的婆婆也已经70岁高龄,当时我有很多顾虑。但是为了顾全大局,我义不容辞地接下了这个艰巨的任务。这时的我已经是全校40多位班主任中年龄位居第二的班主任,而且是一位二胎妈妈。体力和精力远不如年轻的班主任,教师是个良心活,接了这个任务我就必须兢兢业业,认认真真。我把大部分的精力投入到了工作中,对自己的家庭和孩子的关爱却少了很多很多。其间自己的小女儿两次因毛细支气管炎在医院做多天雾化治疗,都是年过七旬的婆婆带孩子打车去的医院,作为妈妈我都没有请假陪同一次。

我不仅不是一个尽职尽责的妈妈,更不是一个尽职尽责的女儿。去年3月,最疼爱我的妈妈因为肺癌永远离开了我。在她生病住院期间,我作为女儿,却没有长期陪伴她,只是在双休日匆匆地探望她。家人也知道我工作忙,很少打搅我。在妈妈生命的最后阶段,我从未请一天假去照顾她,回报她。每次我去探望她,她总是劝我赶紧回去,她说自己还好,不用我照顾,其实是因为她心疼体谅我,知道我身后不只有两个年幼的孩子等我去照顾,还有几十个学生等我去上课。事后，我只能用悲痛的泪水来表达对母亲没有尽孝的遗憾、自责和愧疚……

但我自认是一名尽职尽责的老师。刚休完产假不久我担任班主任的这个班，因为特殊原因换过四任班主任，是一个纪律非常涣散的毕业班。为了尽快扭转班级状况，我一心扑在工作上，心中装的全是学生。学生放学队伍混乱，我就从队形队列练起，宁可放学后晚出校门几分钟，也要让队伍有模有样，很快放学队就基本做到了快静齐。学生上操集会时说话问题严重，我就不停地在队伍中巡视穿梭，及时提醒教育，两个月后进步明显。学生晨读和午自习纪律混乱，嘈杂，我就比学生要提前到校，每天早晨7点就带着刚上四年级，总是睡不醒的大女儿离开家。到校后给学生们布置学习任务，守望着他们。班里有几个问题学生，经常违纪，却不能虚心接受批评，顶撞老师。我就一个一个转化，动之以情，晓之以理，让他们不是迫于老师的威严认错，而是心服口服。我班有个叫李鹤勃的孩子，他极度任性，一次因为严重违纪，又拒不认错，我把他的妈妈请到了学校。没想到他对妈妈的态度更是蛮横无理，甚至说："你经常打我，不如让我去死！"她妈妈正好赶上生理期，气得流着眼泪捂着肚子蹲在了地上。我意识到这个孩子的家庭教育是有问题的。于是我从亲情这个角度打开突破口，当着妈妈的面表扬他在班里关心同学，乐于助人，是个小雷锋。但也希望他做一个坦诚面对错误，勇于改正错误，并能尊敬师长，关爱妈妈的小暖男。我给他布置了一个特殊的家庭作业，妈妈生病了，需要你的照顾，回家给妈妈冲一杯红糖水。回到家后，他果然做到了。他的妈妈的给我发来短信说："在回家的路上，孩子扶着我，帮我背包，回家泡了热腾腾的加了大枣的红糖水，我第一次感受到儿子的关爱和照顾。谢谢老师帮孩子找到了改正错误之门。"事后他又为自己的违纪行为向我诚恳地作了检讨。现在这个孩子，积极向上，成绩优异。虽然一年来我付出了很多辛苦，但是当我看到现在班级秩序井然，学生积极向上，我感到莫大的欣慰和幸福。

三、潜心工作，爱洒桃李

苏联教育家苏霍姆林斯基说："热爱孩子是教师生活中最主要的东西。"没有爱，就没有教育。爱学生是教师必须具备的美德，也是教师的天职。作为教育工作者，应该树立为学生服务的意识，热爱教育事业，热爱学生，把学生当作自己的子女一样来爱护。班级里的每一名学生，我都倾注了无限的爱。我班有一名学生叫赵裕辅，他还没有出生就失去了父亲，母亲又长期在北京工作。对这个学生我给予了慈母般的关怀。他经常会和我说一些与学习无关的事。每一次，我都会认真地听他讲，并适时地插上几句，尽量给予他亲人般的关心和爱护。他渐渐地喜欢上了我，把我当成他的亲人，也改变了散漫冷漠的天性。我班还有一名学生名叫王彤源，性格内向，不爱表达。但是我发现他有画画的天赋，于是我鼓励他："我看了你画的画，真的很漂亮，不如加入板报组吧！"开始他很犹豫，我又说："只要自己充满信心，勇敢的展示自己的才华，才能获得别人的钦佩和赞扬，为什么不试一试呢？"在我的鼓励下，他终于点了点头。没想到一块黑板成为他绽放精彩的舞台。从此我班多了一个聚精会神听讲的孩子，多了一个侃侃而谈表达观点的孩子，多了一个品学兼优、自信的孩子。他在作文中写道："虽然我和白老师只相处了一年的时间，但她和蔼可亲的容颜深深地刻入了我的心田。那慈祥的目光在我自卑的心灵中洒满了关怀的雨露。"

四、爱岗敬业，教书育人

自从踏上讲台，我一直奉行"教书育人是教师的天职"的信条，一心扑在教学工作上。追求永无止境，奋斗永无穷期。为了适应日益发展的教育教学的需要，具备丰厚的知识和熟练的技能，我认真钻研教材，广泛阅览有关资料，积极参加，并多次自费参加有关学习活动，以求拓宽知识视野，深化知识层次。并在教学实践中虚心向别的教师学习。注意教学方法的探索，注重教学经验的积累。每天我都认真地备好、上好每一节课，认真地批改学生的作业。在教育教学活动中，关注学生的个体差异，因材施教，促进学生的充分发展。学生们也被我生动的讲解、旁征博引的拓展吸引了。他们爱上了语文课堂，爱上了阅读，爱上了写作。我班的语文成绩也一直名列年级前茅。

从教 24 年来，小小的讲台，承载了我太多的喜怒哀乐，虽然自己的青春都奉献在这片土地上，但是我从没有为自己的选择后悔过。因为，清晨，当我推开窗子遥望远处那美丽而又缥缈的大花园时，一朵朵带着露珠的娇艳无比的玫瑰花正悄然在我的窗前开放。我只要微微俯身，就会感觉到那怡人的芬芳……

提高德育课堂实效　促进儿童道德发展

张　立

"国无德不兴，人无德不立"，教育的根本在于立德树人。小学道德与法治课程是学校实施德育教育的主渠道，它对帮助学生找到正确的人生方向、树立科学的世界观、人生观和价值观，形成良好的道德品质具有重要意义。作为小学道德与法治学科教师，应该承担起立德树人的使命，把核心价值观融入教学的全过程，从儿童身心发展的实际出发，关注每一个儿童的生命成长和个性发展。2018年6月，由我主持承担的市级课题"小学道德与法治课程与学校德育活动有效整合的研究"顺利结题，在研究过程中我们不断优化课堂教学，探索道德与法治课程和学校德育工作有效整合，努力提高德育教育实效，促进儿童道德的全面发展。

一、深入研究教材，准确把握学情

教材作为文本和范例，为我们进行教学提供了丰富的素材，具有很强的科学性，我们一定要尊重教材。但在教学中有时也需要我们运用智慧，结合课堂和儿童的生活实际创造性地使用教材。

在"我能行"一课"哪里还不行"这一环节的教学时，我没有直接呈现教材上的3幅插图，而是让学生思考并回答"你还有哪些不行的地方"，引导学生关注自己的现实生活，将学生真实的生活生成教材，并创造性地设计了让学生说一说自己从不行到行的过程。学生结合生活实际，回顾自身勇敢尝试、努力进取、获取成功的经历，体验信心的巨大作用。通过老师激励性的评价，可以帮孩子初步树立"今天还不行，明天可能行"的发展观。

学情分析是教学目标设定的基础，还是教学策略选择与教学活动设计的落脚点。

还以"我能行"一课为例。进行教学前，我通过与班主任交流和平时的观察发现，有些敏感的小学生已经感觉到尽管自己很努力，但依然无法达到理想的学习效果的问题，致使他们自信心不足。另外，在与学生聊天的过程中，我发现这一阶段的学生自我意识和客观评价他人的水平还不高，更多依赖环境和他人对自己的评价而形成自我评价。结合这一学情，我在课堂中不仅设计了同学间、同桌间相互肯定鼓励的环节，更将班主任老师对孩子们积极评价的视频带入课堂，通过班主任老师和同学们亲切的评价与鼓励进一步激发学生的自信。

二、回归生活，在学思中内化

德育与儿童生活有着密不可分的关系。鲁洁教授也多次在课程实验中指出，品德课程是学生全部的生活经验，课内、课外是一个整体，不能相互脱离。品德与生活课程标准指出："道德寓于儿童生活中，儿童品德的形成源于他们对生活的体验、认知和感悟，只有源于儿童实际生活的教育活动，才能引发他们内心的而非表面的道德情感。"

在教学中，我们应着眼于儿童的现实生活，用儿童的眼光看问题，从儿童的生活经验出发，创设出贴近儿童生活的多样化情境，引导儿童在生活中发展、在发展中生活。

在"我爱我们班"一课的教学时，通过本班的生活、学习照片打开学生们记忆的闸门，开启学生们的思路，现场体验集体生活，感受集体生活的快乐；利用本班获奖的奖状、奖牌等激发孩子们的集体荣誉感和自豪感。又以同伴合作的形式为即将过生日的同学准备亲手制作的小礼物，不仅让过生日的孩子感受到同学们的关心与友爱，更让所有的孩子们感受到班级的温暖与快乐。还将班主任老师请入课堂，进一步加强集体意识，增强班级凝聚力。每到一个新的班教学时，之前所准备的课件和照片、奖状等相关材料都要根据教学班的情况重新梳理准备，决不能让孩子们对着别人的班级生活谈感受；每一个课堂活动都不是照本宣科，而是围绕孩子们自己真实的班级生活展开。

品德课堂教学应从儿童生活中来，再回到儿童生活中去。"德"是做人的根本，德育是学校教育的灵魂。将道德教育与儿童生活有机融合，并使之成为能够改变、改善儿童生活的"因子"，是学校德育与品德课程共同关注的话题。我们应努力让道德与法治课堂教学变得对学生有意义，指导孩子们更好地去生活，帮助他们构建真正属于自己的思想和能力，形成内化的道德品质。

三、以情育人，在活动中体验

道德与法治课程要强化活动教学，但这里所说的活动，不是为了活动而活动。教学意义上的活动是将学生置于主体地位，由学生自主参与、积极探索的活动。教师在设计课堂教学活动时，要根据学生的实际，力求目标明确、落地有根，使学生在活动中获得积极的情感体验与感悟。

在"大家排好队"一课的教学中，为了让孩子们更好地树立公共场所自觉排队的意识，课上我设计了自编自演的插队情景剧的活动。在活动中，孩子们通过角色扮演，不仅体验到自己被插队时的不公平，影响了做事效率；也让孩子们体验到了"插队者"的不被大家认可。在帮助学生树立规则意识的同时，也引导学生从他人的角度考虑问题，提升孩子们的道德认知和道德情感。道德情感和规则意识并存，孩子们才会更加愿意主动遵守规则。

四、以德立德，在传承中发展

习近平总书记说："一个民族的文明进步，一个国家的发展壮大，需要一代又一代人接力努力，需要很多力量来推动，核心价值观是其中最持久最深沉的力量。"传承是价值观发展和启蒙的第一途径，在少年儿童当中开展社会主义核心价值观教育需要突出民族传承性，中华优秀传统文化博大精深，是开展少年儿童价值观教育的宝贵资源。在品德教学中，我们注重将中华优秀传统文化和传统美德教育作为重要内容，使孩子们在继承优秀的传统文化中养成良好的品德。

如在关于中华传统节日的教学中，通过了解"中秋""春节""重阳"等传统节日，感受其内蕴的仪式意义，学习传统礼仪、地域民俗、多民族习俗以及丰富的民间文化等，借助民族节日、民族习俗、民族文化等载体，让孩子们感受祖国的文化魅力，提升文化自信，激发其民族自豪感；在爱国主题的教学中，通过配乐朗诵、革命英雄故事会、观看革命影片等形式和孩子们一起回顾历史，缅怀先烈，激发学生的爱国主义情怀；在家庭孝亲主题的教学中，通过《陆绩怀橘》《黄香温席》《弟子规》等德育小故事，使儿童的德性在优秀传统文化的浸润中得到滋养。

五、拓展实践，在行动中升华

苏联教育家马卡连柯曾说过："在学生的思想和行为中间有一条小小的鸿沟，需要用实践把这条鸿沟填满。"教师再精辟的讲解，也不能转化为学生的行为，正如涂尔干描述的那样，"当一个人按照规定把整个道德压缩成几节道德课"，或者几个道德活动，并"用比较短的间隔不断更新"，"他很难满怀激情地完成这项工作"，因为这种间歇性的课程特点几乎不足以给儿童留下任何深刻或持久的印记，学生品德与习惯的形成必须通过学生自身的实践来建构。

小学道德与法治课堂要打破封闭式的教学状态，拓展学生的活动空间，在导行训练和实践中，有效地将学生在课堂上的道德认知转化为道德行为，达到"知行合一"的效果。

在"我爱家乡山和水"一课的教学中，我在课前就组织学生有计划有目的地开展寻访、调查等活动，并结合学校开展的研学活动，让孩子们走进家乡，去亲自感受和体验家乡的美，并提示孩子们用照片、图画、儿歌等不同的方式记录下这些美。有了切身的实践，孩子们在课上才能有的放矢地"夸夸我的家乡"，积极分享各自的发现。引导学生在发现中产生积极愉悦的情感体验，他们的热爱家乡之情就会油然而生。道德与法治课程向生活世界的回归，给学校德育带来了新的活力；道德与法治课程与学校德育有机整合，构建了道德与法治课程向课外延伸的平台。

在"我的环保小搭档"课后，我组织开展了"变废为宝"和"争做环保小卫士"实践活动，以课本资源为主渠道，将学科教学内容与德育活动内容恰当地整合和互补。孩子们通过废物再利用、清扫小区垃圾、节约水电资源等实际行动，不仅学会了如何节约资源，尝试为环保贡献自己的一份力量；更唤起了学生关注环保的责任意识，提高了学生的绿色生活能力，也帮助他们逐步养成了低碳环保的生活习惯。

将道德与法治课程与德育活动结合起来进行教学，做到道德常识与道德实践相结合，从儿童的生活需要与社会需要出发，把学科教学内容与实践活动内容恰当地整合和互补，在学科、儿童、社会三者之间寻求一种动态的平衡。

鲁洁老师说："我始终坚信，德育应该是最有魅力的，因为德育面对的是人而不是物,即使是物,我们也要显示它背后的人,显示它和人的关系,它面对的是一个个有血有肉的人、是人心,而不是抽象的概念化的人、冷冰冰的理性;它面对的是人的向善之心,它展示的是人对美好生活的向往,美丽人生的追求。人——人心——人的善心,世间还有什么比这些更有魅力?"只有将道德与法治课程立足于儿童生命的发展,贯彻落实品德核心素养,才能焕发出最真实、最有价值的光彩!

传承红色基因　争做有志少年

刘岩峰

秦皇岛市海港区迎秋里实验学校2001年被授予"全国少年军校示范校"的称号。学校一直致力于"传承红色基因，培塑中国精神"，一批批少年在军校生活中历练成长，成为有理想、有品德、有文化、有担当、不怕苦、不怕累、不畏挫折、勇于挑战的新时代好少年。2021年是中国共产党成立100周年，为纪念这一伟大的历史时刻，深入学习贯彻习近平新时代中国特色社会主义思想，学校把学习党史与学习新中国史、改革开放史、社会主义发展史相贯通，让师生更加明确"四史"就是中国共产党为人民谋幸福、谋复兴、为世界谋大同的实践史。我们学习"四史"，可以做到"学史明理、学史增信、学史崇德、学史力行"，引导学生坚定不移听党话、跟党走，让红色基因、革命薪火代代相传。学校开展了一系列丰富多彩的"红色教育"主题活动。

一、立足课堂，点面结合，浸润家国情怀，培塑中国精神

发挥课堂主阵地的作用，以各学科教学内容为依托，适时浸润爱国主义教育，使每个孩子发自内心地热爱在中国共产党领导下发展壮大的自己的国家。坚持多年、人人参与的"课前一分钟演讲"与德育活动"童心向党·党的故事我来讲"有机融合，使孩子们了解了我党艰苦卓绝的发展历程，认识了历史画卷中的英雄人物，感受了共产党人的革命气概。通过活动让每个孩子在其心目中确立一位崇拜的英雄人物，帮助他们找到自己的榜样，从而引导他们树立正确的人生观，同时在鲜活的故事中感悟党的初心使命，不断增进爱党之情。

学校以少年军校为载体，挖掘显性资源和隐性资源，合理开发与构建，于2005年创编了特色的校本课程体系——"军旗下的少年"。它是老师们集体智慧的结晶，十多年来，几次修改，已经形成了完整的课程体系，并获得河北省教育科研成果一等奖。

此课程面向三至六年级学生，涵盖了国防知识、实践军事训练、自主管理课程、活动评价课程四方面内容。在课堂教学中需要学习的国防知识包括：三年级是中国人民解放军概述（诞生、性质、历史、体制编制、军旗、军歌、军衔、军徽、仪容仪表、纪律等）；四年级是海军和空军概述；五年级是陆军概述；六年级是世界军事（世界军事史及当今世界各国军事状态）。

有计划、有步骤地将校内军事训练课程与校外军营体验课程相结合，每年利用暑假时间进行，各年级按不同的内容，制订出不同的训练计划和具体要求。学生们一身戎装，头顶炎炎烈日，脚踏滚烫大地，以顽强的意志迎接酷暑的考验，他们一招一式苦练基本功，用汗水荡涤了脆弱，以坚韧展示了自我。军训丰富了学生的情感体验，锻炼了学生的意志品质，使他们的精神面貌焕然一新。

常态化自主管理课程是通过生活自主、学习自主、活动自主三个方面推进，主要包括：军校学员实施班级轮值制的校园值周，实现校园内的学生自主管理；挑选优秀军校学员，通过培训检查监督管理学校的纪律卫生，发挥他们的模范作用，影响和带动全校学生，维护好校园环境；实行"班长轮值"制，激发群体的自律精神和责任心；国旗护卫队是军校中的精英，其管理效仿部队管理模式，设立队长、副队长，定期进行训练，负责国旗的日常保养维护；"小军号"电视台是学生展示才华的舞台、国防教育的阵地。每一期节目的采编、播放都由小学员参与完成，成为学员展示自我、锻炼提高的一个平台。实践证明，学生自主管理课程不仅推进了学生常规养成教育，让德育塑造人格的实质得以实现，更促进了学校教育使命的最终实现。

"军旗下的少年"是孩子们驰骋的天地，更是塑造他们的熔炉。迎秋学子在国旗下成长，在军旗下历练，在党旗下前进。

二、发挥阵地作用，重温党史历程，传承红色基因

学校在教学楼设立党史宣传栏，通过环境浸润童心，让孩子们在举手投足间了解我党艰苦卓绝的发展历程。同时利用班队会、集体校会、升旗仪式、开学典礼等质朴庄严的常规教育活动，引导学生"识党旗、认党徽、学党史"，以史燃情，以情化理，在心灵浇灌中强化教育的力量。

如"童心向党"主题班会，通过积极组织学生挖掘、整理和讲述党的故

事，诵读红色家书，大力学习宣传"3个100杰出人物"的感人事迹，广泛联系邀请"五老"和先进模范走进校园讲述革命、建设和改革的故事，弘扬党和人民在各个历史时期奋斗中形成的伟大精神，特别是新时期形成的特区精神、科学家精神、探月精神、抗疫精神、脱贫攻坚精神，让学生们充分交流学习体会，通过教育引导学生感悟党的初心使命，礼赞百年华诞，厚植爱党爱国爱社会主义情感。

发挥《百年光辉历程 全面建成小康》教育读本的作用，开展"党史历程我知道"知识竞赛，"我认识的中国共产党"交流会，"我崇敬的英雄"故事会等，让不同年龄段的孩子们都能乐此不疲地全面了解波澜壮阔的百年历史。

借助网络资源，组织学生通过《人民日报》少年客户端、国家中小学网络云平台开设的"走进新时代""从小学用典"等专栏，深入学习习近平总书记的重要讲话精神，将阅读文章与学科教学、班队活动、校园文化建设等相结合，持续深入开展时事政策教育，帮助学生学好主题文章、了解国家大事，理解习近平新时代中国特色社会主义思想的深刻内涵，扣好人生第一粒扣子。

学习"四史"意义重大，可以对青少年进行红色基因传承，进行早期政治启蒙，从而让种在青少年身上的红色种子生根发芽。我们红色的事业靠的就是这些新生的年轻力量！"立德树人"是教育的根本任务，立什么样的德？树什么样的人？实际上就是具有红色基因、能够传承党的事业的人。为党育人，为国育才是我们教育工作者的使命，而德育工作是其基础和支撑。

三、红色阅读，书韵迎秋，培塑中国精神

童年阅读，是影响孩子一生的初始印记，关乎扣好人生第一粒扣子，关乎他们世界观、人生观、价值观的形成。为了纪念建党100周年，我校开展了"阅读红色经典，创建书香校园"读书活动。建党百年的历史是一部波澜壮阔的历史长卷，我们开启了红色阅读，践行红色之旅。丰厚的课外阅读使孩子们的底蕴更充盈，使生命更有宽度与厚度。

通过向全校师生发出倡议，引导全校师生及家长们学习党史，读好读透红色经典这一宝贵的理想信念结晶，在新的历史征程上，让他们与红色经典读物来一次心灵的交流与思想的碰撞。阅读红色书籍，使师生的爱国主义情感被激发，自觉弘扬和践行社会主义核心价值观，传承红色基因，在思想提升的同

时更有文化自信。

各班的课外阅读指导课也是以红色书籍为主，中高年级每名学生借阅一本红色书籍，通过读书交流会碰撞思想，涤荡心灵。阅读红色经典，重温红色文学，牢记历史，发扬革命精神，努力实现中华民族的伟大复兴梦。

书香浸润童年，阅读丰富人生。学校表彰了百名"迎秋书香少年"及百个"迎秋书香家庭"。爱读书的父母，培养了志趣高雅的孩子；爱读书的家庭，推进了社会文明的发展。结合世界读书日，通过全校的大型读书活动，刘清文校长还向师生们推荐了9本红色书籍：《上甘岭》《毛泽东的故事》《青春之歌》《小英雄雨来》《艰苦抗战 威震敌胆——著名抗日英雄杨靖宇》《抗日：中国人一定要记住的人物》《中国未遗忘抗日战争纪实》《毛泽东选集》《长征路上的故事》等，号召全校师生与经典为友，与博览同行，传承红色基因，打好人生底色！

四、寻访红色足迹，践行实践育人

参观爱国主义教育基地有利于培养学生对祖国的深厚情感，践行社会主义核心价值观，使他们做一个爱国的合格公民。学校利用爱国主义教育基地、革命博物馆、纪念馆、陈列馆、革命旧址等革命场馆，组织学生瞻仰参观，开展实践体验活动，进一步发挥实践育人作用，不断增强学生的仪式感、参与感、现代感。学生在学习实践中锻炼成长：追寻红色记忆，学习英烈事迹，感受红色文化，弘扬革命精神，传承红色基因。历史是最好的教科书，各班结合国家中小学网络云平台的"从小学党史"专题，充分利用"寻访红色足迹"专栏的"全国爱国主义教育示范基地巡礼"栏目内容，引导学生学习实践。在节假日由家长带领学生进行亲子活动，小手拉大手，使党史学习在家庭中也掀起了热潮。

观看红色影片。电影以逼真的、波澜壮阔的历史场景给学生们带来了强烈的视听震撼，体现出的民族意识和爱国主义情感，直击学生内心，引起学生对于爱国情怀的强烈共鸣。红色影片对于和平年代爱国主义的纵深教育具有无可替代的作用，它能促进学生对祖国的理性认识，激发学生的爱国情感。红色影片艺术性地塑造了革命领袖级英雄人物的形象，并将他们立体化、丰满化、生活化。对学生而言，电影真实而亲切，电影的娱乐色彩，也能让学生在轻松愉悦的观影过程中实现心灵的共鸣与情感的交流,增强学生对自己故土家园、民族文化的归属感和认同感,还有利于增强学生的民族自尊心和自豪感,激发其强烈的爱国情怀。

学校德育处利用校会时间组织学生一起观看了影片《决胜时刻》《脊梁》《雷锋》等红色影片,并以菜单的形式向学生及家长推荐反映党史优秀人物、时代楷模和革命传统教育主题的优秀影片。通过小手拉大手,学生及家长在对历史人物与历史事件的追寻中,了解历史和人民为什么选择了中国共产党、选择了社会主义道路,激励学生学习英雄模范,汲取前行力量。

唱支红歌给党听。红色歌曲作为我国红色音乐文化的组成部分,是中国特色社会主义先进文化和红色文化建设的重要内容。红色经典歌曲,是以国内民族解放战争和革命战争为题材创作的,是人们喜爱演唱的歌曲类型。红色歌曲的创作对革命斗争起着推动作用,红色歌曲的传唱也是建设社会主义核心价值体系的珍贵资源。

开展"明党史、知党情"教育。学校开展了"童心向党·唱支红歌给党听"歌咏比赛、"小军号军乐团"社团、"我喜欢的红色格言"征集等活动。通过传唱红歌,每一位学生都确立了人生格言,时常诫勉自己,养成良好的道德情操,激发爱国热情。红色经典歌曲抒发了广大中国人民对祖国的热爱,作为红色文化和历史的重要组成部分,这些音乐在时光的变迁中仍然经久不衰,不仅让千千万万华夏儿女铭记历史,同时也时刻鼓舞和激励着我们在21世纪的今天不断发展,不断开拓进取,才能为祖国更加富强贡献自己的力量!

一系列红色教育活动,使《中小学生守则》中的"爱党爱国爱人民"变得更加具体,更加真实,更能知于心、践于行;让"胸怀祖国,放眼世界"的金色校训印刻在迎秋人的心中,警醒迎秋人居安思危,鞭策迎秋人天天向上。"流血流汗不流泪,掉皮掉肉不掉队"的少年军人洪亮的口号早已融入血液,浸入骨髓,也必将化为迎秋少年的爱国志、报国行。

做点亮孩子心灯的那个人

张 立

德国诗人海涅曾写道:"每一个人就是一个世界。"

教师所面对的不是一个或几个世界,而是几十个。我们的任务就是进入这些世界,将其点亮,并使之更加精彩。我是一名从教近20年的普通教师。岁月流逝,情怀不变。从最初的《品德与社会》,到现在的《道德与法治》,我一直与思政学科相伴成长。我也越来越深刻地认识到,"教师不能只做传授书本知识的教书匠,而要成为塑造学生品格、品行、品味的'大先生'"。

习近平总书记指出:"核心价值观其实就是一种德,既是个人的德,也是一种大德,就是国家的德、社会的德。"道德与法治学科的特点和价值决定了在教学中融入社会主义核心价值观的必然性和必要性。我始终认为,要做好一名思政教师,首先必须是德行之表,以德立德。

所谓德行之表,不仅要有一颗热爱、尊重学生的心,还要懂得步步引导,用父母般的心,牵引孩子们逐渐提升自己。记得在一次孝亲主题的教学中,我给一年级的孩子们播放了中华传统美德故事——《陆绩怀橘》,我想借此走进他们幼小的心灵,让他们也拥有一颗感恩的心。

故事情节并不复杂,生于三国时期的小陆绩,年仅6岁,却懂得将来之不易的橘子揣在怀里,留给母亲,以表孝心。孩子们看得很认真,有的孩子眼里闪着泪光,被小陆绩的孝亲行为深深感动。那一刻我知道了什么叫心灵的碰撞,那一刻我真实地感受到这些年幼的孩子内心深处也有最真挚的爱。

有一个叫王子硕的"小淘气",他可是出了名的上课坐不住,那一刻却一改平日里的调皮好动,聚精会神地盯着屏幕,一双小眼睛若有所思。我知道,这是引导他学会感恩的最好时机。画面终止的那一刻,我轻轻转身走到子硕身边问他看完小陆绩的故事后有什么感受,子硕告诉我,他觉得小陆绩很孝顺,把得来不易的橘子留给妈妈吃,他很惦记妈妈。

"孝悌也者,其为仁之本欤",孝顺父母是中华民族的传统美德。子硕懂得了要孝顺妈妈，但我认为要让孩子知道如何身体力行才是更重要的。我尝试一步步问他是否惦记自己的妈妈，又是如何惦记的，小子硕很天真地告诉我，他也要把好吃的留给妈妈。我继续耐心地引导他，让他说出妈妈最希望他做的事情，他认真地盯着我的眼睛，告诉我她妈妈希望他能好好学习。我轻轻摸了摸他的头："是啊，我想你妈妈要是看到你上课认真学习的样子肯定比吃什么都高兴。"

这一刻，我面对全班的孩子，告诉他们，如果大家能上课认真听讲，自己完成作业，做好力所能及的小事，不让爸爸妈妈操心，也是一种孝顺。话音刚落，一个个小脑袋积极地点着头。这堂课，孩子们明白了孝顺父母不仅要孝身，更要孝心，最让我欣慰的还是那直击心灵的引导。小子硕从此变了，上课坐得住了，眼神中多了一份爱与坚定。

苏霍姆林斯基曾经说过："一个好的教师意味着什么？首先意味着他是这样的人：他热爱孩子，感到跟孩子交往是一种乐趣，相信每一个孩子都能成为一个好人，善于跟他们交朋友，关心孩子的快乐与悲伤，了解孩子的心灵，时刻都不忘自己也曾是个孩子。"

我想，要做好一名思政教师，还要有爱人之心，以爱育爱。有时，这份爱是鼓励，是一句关心的话语，一个暖心的动作；有时，这份爱是宽容，是一种善待生活、善待他人的境界。

爱是真正促使人复苏的动力。我也曾用爱复苏了一个孩子的"自觉"。记得那是在一个下午的课堂上，午后的阳光洒落在孩子们的书桌上，温暖地抚慰着一个个小脑袋。就在孩子们聚精会神的时候，突然"啪"的一声，打破了那一刻的宁静。

我低头看去，发现坐在前排的一个孩子正从睡眼惺忪中惊醒，并且神情紧张地望向我。他的脸红得像被正午的太阳炙烤过一样，我知道，他此刻无比羞愧。

我走下讲台，全班学生的目光齐刷刷地望向我，我也莫名地紧张起来，仿佛看到了60颗稚嫩的心正承受着无形的压力。我并没有生气，而是慢慢走过去，弯腰捡起掉落的课本，放在那个孩子手里，轻抚了一下那个紧张的小脸蛋，然后微笑面向全班。同学们都舒了口气，那个孩子用明亮透彻的眼睛注视着我，略带惊讶，但饱含感激！

我想那一刻我捡起的不仅仅是一本书，也捡起了一个孩子的自觉，更捡起了我一份沉甸甸的思考：当我们抱怨学生不能自觉遵守纪律时，我们是否给予了他们足够的爱与尊重？当我们为学生的不礼貌而生气时，我们是否把他们当成了朋友？有些事情，对老师来说只是一个动作、一个表情，但对孩子的影响或许是一生的。就这一件小事，使我再次感受到了教师职业是平凡的、平凡中满是荣耀。

道德与法治课程，是一门有思想、有温度、有故事、有趣味的课程，我也会努力成为一名有格局、有情怀、有灵魂、有作为的思政教师，时刻谨记"教育无小事，事事都育人"，真正让思政课程照亮学生的心灵世界，打开每个学生的心门。或许，我们会发现，每一扇门的后面，都是一个不可估量的宇宙；每一扇门的开启，都是一个无法预测的未来！

特色育人／铸就品牌

校长的智慧实践与思考

刘清文

1926年,陶行知在《整个的校长》一文中说:"要做一个学校校长谈何容易!说得小些,他关系千百人的学业前途;说得大些,他关系国家与学术之兴衰。"从教育意义上说,校长是党和国家的教育方针及其他各项政策在学校的执行者,是学校教育工作的规划组织实施者,是全校师生员工的当家人。"一位优秀的校长就是一所好学校。"对校长来说,是一种莫大的鞭策与鼓励,深感所负责任之重大。如何使自己成为优秀者,只有在实践中思考,在思考的基础上再实践……

一、校长必须确立科学的教育理念和先进的教育思想

苏联教育家苏霍姆林斯基曾经讲过:"校长领导学校,首先是教育思想的领导,其次才是行政上的领导。要善于对事物进行分析和概括,并灵活运用概括出来的结论,这是对学校实施教育理想的实质所在。我们总是力求做到使全体工作人员,从校长到看门的人,都来实现教育思想,使全体工作人员都全神贯注实行教育思想。"校长的办学思想和理念决定了学校办学的方向、水平、效益和特色,除了有雄厚的经济基础做后盾外,更重要的是要确立现代教育思想、崭新的教育观念和开拓精神。理念是行动的向导,只有校长具备了先进、科学的教育理念,学校教师的专业化程度才能越来越高,这就要求作为教师领头雁的校长,必须是专业水平更高的"教育专家"。

校长的教育思想决定了学校的办学方向和水平。思想是否平庸应当是普通校长与优秀校长的根本区别。每一位校长对教育的期望、对教育的理解都有所侧重、有所区别,优秀校长的思想更深刻、更系统、更自觉,更富有创造性,并且更能坚持和实践自己的教育信念。

上海市杨浦小学原校长张治10多年前提出精细化的概念,坚持以学生全

面发展为本的理念，引导教师以崇高的师德立身，以精湛的业务立足，以真诚的服务立信的精神去实现精细化管理，精致化教学，打造精品化学校。使学校成为一座探索求知的学园，真正使学生感受到知识的力量；成为生动活泼的乐园，使学生在愉快的氛围和环境中健康成长，从而激发出学生创新的激情；成为充满亲情的家园，使学生在温馨和亲情中，感受到家的延伸，体味出人际交往的坦诚与和谐；成为美丽的花园，使学生感受到自然的无穷魅力，从中体会人与自然的生存关系；更是色彩缤纷的文艺百花园，使学生在艺术的熏陶下陶冶情操，从中学会欣赏、创作和创造。在这样的学校，孩子们是幸运的、幸福的。

二、校长的第一角色是"教师"，理应执起教鞭，坚守讲台情节

多数校长都经历了"教师—优秀教师—优秀教育教学分管者—校长"的历程，校长曾经都是课堂教学的排头兵，教育管理的领衔者。虽然校长是一所学校的法人代表，要管理学校的教学工作，要考虑学校的德育、总务、人事，要接受和传达上级的指示和精神，还要布置和安排学校的各项工作等等，千头万绪，但教学、课堂依旧是校长管理与工作的主阵地。有人认为，如果校长坚持走进课堂上课，是否把精力过多集中于教学而顾此失彼呢？我想，作为校长，面对繁杂的工作，应该学会"弹琴"。教学工作是学校的中心工作，在悠扬的旋律中，那个"最强音"就是我们的课堂教学。如何弹奏好这个强音？如何经营好课堂教学？如何使全校教师聚焦于课堂？校长亲临课堂，战斗在教育教学的第一线，是最好的榜样和示范。

校长作为教育的管理者身临一线，执鞭上课，我以为这是一个不争的事实。陶行知老先生的"生活即教育，社会即学校"正是从课堂教学中总结出来的精辟的教育思想；名扬海外的魏书生先生，不管他是任校长还是做教育局局长，其班主任和语文教学的工作从不放弃，形成了魏书生特有的教学方法和教育技巧。《一代名师——我们永远的老校长》一书中介绍的赵完初、李楚材、段力佩、薛正、赵传家等五位教育家都终身从教，把自己的整个身心交付给学生，他们每个人都有一门自己精通的学科，并贯通所有学科。校长应该成为学科的带头人，成为区域内的名教师。上海的许多优秀校长都以名师称号为自豪！

每一位校长都有教育梦想，要实现梦想，就必须走进孩子的心灵，去了解、理解、读懂他们，按照孩子的成长规律办学。上课——校长就可以和孩子们面对面的交流。可以走近孩子，了解学生，能够探索孩子的成长规律。只有走进课堂，才能像《窗边的小豆豆》中的小林校长那样了解每一位孩子，为每一位孩子打下光明的、充满阳光的、金灿灿的底色，才会去悉心呵护孩子们的成长之梦，才会把"黎明的感觉"（每一天都是新生活的开始，让孩子用初醒好奇的眼光和心态去观察、倾听、阅读、思考）带给孩子。校长们才会办出一所所孩子们心中的"巴学园"。

我们都知道，校长的法定的权利可以得到教师的敬畏和服从。但是，若没有专业业务能力的奠基，其效力会渐渐失色；校长的能力应体现在具有改革的宏观思维能力，发展的战略规划能力，工作的科学决策能力，更应该具有课程教学改革的话语权，教师专业发展的引领权，学校教学的指挥权。若校长长期置身于课堂之外，那么，他就会渐失学校课程的领导力和教学的指挥权，在教学业务方面只能纸上谈兵，使教师不足为信、不足可敬。校长只有坚守课堂，才能在教研活动中有话语权，在校本研修中有指导权，在教师发展中有引领权。

在呼唤校长应该拥有课程领导力和教学指挥权的今天，校长理应全身心地沉浸课堂，执鞭施教。校长上课是校长自身专业发展、引领教师专业发展的需要，是校长能够切身体验教师劳动价值的需要，更是校长走进孩子心灵，创设孩子学习乐园、完善学校办学理念、促进学校目标达成的需要。"桃李不言，下自成蹊"，校长的人格魅力也因课堂而不断丰满，让教师们都能真切感受到校长的大气、正气、底气、富有责任感、充满智慧与激情的人格魅力。

三、像经营家庭一样来经营学校

在奉贤区南桥小学习期间，张大维校长曾几次对我说过：一个打理不好家庭的人是打理不好学校的。

一名好校长应当将"家庭模式"引入学校管理中，把学校当成家庭来经营，并努力培养自己的"家庭人际关系"领导能力，做一名"好家长"式的好校长。为此，校长应该让广大师生对学校产生深厚的归属感。首先要能够为师生们提供一个祥和安宁的环境，满足师生生命安全和生存安全需要，同时建立健全各项规章制度，满足精神安全需要。其次，要全力为师生创造个性张扬的平台，让不同的教师和学生得到健康自主的发展。公平公正地对待每一位师生，尊重他们的人格，要拒亲疏、拒厚薄、拒特权，保证一切有关全体教师利益的事情公开、公正而透明。

最大限度地包容、理解和信任教师，容忍他们的缺点和过失，与他们真诚沟通，把校内的人际关系变得简单、透明、温馨，轻松愉悦地走进教师的心灵，让教师们感受到来自校长的尊重和器重，视自己为学校集体中不可或缺的一员。引导教师拥有认认真真学习和工作，痛痛快快地休息，和和美美过日子的生活态度。

校长能够把教师的家务事纳入自己的分内事，关心师生的生活健康，把"小家事"当作"大家事"来办，使学校更具凝聚力，使每位师生最大限度地发挥个人潜能，提高幸福指数，使学校成为师生向往的地方、最留恋的地方，收获幸福的精神成长。

四、校长应做好三角色，提升内涵

好校长的内涵要很丰富，我认为其中最重要的一点是校长的胸怀——这种胸怀既应该体现为海纳百川的宽容，又应该体现为高屋建瓴的气魄。说宽容，既可以宽容教师的缺点，又可以容纳一切优于自己的人和事，让其大展身手；说气魄，就应该审时度势、因地制宜、正确领导、驾驭学校，可以生动地描绘出教育蓝图。校长要用自己的一片真情、一番苦心、一腔赤诚，在不同的时刻扮演不同的角色，让学校的建设有条不紊，让教育的发展有声有色。

（一）蹲下来，做教职工的贴心人——朋友

校长要想让自己的观点或决策变成学校全体教职员工的共识和奋斗目标，就一定要把架子放下来，让自己蹲下来先和他们做朋友，体验他们的需求，体验他们的生活，走近他们的心灵世界。只有让教职工先接受你的为人，他们才会心悦诚服地与你共事。

学会想教师之想——换位思考；尝试急教师之急——爱屋及乌；努力先教师之做——先入为主。

（二）平起视，做教职员工的贴心人——同行

凡是优秀的校长都很清楚这样一点，拥有了优秀的教师就等于拥有了优秀的学校；反之，没有优秀的教师，学校的优秀也就无从谈起。一所学校是

一群优秀教师的集合体，校长的重要职责之一就是要不断地打造、培养优秀的教师群。校长要完成这样的使命，首先就要把自己定位为教师的同行，用同行的视角与教师交流。一个好校长率先应该是教学的行家里手，能读懂教师的教学、读懂教师的心理、读懂教师的需求。在教育教学管理上，敢说话，并且说出的是行家话，这时候校长的管理就具有了权威性。

帮助教师准确定位，发展不走弯路。为每一位教师负责，为教师量身定做发展计划——"最近发展区"。

创设机会开阔眼界，学习是教师的最大福利；搭台子让教师唱戏，鼓励各显所长。

（三）站出来，做教职员工的当家人——领导

要善于关注焦点事，顺应民心民意，公平解决，短平快；直面难点事，维护教工权益，积极处理不回避；突破重点事，立足学校根本，求真务实谋发展；着眼要点事，抢抓发展机遇，开拓学校新局面。

五、加强学校文化建设，形成办学特色

办好一所学校，特别是办好一所名校，归根到底是学校的文化建设和积累。学校要有持久的生命力，必须加强文化建设，特色立校，一所成功的学校必定有其内在的精神累积和成功的管理理念，这是一所学校长期形成的无形资产和宝贵财富。一所生机勃勃的学校，其治校的基本原理就是鼓励一切个体在一切可能的方向上探索。

一个优秀的校长，唯有把全部智慧和精力奉献给学校的发展，才能获得自身的成长。因此，校长要注重办学经验积累和文化精神的积淀，并且加以扬弃、总结、提炼，不断探索适合学校实际和发展需求的管理模式，形成自己的办学特色和管理风范。

一是营造和谐优美的物质环境。我所挂职的南桥小学，由于建校历史长，学校不是一次规划而成，经过十几代校长与教师的努力，学校富有人文气息的环境布置，民主融洽的人际氛围已初步形成。校园内环境幽雅，花木成园，一年四季生机盎然，合理分布校园四周教育橱窗、宣传栏、板画、壁画，加上新建的高低错落、雄伟壮丽的校园景观，使得整个育人环境体现出城郊型学校的特点，大方而美观，朴实中有现代气质。

二是营造和谐浓郁的文化环境，创设富有特色的校园文化品牌项目。南桥小学原校长张大维坚持落实好学校"科普、读书、体育、艺术"四大传统节活动和组织竞赛工作，抓好学校绿化美化和"四块教育阵地"的工作：（1）从"洁、齐、美"的原则出发，对校园环境进行精心设计和布置，办好美术长廊和艺术壁展，定期选登学生的艺术佳作；加强绿化管理，培育各种盆花，提高学生的审美情趣和创造能力。（2）宣传教育阵地。办好一台（红领巾广播台）、一窗（希望之窗）、一报（文明之风报）、一角（班中队成果展览角）、一栏（竞赛活动栏），做到内容丰富，形式多样，思想性强，趣味性浓，知识新颖。（3）艺术教育阵地。发展以艺术为突破口的学校办学特色工作，学校开发每个学生的艺术潜能，促使学生个性发展，从普及中得到提高。进行艺术教育课堂教学模式的研究，构建艺术教育目标体系，实行年级组活动滚动制，保证学生参与率100%。（4）读书活动阵地。办好图书阅览室，多渠道开拓书源，增加藏书量，保证书的出借率和阅览时间；充分利用现有图书，结合爱国主义教育开展"读好书、好读书"活动，开设阅览课、进行科普知识讲座、读书演讲会、心得交流会、读书知识竞赛活动。（5）活动课程阵地。形成完整活动课程教学体系。根据学校"滚动制活动课程"方案实施三级活动基本框架；（6）按课表以班级为单位的音、体、美、科技；（7）打破班级年级界限，以学生特长和学校需要组织的各类普及性活动；（8）具有一定特长和水平的学生组织成校级提高性社团活动。

以艺术教育特色发展推动学校文化建设，这是南桥小学的一大举措。学校在素质教育理论与当代美育理论指导下，确立了从课程和组织方式着手，以艺术为引线，以美启发学生心灵，最大限度开发学生潜能，促进他们个性发展的艺术教育办学特色。在开创"课内打基础，课外搞拓宽，潜能大开发，特色上台阶"艺教办学特色工作中，充分发挥艺术教育在校园文化建设中的功能，强调艺术教育实践必须面向全体学生。以艺术教育满足广大师生精神文化生活需要。

如果把一个人的精神比作一条河流的话，阅读、思考就是这条河流保持清亮、保持活力的源头。校长要使自己始终清醒、理智，就是要有一个哲学的头脑，不断提高理性思辨的能力。

青少年对国家、对民族的价值决定了我们基础教育是无上神圣、无比艰辛的。通过培训我更加体会到：校长的思想、品德、作风、仪表不只是校长个人的修养问题，而且是关系着学校教育工作成败的问题。校长高尚的思想、为人师表的品德、良好的工作作风、完美的仪表都会成为影响师生的一种无声的人格力量。优秀校长一定会把理想付诸行动，用整个生命做教育，用所有的智慧做校长，勇敢面对挑战，不怕困难，理性思考实战，走专业成长之路，承担起时代赋予的使命。

给孩子一片属于自己的天空

刘清文

迎秋里实验学校始建于1988年。学校秉承"以人育人，享受七彩阳光"的办学理念，顺应社团活动校本课程化趋势，充分挖掘学生的内在潜力，注重发展学生的特长，张扬学生的个性。多年来，作为学校不可分割的一部分的学生社团组织，在全体师生的精心培育、细心浇灌下，从无到有，从萌芽出土到初具规模，直到今天，已呈现出欣欣向荣的良好局面。

一、明确社团建设思想，走多元发展之路

迎秋里实验学校现有2870多名学生，在中国独生子女时代，每一个家庭都不能允许任何教育失败的背景下，单纯的课堂教学不能承担学校的全部教育任务，学生综合素质的提高也不能完全在课堂上实现。学校要发展，学生要成才，就必须走多元发展的新路。丰富多彩的学生社团活动，是在发挥课堂教学主渠道作用的同时，拓展出来的"第二课堂"教育，社团建设成为校园文化建设的重要载体，有助于提高学生的组织管理能力，有利于丰富学生的课余文化生活，为学生提供尽可能多的发展空间，使他们获得大显身手的舞台。

二、健全社团管理制度，挖掘校内外资源

学校社团建设初期，面临专业教室紧缺、学生活动场地狭小、师资短缺、学生人数众多、兴趣爱好五花八门、家长期望值过高等诸多困难。针对存在的诸多问题，学校本着"只要思想不滑坡，办法总比问题多"的思想，认真谋划，积极实践，深入挖掘校内外资源，开创出社团蓬勃发展的新局面。

（一）完善社团管理制度，制定社团发展规划

学校建校之初只组建了田径队和篮球队两支学生训练队伍，另外设有科技、美术和文学兴趣小组。1995年，军校成立后又筹建了校军乐团。在后续发展中又增加了足球队、"小军号"电视台等具有初步社团性质的组织，但都是粗放型管理，缺乏必要的管理制度。为搞好社团建设，学校专门制定了《迎秋里实验学校社团管理制度》，并在原有基础上完善了各社团日常管理制度，如：例会制度、考勤制度、团员登记制度等，还修订了各项章程，使学校社团能够按照规定规范有序地开展活动。

为使社团建设实现可持续发展，学校又制订了学校社团发展总目标和中、长期规划，还为每一个社团规划了发展愿景和成长路径，使学校社团工作有希望、有奔头、有追求！

（二）推陈出新，社团组织焕发勃勃生机

学校提供大量资金，添设备，上规模，扩大师资队伍，增加活动内容，使原有的兴趣小组、体育训练队升级为学生社团。同时，学校充分挖掘，开阔思维，进行了全校教师、家长总动员，发动有专业特长又热爱这份事业的教师和家长义工担任社团指导教师。学校成立软笔书法社团，聘请书法造诣很深的马琳老师为指导教师；成立击剑社团，聘请家长——专业击剑教练佟先生为指导教师；成立古筝、花样跳绳社团，分别外聘指导教师等等。在学校的努力下，在老师、家长的支持下，一批又一批新社团如雨后春笋应运而生。

三、社团组织丰富多彩，工作有声有色

学生社团活动涉及体育、艺术、社会实践等多个方面。得益最多、收获最大的还是社团的孩子们。

（一）阳光体育社团，让学生茁壮成长

"龙之队"足球社，"梦之队"男篮社、女篮社，"翔之队"田径社是我校传统体育社团，苗子的选拔，梯队的建构，训练的落实，队员的自主管理，井井有条、按部就班。新兴体育社团有击剑社、花样跳绳、踢毽、游泳、棋类等社团，百花齐放，让体育的阳光普照校园。

（二）艺术社团，开启孩子未来发展的又一扇门

"少年军校"军乐团、"小百灵"合唱团、"风之翼"舞蹈团、"翰墨缘"

书法社是我校四大主打艺术社团。周海生、廖文佳、高璐、王欣、李勃、马琳几位教师，是不可多得的人才，是学校的宝贵财富。他们不仅分别有器乐、声乐、舞蹈、书法等特长，而且具有很深的艺术造诣，更为难能可贵的是他们有对事业、对学生的无限热爱，有一股肯钻研、会创新的韧劲。因此，在他们的指导下，我校学生的艺术社团蓬勃发展，今年又新增了"花舞弦音"古筝社团。

（三）实践类社团，为孩子提供展示自我的平台

"小军号"电视台作为实践类社团，下设"主持人"社、小记者团和制作播出团队。现开辟了"校园新闻""安全与法制""七彩校园""动画王国""英语天地"5个栏目，周一到周五每天播放10分钟，内容涉及校园生活的方方面面。每一个节目的采编、制作和播出都是由社团成员在老师的指导下自主完成。"小军号"电视台成为全校学生展示风采的舞台。

（四）科技社团，紧跟时代日新月异

我校以路莉老师为代表的信息技术教研组，技术水平、教研能力一直位于全区前列，她任指导教师的《新希望》电子刊物社更是人才辈出。科学模型社、科学探究社集合了学校的小科学家们，他们在科学的世界里乐此不疲。

四、社团活动成果丰硕，多元发展前景展望

近年来，我校社团建设成果丰硕，殊荣不断，人才辈出。学校先后荣获全国国防教育先进单位、全国少年军校示范校、市文明单位、河北省语言文字示范校、德育工作先进集体、平安建设示范校等多项殊荣。近三年，师生获得国家、省、市、区级奖励2000余人次。许多学生在社团中得到锻炼，从此走上成才之路。清华、北大、英国剑桥、美国哈佛都有迎秋学子的身影。

多年来学校社团组织的蓬勃发展，丰富了学生的校园业余文化生活，使孩子们在实践活动中拓宽视野，培养能力，提高素质；使很多孩子找到了心理和情感的归属，提高了学生的社交能力，开发了学生的自主意识，促进了学生的全面发展。同时也为学校营造了浓厚的文化氛围，优化了校园的育人环境，使学校呈现出严肃活泼、激情迸发、昂扬向上、催人奋进的良好局面。今后学校将从以下几方面加强社团建设工作，坚持走多元发展之路。

（1）加大家长义工招募力度，鼓励家长参与学校教育工作，弥补学校师

资不足，丰富学校教育资源。

（2）实施"3：30"工程。利用下午 3：30 以后的时间组织学生社团活动，促进学生全面发展。从根本上解决学生社团活动时间不够的问题。

（3）社团活动由面向部分到面向全体。现在我校参加社团活动的同学有 442 人。根据社团发展规划，明年我校学生社团成员争取占学校总人数的 50%，之后逐步达到面向全体。

（4）中小学联动，实现社团活动向纵深发展。我校军乐团每培养一批团员，培训周期长达 3 年。一般从三年级选拔，四年级开始培养，六年级方能成熟。在今年全区的社团展示中，我校的军乐团未进行展演的原因就是老队员今年 9 月升入初中，而新队员尚在四年级培养之初，尚不成熟。我们需用两年的时间静待花开，两年之后来聆听最雄壮的音符。因此，如果实现中小学社团建设衔接，进行纵深化建设，这个问题将迎刃而解，实现双赢。

课堂是教育的最深处，学生社团建设是教育的广度和深度。社团活动让每一个孩子都找到了心灵的归属，让更多的孩子体验到学习的幸福。我们进行学生社团建设工作要持之以恒，坚持下去，不仅要让学生兴奋一阵子，更要让学生受益一辈子。

坚持有效引领　促进教师幸福成长

刘清文

"教育大计，教师为本。有好的教师，才有好的教育。"教师队伍的专业化发展决定学校的办学水平，没有教师的专业发展，就不会有学生的个性发展，也就不会有学校的持续发展。学校应坚持有效引领，不断探索与实践，走适合本校特色的教师专业成长之路。

一、校长引领——发挥领头雁作用

教师专业发展是一个持续不断的过程，作为"学校之魂"的校长，需要潜下心来，用心灵和行动去感染教师，在引领教师专业成长的过程中做好领头雁，让教师幸福诗意地栖居在教育这个乐园里。

（一）校长要用专业化的力量去凝聚教师

校长处于学校管理系统的核心地位、主导地位、决策地位，其思想和作风在学校工作中影响着全局。一个好的校长不仅是一个事业心强、人品高尚、能够善于调动全体教职员工积极性和创造性的教育管理上的行家，还应该是一个懂得教育，有自己的教育思想，至少要能上好一门课且教学业务精湛的教育专家。

（二）校长要为教师的专业化成长搭建平台

"教师要爬多高的楼，校长就要为教师搭多高的梯。"校长要通过让本校教师走出去，把外面教师请进来的方式，通过听报告、讲座、开研讨会等形式，开阔教师视野，提高教师素养。公开课是教师的好战场，是她们的好阵地，是她们专业成长的重要途径。校长要多为教师创造条件，让她们在公开课、才艺展演等活动的前沿阵地上，展示才华、大显身手。校长要将教师撰写的教学反思、教育随笔、教学论文积极推荐到校内外，并尽力让它们在校刊和其他刊物上发表，让教师体会到成功的喜悦。在信息传递日新月异的今天，

"酒香也得勤吆喝"渐成人们的共识，对于教师取得的成绩，如教师公开课获奖、论文发表、辅导学生的作文见报……校长不妨"小题大做"，大张旗鼓地宣传展示，极力将其"推销"出去。这样的宣传展示，会让学生崇拜教师，让家长放心教师，让同事相互尊重。校长要想方设法通过开展形式多样的活动为教师的专业成长搭建平台，给她们锻炼的机会、学习的机会、内化的机会、和大家交流分享的机会。在我们的校园内，就会涌现出越来越多的学习型教师、反思型教师、专业型教师、民主型教师、创新型教师和服务型教师。

二、师德引领——即知即行

立德树人，文化化人。教师的职业幸福感和尊严，是最重要的教育资源和教育力量。师德水平的优劣，是决定教师专业发展的关键因素。教育贵在熏习，风气赖于浸染。学校良好的教风学风、校园文化、校园精神像空气一样，在潜移默化中影响着每一位教师。因此，校园文化、建设决定了师德建设水平，决定了教师对教育的理解与热爱，决定了教师能否挥洒教育的激情，发挥自身的人格魅力，享受职业的幸福。学校要高度重视教师显性文化与隐性文化建设，既要用刚性的制度规范教师，又要用柔性的人文精神感染教师，让教师既可爱又可敬；既要用科学的管理评估教师，还要用多元的眼光欣赏教师，让教师既有实力又有活力；既要用丰富多彩的师德教育活动教育教师，还要用原创的教育故事提升教师……例如，我校在师德建设中，结合学校发展的实际，从教师幸福发展的角度制定了《迎秋里实验学校师德建设实施方案》，明确教师师德修养的具体要求，提倡教师终身从教的敬业精神、爱生如子的奉献精神、刻苦钻研的专业精神、创新探索的科学精神，更加强调开放大气眼光、阳光向上的心态、合作包容的境界，引导教师随时注意强化制度要求，鼓励教师多元发展，引领教师幸福做教育，快乐做老师。通过几十年的积淀引领，教师通过日复一日的觉悟，年复一年的自省，渐渐地会清心彻悟，会由内而生地热爱教育、热爱学生，师德水平就像煮咖啡豆一样静静地慢慢地有了味道、有了品质。教师不断提升爱的能力，因专心而变得专业，由专业的成长向专家方向前行。

三、学习引领——内涵发展

"严谨笃学，与时俱进，活到老，学到老"是 21 世纪教师应有的终身学习观。

一是向书本学习。一所好的学校要有嘹亮的歌声，开心的笑声，运动场上奔放的喊声，更要有琅琅的读书声；一位名师要有纯洁的爱心，精湛的技艺，更要有良好的阅读习惯。阅读是最好的备课。学校投入大量资金充实图书馆藏书，为教师提供优质阅读资源，让她们从中汲取生命的营养。同时，每学期都给老师们推荐并发放 2 本教育大家的教育教学经典作品，不仅从中学习教育的理论，还有真善美的思想。另外，在新课改形势下，引领教师围绕"打造活力课堂，实施有效教学"的主题进行阅读，如《新课程下的教师发展》《名师课堂实录》《课程论》等。阅读使教师深化课改理念，提升实践智慧。

每学期，学校都要开展一次思维碰撞的读书沙龙，举行一次智慧共享的读书经验交流会，使教师思能言、言能尽，在交流中采百家之粉，酿自家之蜜，博采众长，丰富人生积淀。

二是向校内名师学习。古人说："名师出高徒。"教师，特别是青年教师，是需要名师引领的。学校充分发挥区级以上骨干教师的引领作用，形成骨干教师、青年教师、职出教师梯队建设机制，使教师成长既方便，又有实效。通过开展名师课堂"观摩课"和"示范课"、师徒结对、青年教师成长汇报课等活动，使一批又一批青年教师在名师的引领下快速成长起来。

三是向专家、名校学习。近年来，学校定期组织管理团队、教研组长、学科带头人、班主任等骨干力量走出去，赴北京、石家庄、上海、南京、广西、杭州等地参加培训进修、专业研讨活动以及参观全国各地名校和进行历史文化考察，开阔视野，提升素质；学校还定期邀请市、区内教育专家来校作讲座，提升教师专业层次。

教师的专业化发展，是在内外兼修中不断探求、思索、积淀、成熟的过程；是重建专业生活、重塑专业自我、形成个性魅力的过程；是积淀内涵、静待花开的过程。学校通过校长引领、师德引领、学习引领、使教师群体的心灵得到呵护，幸福意识得到提升，让教师的发展有理想有目标，使教师保持淡然的心境，踏踏实实去工作，在心田种植幸福花，用心体会幸福的感觉，并在学生心中悄悄埋下幸福的种子，在平凡中孕育属于自己的美丽，真正收获成长的幸福。

科学实施养成教育　促进学生全面发展

刘清文

教育者最常说的一句话莫过于"好习惯成就美好人生"了。好习惯从何而来？从养成教育中来。养成教育的初级目标是：养成良好学习生活习惯；终极目标是让学生学会做事、学会做人、学会创造，这也是素质教育的终极目标。我校以管理促养成，以养成促发展，走出了一条具有自己特色的德育养成教育之路。

一、健全组织，完善制度，为养成教育搭桥铺路

（一）领导重视，举全校之力进行养成教育

学校专门成立了养成教育领导小组，德育处、教务处、行政办等处室齐抓共管，并把年级组长纳入其中，与中层领导包组制相结合，形成了政令畅通、上下一致，齐心推进养成教育的管理模式。

（二）建设"两支队伍"，选好带头人

1. 建设一支过硬的班主任教师队伍

学校始终坚持"优中选优，在校培优"的工作思路，不断加强班主任队伍的建设和管理。每月举办一次培训会，不定期以年级组为单位举行班主任研讨，每两月至少举办一次少先队德育活动现场会，通过开展多种教育活动，提高班主任队伍素质，逐渐形成了一支由德育处为领头雁，47名班主任为带头人的优秀班主任队伍。我校六年级五班被评为省优秀班集体，汤晓娟老师被评为省级优秀班主任。李杨老师在今年举行的区班主任大赛中取得第一名，在市赛中荣获一等奖。

2. 建设一支优秀的少先队小干部队伍

从少先队大队委员的产生到中队长的选举、小队长的评选，均由队员自己酝酿，自己提名，通过演讲、答辩、才艺展示、投票等环节产生学生满意的

少先队小干部队伍。2008年，我校中队干部幺昕玉被评为河北省十佳少先队员；2010年，大队长李昱雯同学荣获宋庆龄奖学金；2011年，大队委刘建哲被评为省三好学生。这些少先队干部都是由全体队员选举产生，并在少先队工作中培养锻炼起来的。

3. 重视中队干部的培养

每周二，学校都会召开中队干部例会，对全校中队干部进行培训，布置工作、反馈各中队信息，将养成教育深入到学校的每一个细胞。

（三）落实"阵地建设"，拓宽养成教育途径

"小军号"电视台自创办之日起，就树立了"学生为主体，教师做参谋"的思想，成为校内的养成教育基地之一。所有的栏目如"校园新闻""动画乐园""英语天地"等都是队员自己采访、编辑、主持、播出的。

《迎秋校报》四开四版，全彩色印刷，是沟通学校和学生家庭的桥梁，是孩子们吐露心声、交流感情、展示才华的另一片天地。

校艺术团下辖军乐团、舞蹈团、合唱团三个艺术团体，是一个以提高学生综合素质，丰富校园文化生活，培养学生个性、特长为目的的学生团体。

校体育社团带动阳光体育运动普遍开展。我校是足球、田径传统项目校。男子篮球队、女子篮球队、田径队、足球队是四支老牌劲旅，在各级各类比赛中屡获殊荣。

（四）完善德育教育活动制度，保证德育养成教育工作有章可循

学校结合养成教育实际，制定了《迎秋里实验学校学生一日常规》《少年军校优秀学员评比制度》《卫生评比制度》等多项有关养成教育的工作制度，其目的就在于使德育养成教育工作有序、高效地发展。

二、抓特色，促发展，开创德育养成教育工作新局面

我校于1995年创办了业余少年军校，探索了一条以军训为契机、以管理为主线、以活动为依托、以效果为准则的特色养成教育之路。在军事训练方面，以学生的发展为本，着力于学生内在品质、组织性、纪律性和礼仪礼貌等方面的培养。军校学员承担着周一升旗、执勤、卫生纪律检查等多项常规性工作。他们着装统一整洁，步伐、手势整齐划一，军礼规范，用语文明，礼貌待人，展示出良好的精神风貌。这道亮丽的风景线当然不是自然的风光，而是坚

持严格军事训练的结果。军校学员既有开学初的集中训练,也有平时军体课的分散训练。学校还专门开发了校本课程《军旗下的少年》,并利用早晚时间对学生进行专项训练,如训练升旗手、值勤分队等,取得了显著成效。严格的军事训练使孩子们体魄强健、意志坚韧,具有高度的组织性和纪律性,养成了良好的行为习惯。

三、学生自主管理,挖掘内动力,以自律促进养成教育

我校的学生自主管理模式是通过生活自主、学习自主、活动自主三个方面推进的,采取了如下具体措施:

(1)把班级还给学生,让班级充满成长气息。实行"班长轮值"制度。把班级管理权交给每一位学生,激发群体的自律精神和责任心。每天的"值勤班长"要完成"班长日记"即"班级自主管理日志"的填写,记录一天中班级的基本情况和自己所做的工作,协助班主任管理班级,对班内出现的好人好事进行表扬,对发现的问题要及时解决。

(2)建立并完善由学生组成的校园值周班、课间值周班工作制度(班级轮值制),提高值周班工作能力和水平,实现校园内的学生自主管理。一年级因学生年龄太小,实行高年级学生协助低年级班主任进行课间纪律管理的方法,主要由课间值周班负责。

(3)学校纪律、卫生等各项检查工作由大队委员会统一调派少先队干部根据学校制定的检查要求进行检查管理,并由大队干部在全校中队干部会议上公布检查结果,提出改进措施,真正掌握学校的管理权。

在班级自主管理的基础上,轮值的校园值周班、课间值周班的文明监督员,每天对各班的卫生、礼仪、路队、两操进行督查,每周一小评,每月一总评,不仅强化了班与班的竞争意识,更提高了学生们的管理能力、服务意识和自律能力。

在班级、学校自主管理轮值制的支持下,每学期,各班担任过管理职责的学生都能占到全班人数的三分之二以上。这些经过锻炼的学生不仅自己能在学习、纪律上起到榜样的作用,更能在班集体和学校中形成一种教育合力,促进良好班风、校风的形成:课堂有纪律,课间有秩序,言行有礼貌,心中有他人,生生有进步。

实践证明，学生自主管理不仅推进了学生常规养成教育，让德育塑造人格的实质得以实现，更促进了学校教育使命的最终实现。

四、润物细无声，在活动中渗透养成教育

根据学生年龄小、活泼好动的特点，学校特别注重在活动中育人，在潜移默化中对学生进行养成教育。爱国主义、文明礼仪、安全与法制、健康、传统文化教育活动、体育、艺术、科技活动贯穿整个学期，做到了周周有活动、月月有赛事。学生在活动中成长，在快乐中自然养成良好习惯。

在迎秋里实验学校这所和谐的校园中，"养成教育"像呼吸一样自然，每一位教师和学生都沐浴在养成教育的春风里，幸福着！快乐着！成长着！

守初心坚毅进取　甘奉献幸福迎秋

刘清文

回首 2020 年，突如其来的疫情肆虐神州大地，我们伟大的祖国经历了一场没有硝烟的战争。在这次战役中，我们看到了党和国家的坚强领导，看到了全国人民共克时艰的强大力量。与祖国共成长的同时，我校在海港区教育工委、海港区教体局的指导与支持下，全校师生深入学习习近平新时代中国特色社会主义思想，深化课堂教学改革，创新德育育人方式，做实做细疫情防控工作。不忘初心、逐梦前行，用忠诚和担当、智慧和奉献，努力办人民满意的教育，实现学校特色发展、持续发展。

一、师生至上，生命至上，书写抗疫新篇章

面对突如其来的新冠肺炎疫情，学校始终把守护师生生命安全和身体健康放在第一位。认真落实上级防控要求，根据疫情变化情况，多次修改《防控工作方案》及《应急处置预案》，储备充足防疫物资，及时调整疫情防控措施。上半年全面开展"停课不停学"，有序恢复教育教学秩序；下半年在疫情防控常态化的情况下严格落实防控要求，扎实做好防控工作。

（一）严防严控，共克时艰

学校成立疫情防控工作领导小组，建立健全网格体系，明确分工，并建立排查管理台账，针对新冠疫情中高风险地区的返秦师生及时上报、落实核酸检测、做好 14 天健康观测，并留存相关材料。

在学校门口设置隔离区域，设置接送学生的门外等待区域，在校内为学生错时安排好上学、放学、上课、下课固定的测量体温的区域。增设水龙头、免洗消毒液，校门口严格执行"六个一律"。

制度做保障。建立师生体温日检测制度、因病缺勤学生病因追查与登记报告制度。学校安排专人按照《海港区教育和体育局新型冠状病毒感染的肺炎

防控工作标准清单》进行体温晨、午检工作。实行"日报告""零报告"制度，并向主管部门报告。

坚持做好环境消杀工作。每次开学前都请专业的消杀公司对学校进行全方位无死角式消杀，日常消杀常抓不懈。严格落实个人防护措施，在疫情解除前，师生坚持佩戴口罩上班上学，做到勤洗手、不握手、不随地吐痰、不乱扔垃圾。废弃口罩等防疫物品统一回收、集中处理。

疫情解除前，不举行运动会、家长会等大型聚集活动，不组织师生外出集体参观，停止各类社团活动。按照"非必要不举办"原则，创新会议方式，切实减少各级各类会议的数量，尽量通过网络、视频方式进行。

学校创新宣传方式，通过微信公众号、家长微信群、LED显示屏、健康提示牌、校园广播等丰富多彩、喜闻乐见的形式，宣传普及疫情防治知识和防控要求，使师生能够正确掌握新冠肺炎的预防方法，主要症状和疫情报告标准、报告流程。教育引导师生养成良好的生活习惯、饮食习惯和卫生习惯：戴口罩、勤洗手、常通风，加强营养、注意休息、适当锻炼、增强体质，提高师生自我防护意识和能力，营造"每个人是自己健康第一责任人"的良好氛围。加强疫情防控的正面宣传，引导师生充分了解疫情，科学防护，不信谣、不传谣、不外出、不聚集、不轻视、不恐慌。

完善学校应急处置预案，并多次开展模拟演练和应急演练，使师生掌握有关应急处置的知识和技能。

（二）坚韧不拔，勇于创新，让课堂更精彩

疫情给课堂教学提出了新课题，在新挑战面前，我们全面落实各项教学工作意见，以生为本，科学安排，扎实工作，大胆创新，开创了课堂教学新局面。

1. 精心组织，全校一盘棋

从2002年2月17日起，教师运用信息技术手段，开展线上教研，保证线上教学质量。有些学生的家长因为在防疫第一线或者因为其他原因，不能及时为学生提供线上学习的环境，教师就分期分批为学生讲解，与学生沟通，保证每一位学生每天的线上教学任务的完成。

2. 教学管理实现线上巡课

学校的线上巡课分三级进行，包组领导巡课、值班领导巡课、组长巡课。深入各年级的微信学习群，了解每个班每个年级的线上教学情况，老师与家长、学生沟通情况，如有不妥及时反馈，保证线上教学的健康实施。

3. 和而不同，卓尔不凡

6个年级组教师创新开展网上宣传，制作精美美篇传递教育，温暖而幸福。6个美篇，6颗钻石，颗颗都散发出耀眼的光芒；6个年级，6粒珍珠，汇成精美圆满的教育故事！学校的每个年级每个组室都在按学校的统一部署，扎实高效做好"停课不停学"的教育教学工作。优秀是一种习惯。6个年级的教师在特殊的日子里用爱、用教育智慧引领每个孩子茁壮成长，影响着千万家庭的育子水平的提升，支持着城市防控工作的开展。大家和而不同，卓尔不凡，践行了少年军校的担当精神！一年级坚守责任，勤勉精心，厚实精准；二年级以德为本，注重能力，大道至简；三年级敦品厚学，紧扣课标，精准高效；四年级寓教于乐，作风优良，创新发展；五年级站位高远，点面俱到，完美呈现；六年级治事有序，立德立志，精益求精！优秀的组长，向上的教师，奋进的团队，天天被感动，日日有欣喜。特殊时期，教师们宅在家中，驾驭两支队伍，一手抓抗疫防控，一手抓教育教学，每个人都尽心竭力，俯首甘为，爱心无限，创新无限。这个假期太长，太静，太忙，这个假期又太有力量，太有期待！没有一个假期不会结束，没有任何东西可以挡住开学典礼的脚步！全体教师全心全意地投入到疫情防控阶段特殊形式的教育教学中，既育人又育己，特殊的经历给我们特别的成长。

（三）物资储备充足，保障到位

学校严格按照上级要求储备足够的防疫物资，如：酒精、84消毒液、口罩、隔离服、额温枪等。对物资进行分区域定点储存，并进行严格管控，确保物资发放和高效使用。

二、凝神聚力，追求卓越，队伍建设谱新篇

（一）抓好班子队伍建设，形成强大工作合力

一个好校长就是一所好学校，一个团结奋进的领导班子就是学校发展的根本动力。领导班子成员带头学习习近平总书记系列讲话精神及习近平新时代中国特色社会主义思想，拥有全新的管理理念。

行政干部一岗多职，一岗多责，认真落实扁平化管理制度，深入年级组、学科组，了解和检查工作，责任分解到位，措施得力，及时发现和解决教育教

学过程中遇到的现实问题，以崇高的敬业精神，一流的掌控全局的能力，实现班子队伍的高效能，领导全校教师高质量发展。

（二）夯实基础，筑牢堡垒，阳光党建做引领

学校党支部认真履行从严治党主体责任，抓好党风廉政建设，严格落实"三会一课"制度。通过"以案为例，加强从严治党"等至少每季度一次的党课，引导党员干部坚定理想信念、严守政治纪律和政治规矩，坚定"四个自信"，树牢"四个意识"，坚决做到"两个维护"。落实民主集中制，坚持集体领导，充分发扬民主，严格按照程序决策，对于"三重一大"等重大问题全部由集体讨论研究作出决定。

结合"疫情就是战情，我是共产党员我承诺"、学《党章》重温入党誓词等活动，鼓励党员干部扛起政治责任，带头科学防控，做好宣传引领。疫情期间，我支部党员共捐款6600元，以朴实的行动体现着全体党员教师的社会责任感和担当意识。

（三）锐意进取，谱写杏坛最美华章

1. 深化师德教育，强化师风建设

组织教师深入学习《新时代中小学教师职业行为十项准则》《关于全面深化新时代教师队伍建设改革的意见》等文件，让教师做到心中有红线、脑中有警钟，争做新时代好教师，不断提升个人修养。

积极挖掘教师在爱岗敬业、关爱学生方面的闪光点和先进事迹，立标杆，树典型，传播正能量。学校还通过家长座谈会、问卷调查、网络微信、设置监督举报箱等渠道，搭建家校沟通桥梁，倾听家长对教育工作的意见，接受家长的监督。引导广大教师遵守师德规范，弘扬高尚师德，提高师德素养，努力建设一支让人民满意的教师队伍。教师节前夕，学校对从教30年以上及担任班主任工作20年以上的教师进行了表彰。本年度，张立老师被评为秦皇岛市优秀教师，曹军红、孟喆等多位教师被评为区级师德标兵。

2. 搭建发展平台，追求专业精湛

师徒结对，岗位练兵，实现同伴互助、骨干教师引领。学校利用周例会，外出培训，邀请市、区内教育专家来校作讲座等形式提升教师专业层次，让每位教师站稳讲台。积极开展班主任沙龙、班主任论坛、专题培训、基本功大赛等活动，形成班主任特色班级管理风格。青年教师坚持"读写结合"，撰写阅读笔记，通过邮箱、微信、论坛、博客交流对话，共享阅读的乐趣。

3. 做好班主任队伍建设

54位班主任形成学校发展的中坚力量，践行校长办学思想，积极开展班主任沙龙、班主任论坛、专题培训、基本功大赛等活动，形成教师自我的教育风格。他们甘于奉献，无怨无悔，拥有着一种乐而忘忧的情怀。54位班主任就是54盏明灯，照亮着3100多位学生的前程，他们是我们校园里最可爱的人。陶冬梅、刘洪云、陈亚楠3位教师的班主任工作案例获得区级一等奖。杨丽艳、孟喆所带班级被评为省、市级先进班集体。

三、立德树人，绘就育人新篇章

2020年，学校结合疫情防控主题，在德育工作中有机融入弘扬中华优秀传统文化和践行社会主义核心价值观，引领学生在光明处立德，在实践中成长。

（一）传承红色基因，培塑中国精神

学校以《新时代爱国主义教育实施纲要》为指导，以"传承红色基因，培塑中国精神"为主线，以培养新时代好少年为目标，提升学校国防教育水平，铸就学校示范品牌，形成了鲜明的"国旗下成长、军旗下锻炼、党旗下前进"的思想道德教育体系。在大疫面前，特色自主管理发挥优势，全校师生听党指挥、共克时艰，做好防控，彰显了每一位少年军人应有的本色，涌现了全市有影响力的少年志愿者、教师志愿者；疫情期间创造性地开展网上军训，让迷彩服、小红帽、小军号成为引领学生前进的方向。"流血流汗不流泪，掉皮掉肉不掉队"的口号融入血液，化为迎秋儿女的报国志、爱国情，学生被推荐为省级新时代好少年；自主研发的特色化课程体系——"军旗下的少年"，为国家安全教育提供了鲜活的教材，得到了河北省教育厅的关注；校长被聘为国家安全教育专家，撰写的《传承红色基因，培塑中国精神》发表在《当代教育家》上，推广了学校国防教育的实践经验。

（二）书香浸润校园，书墨点亮童心

2020年上半年的疫情，为学生的居家阅读提供了良好的契机。各年级教师向学生推荐了课外阅读书目。在线上学习结束以后，读书成了学生的必修课。低年级阅读童话绘本、中年级阅读经典阅读、高年级阅读名家名篇，在课本阅读的基础上，大量辐射的课外阅读开启了孩子们的阅读耕耘之路。他们将读书收获撰写到"小军号读书储蓄卡"中，做到了边阅读边积累。在丰富多彩的阅读中，学生的文学素养逐渐丰厚起来。另外，学校提出"温暖阅读"的理念，倡导学生与家长共同置身在温暖雅致的环境中共读。疫情居家的亲子阅读，旨在以书为媒，以阅读为纽带，让孩子和家长共同分享阅读过程。

与疫情防控的大环境相结合，开展了学习时政、学习榜样，抗疫征文活动，并评选出优秀作品参加全国评选，我校学生取得了优异的成绩。孩子们在文章中歌颂医务工作者，歌颂抗疫前线的工作人员。校领导与六年级四班家长、班主任孟喆老师、学生郭沛航在线上互动交流。"云中谁寄锦书来，雁字回时春满园"的美篇，在网信海港区、区文明办平台宣传。校长亲自给医务人员子女写信，学生回信，传递防控的责任、担当，大爱传承。疫情即教材，防控促成长。孩子们在一场疫情中感悟到了家国情怀、责任担当；懂得了敬畏生命、规则意识；强化了自主管理、自我成长。6月复课后，学校对优秀征文进行了表彰。通过此次活动，孩子们受到了深刻家国情怀的爱国主义教育。

复课后，整合学科、社会资源，开展立体多维的书香校园活动，提升读书的应用性。坚持"课前一分钟演讲"，努力让孩子们成为有底蕴、有气质、有诗和远方的人。还有朗读比赛、讲故事大赛、每班开展读书推介会、主题手抄小报评选、图书推介卡评选活动等多内容、多形式、多渠道的读书实践活动，将读书与技能相结合，使知识得以延伸、拓宽、强化、巩固，一批批小荷崭露头角。如四年级的综合实践活动课程开展的"读千古美文 与经典相伴"，诵读二十四节气诗歌，感受我国文化瑰宝的绮丽，并将实践活动中积累的感性认识和知识经验予以归纳、提炼，再运用于各科学习中去。这样亦扶亦放，使学科课程和读书实践活动不断地有机结合，相得益彰。

读书可以在每一个孩子的心灵深处，构建起支撑孩子一生发展的文化根基。我校在书香校园的建设上躬耕不辍。

（三）砥砺奋斗，不负殷切期望

学校结合传统节日、纪念日，通过报告会、读书会、主题班会等多种形式，广泛开展家风、孝道、诚信友善、勤俭节约、助人为乐等教育活动，继续深化"扣好人生第一粒扣子""社会主义核心价值观伴我行""学党史，颂党恩，跟党走"等系列主题教育活动；以清明节、端午节、中秋节、重阳节、二十四节气为契机开展主题教育活动，让学生们传承并弘扬中国的传统文化。

韩坤等多位教师被评为区级文明教师，刘宣梓等30余名学生被评为市区级文明学生、英姿少年、最美少年、阳光少年、新时代好少年。二年级七班等3个班级分获区级先进班集体。市级新时代好少年六年级六班蔡静逸同学助人为乐、热心公益的事迹被秦皇岛市文明办作为典型拍成宣传片大力宣传并推送到上级相关部门，同时迎秋校园也掀起学习他先进事迹的热潮。

（四）开展多彩活动，让教育感悟体验的力量

1. 阳光体育，蓬勃发展

学校坚持以体育德，以体育心，以体启智，坚持健康第一的教育理念，体育工作扎实推进，学生体质健康检测如期完成，达标率为90%以上。

我校为全国校园足球推广学校，坚持每周一节足球课，成立班级足球队，组织班级足球对抗赛和"小军号杯"足球文化节。

疫情期间，学生居家学习，坚持做好两操。学校坚持上好每一节体育课和大课间活动。举办了仰卧起坐技能大赛和跳绳技能大赛，以赛促练，促进全员参与，大大提升了学生体质健康水平，评选出的仰卧起坐选手在全校进行展示，高调颁奖更是让"跳绳王"和各年级的优胜班自信满满。周周有安排，月月有赛事，让每个儿童动起来、野起来、强起来，是全校师生的共同追求！

2. 坚定信仰

少年军人争做新时代好少年，升旗仪式，"文明餐桌、光盘行动"主题演讲活动等一系列主题活动，倡导学生们继承中华民族的优秀传统美德。

3. 踏实开展法制教育

（1）举办普法讲座、《民法典》进校园宣讲活动。

（2）预防艾滋病活动。宣传艾滋病防治知识，教会学生们正确认识艾滋病，拒绝毒品，共同抵御艾滋病。

（3）禁毒日"珍爱生命 远离毒品"主题活动。禁毒的关键在于预防，我校把禁毒教育列入学校工作计划，通过校会、国旗下讲话、黑板报对师生进行宣传教育，同时做到"四结合"：把进度教育与日常行为规范相结合，与学校法制教育相结合，与培养青少年树立正确的道德观念相结合，与家庭教育相结合。

（4）12月4日法制宣传日活动。结合"12·4"全国法制宣传日举行主题升旗仪式，我校邀请法制副校长杨悦进行国旗下讲话，营造了我校良好的法制教育环境和氛围。

六年八班马骁逸同学在秦皇岛市第五届学宪法讲宪法活动中以总分第一

的成绩出线，代表秦皇岛市去石家庄参加省级比赛。他在第五届河北省大中小学生"学宪法 讲宪法"活动的宪法法治知识竞赛小学组省级决赛中获得第一名的好成绩。他代表河北省参加全国比赛，获得季军。

4. 防控并举，卫生工作常抓不懈，为师生健康护航

学校认真落实《学校卫生工作条例》，利用板报、校电视台、橱窗宣传栏、致家长的一封信、微信美篇等形式向学生开展常见病及其防治宣传活动。坚持晨午检，做好每天的学生出勤情况统计，对于因病未到校学生做好病情追踪。加强眼睛保健教育，做好眼保健操，将预防近视工作落到实处。定期组织全校卫生大清扫，重点部位安排专人定期消毒，以点带线，以线带面，形成全校的疾病疫情防控网络，保证了全校师生的健康成长。

四、深化课改，勇于创新，打造智慧课堂

培育全面发展的人，是课堂教学改革应该具备的高度。课堂教学应该是育德、育心、育智、育情的全面育人。本年度，以"准、精、新"为内涵的"三思课堂"有了新的发展。

（一）课程建设凸显特色再出新招

学校一直在不断探索课程建设，校本课程"军旗下的少年"已完成第四次修改，让国防教育红色基因融入血液，浸入骨髓，化为迎秋儿女的爱国志、报国行；综合实践课程加入OM研究性学习内容，培养学生的动手动脑实践能力；语文课"课前一分钟演讲"将阅读、表达融为一体，学与用完美结合；数学学科错题集让学生们越来越严谨、掌握的知识越来越扎实；英语学科与综合实践学科完美整合，让英语的听说情境生动，使学生兴趣盎然；在体育课中引入足球、花式跳绳、篮球、排球等运动，让全校师生感受多彩的运动文化和乐趣；在书法课上，一、二年级着重练习硬笔书法，三至六年级着重练习软笔书法，使中华优秀传统文化得以传承；其他学科也在《课程标准》的基础上创新课堂教学模式。清新的教学之风已然形成。

（二）以"创新作业设计"为抓手，促进三思课堂

作业设计是检验和实现学生发展的有效手段，于是我校把课堂教学改革的重点放在作业设计的改革上。本年度是作业设计改革的第四个年头，因此，由开始的部分学科骨干教师的先行改革转变为各个学科全体教师的全面铺开。

作业设计的改革得到全体教师的大力响应，教师们热情高涨地进行创新作业设计，作业设计让学生享受到学习的乐趣和成就感，也让教师们对新课程有了更加深刻的理解。

（三）一师一优课活动走向常态

一课一名师，一师一优课活动已经深入教师心中，教师们在此项活动中受益很多，如交流优秀案例、获得优质课奖励等。教师养成了在平时积累优质课录像的习惯，提升了自己的授课能力。

（四）教学评比活动出现新气象

学校组织各级各类教育教学评比活动，鼓励教师们踊跃参加，并抓住时机进行公平、公正、公开的组织和引导，让评比活动成为教师成长和优秀教师选拔的最佳途径。

（五）综合实践活动注重实效

本年度开展了环岛赏秋活动，结合全国第七次人口普查开展了"姓氏文化"研学活动，学生在各种综合实践活动中收获满满。同时重视健康教育、环境教育、法治教育、劳动教育等主题教育活动，通过教师授课、学生参与等形式，引导学生树立正确的世界观、人生观、价值观。

（六）以课题为引领，带动科研，推进课改

今年两项区级课题在区教科室严格审核下顺利结题。一项是对学生数学学习能力的培养，另一项是对学生良好习惯的培养。疫情期间，课题组成员通过线上学习、线上研讨交流，为孩子们和家长提供了很多居家学习的好方法，以及培养良好学习习惯的小策略、小技巧等，方便学生操作，更有利于家长检查督促。

另外，由陈亚楠老师牵头组建的团队申报的"睿课堂教学促进学生个性化学习的实践研究"获批省级立项，并投入培训研究中。省级课题"以信息化评价体系推进学生素质教育的实践与研究"顺利结题，被评定为优秀课题，同时获得河北省第八届基础教育教学成果二等奖。

五、完善体制，因地制宜，创建平安校园

学校牢固树立"安全第一"的思想，始终把师生安全工作放在学校工作首位，居安思危、警钟长鸣。一年来，学校里的安全宣传标语随处可见，国旗下的安全教育萦绕耳畔，常态化的疏散演练防患于未然，定期的隐患排查警惕

在前……

通过校长定期召开安全工作会议，建立安全工作领导小组，落实责任，完善制度，增强意识。利用"4·15全民国家安全日""5·12防灾减灾日""11·9全民消防日""12·2交通安全日"以及开学第一课等契机开展一系列教育活动，通过知识竞赛、绘画比赛、演讲比赛、消防警官进校园、交通体验等多种形式提升学生的安全意识；利用主题班会、学生集会、安全教育平台对学生进行安全知识的普及和学习，使他们增强自我保护能力；在节假日、寒暑假前以及特殊天气时通过致家长一封信等形式增强学生对防溺水、防雷电、防火灾等灾难的安全防范能力。

六、协调联动，营建和谐幸福家园

（一）工会凝心聚力，创建教工幸福之家

工会紧密团结和依靠全体教职工，积极推进学校民主管理、民主决策与民主监督，全心全意为教师服务。疫情期间，工会关心医护人员家属高刘英同志；慰问并密切关注生病住院的翟明卓老师；为受工伤的王雪红老师，积极办理相关福利待遇的申报、审批、领取等业务。安排健康体检、办理工伤保险及大病医疗互助保险、组织公园踏青，让教师感受集体的关怀。

组织师生参加市妇联"与爱同行守望相助"专项行动，开展"小手拉大手，爱心'益'起来"主题活动，积极组织师生捐赠，传递社会正能量。12月份，组织百名教师在秦皇岛市第二届残疾人电影周闭幕式上倾情演绎《逐梦海港》，气势磅礴的演唱，唱出了迎秋人的自信与担当。

（二）后勤服务师生，温暖人心

后勤人员乐于奉献，保障得力。财务人员坚持按照财经政策和正规程序合理规范使用资金，落实到位。固定资产管理规范清晰、账物相符，严格执行物品出入库制度。

5月份，进行了南北楼两处室外水池建设，为孩子们随时随地可以用流水洗手提供了物资保障。完成了15间教室的装修工作，使教室宽敞明亮，提升了学校的硬件设施。8月份，对教室里的照明灯、消毒灯进行了改造，使照明灯达到标准的采光要求；为消毒灯增加了定时开关，达到了智能消杀的水平。

9月份开学前，由于一年级扩班，紧急改造实验室、准备室、微机室作为

教室，满足了招生和教学的需求。

11月份为南北楼购置了饮水机，解决了教师饮用水的问题。完成了移动消防站的配备和充电桩的建设，保障校园安全。继续积极跟进阶梯教室拆除改建工程，配合区教体局进行工程建设的前期工作推进。

（三）办好家长学校，实现教育合力

疫情居家学习期间，家长遇到了教育的各种问题，使得他们非常困惑，学校通过微信平台及时推出了《德育学堂——心理战"疫"讲堂》《上好疫情人生课》等文章，介绍各种居家学习方法等，帮助家长解决困惑，使居家学习更健康、更和谐。

复学后，学校聘请了家庭教育及心理学专家于淑梅老师，分批次为一年级新生家长作了专题讲座《良好的习惯成就孩子的一生》，通过真实案例让家长明白孩子良好习惯的培养需要家校合力，共同促成。家校合力共育才能成就孩子美好的人生。

全力做好课后服务工作。按上级要求，我校认真落实课后服务工作，对有需要的学生按年级进行编班，固定地点，统一管理。严格管理出勤、统一组织看护并与家长无缝对接，以保证学生的安全。

（四）对口帮扶、培训基地校工作精准到位

作为一所优质学校，我们承担起促进教育均衡发展的使命。本年度，我校继续与驻操营学区义院口小学结成帮扶对子。骨干教师送课导学，捐赠生活用品、图书文具等，把帮扶工作切实落实到行动中。实现优质资源共享，有效地促进了农村及薄弱学校教育的发展。

作为多年的培训项目基地校，11月份，接待了来自三区四县的共7名农村骨干教师来我校进行两周的跟岗培训。学校选拔优秀骨干教师作为他们的指导教师，为他们安排了丰富多彩的观摩、研讨活动。

在2021年春节到来之际，我校师生为新疆克州阿克陶县塔尔塔吉克民族乡阿勒玛勒克村幼儿园的孩子们送去了30件羽绒服，更送去了迎秋学子的爱心与祝福。

七、取得的成绩

上下同心者胜，以上率下者强！在上级领导的正确领导下，在班子成员的共同努力下，在全体教师的大力支持下，我们取得了一定的成绩：2020年度被评为教育系统先进单位、创新教育先进单位、垃圾分类先进单位，获得海港区中小学生校园足球联赛小学男子乙组优胜奖。学校的多项活动22次被新闻媒体宣传。"铭记历史，勿忘国耻"主题活动被《人民日报》和新华社客户端河北频道宣传报道；微视频"网络军事体验活动"3次被学习强国河北学习平台宣传；疫情期间"小小志愿者 善举暖人心"被学习强国河北学习平台宣传；消防安全进校园、慰问抗战老兵、弘扬爱国主义精神 铸就未来荣誉使命、市级新时代好少年蔡静逸同学小小志愿者的善举等活动被《秦皇岛日报》4次报道；法治教育、厉行节约反对浪费等活动被"今日海港区"报道4次；"停课不停学，上好疫情人生课"等内容被海港区文明办报道4次。

  2020年给了我们一个始料未及的开场，但是我们从未停下前进的脚步，因为坚持，我们坚毅；因为同梦，我们永远同行！我们站在"两个一百年"历史交汇点，全面建设社会主义现代化国家征程已经开启。在未来的教育征程上，底蕴厚重、意气风发的迎秋人，将用心、用情书写教育的崭新篇章，以更优异的成绩、更鲜明的特色奏响属于自己的动人旋律，以优异成绩向伟大的中国共产党的百年华诞献礼！